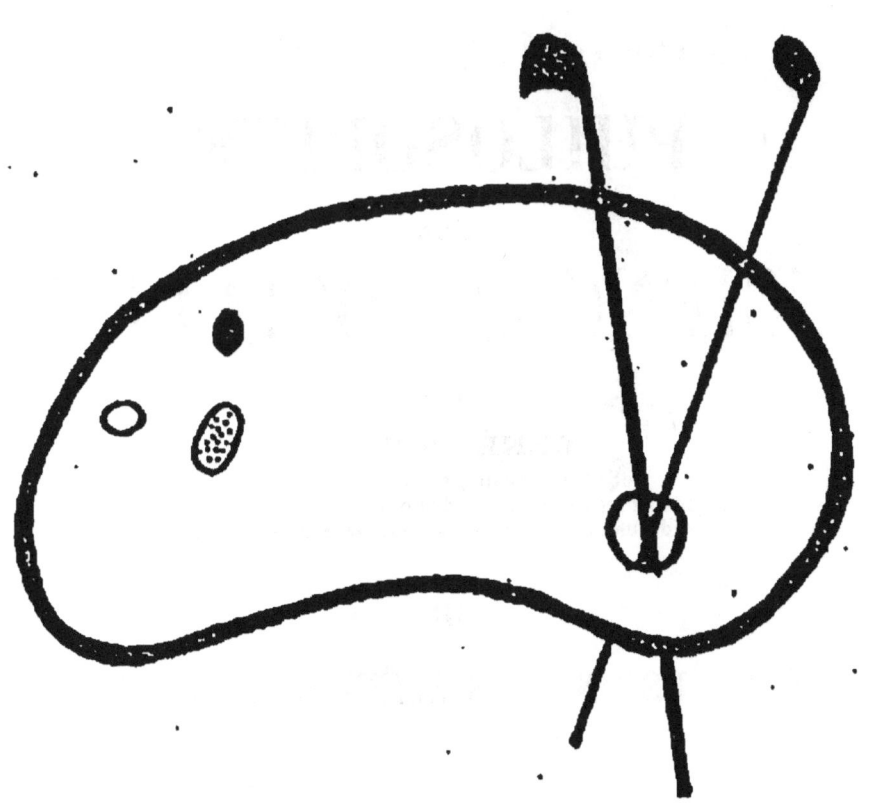

DEBUT D'UNE SERIE DE DOCUMENTS
EN COULEUR

BIBLIOTHÈQUE SOCIOLOGIQUE INTERNATIONALE
Publiée sous la direction de M. RENÉ WORMS
Secrétaire Général de l'Institut International de Sociologie

XXIX

PHILOSOPHIE

DES

SCIENCES SOCIALES

PAR

RENÉ WORMS

DOCTEUR EN DROIT, DOCTEUR ÈS LETTRES
AGRÉGÉ DE PHILOSOPHIE, AGRÉGÉ DES SCIENCES ÉCONOMIQUES
DIRECTEUR DE LA REVUE INTERNATIONALE DE SOCIOLOGIE

III

CONCLUSIONS DES SCIENCES SOCIALES

PARIS, Vᵉ

V. GIARD & E. BRIÈRE

Libraires-Éditeurs

16, RUE SOUFFLOT ET 12, RUE TOULLIER

—

1907

V. GIARD & E. BRIERE, EDITEURS, 16, RUE SOUFFLOT, PARIS

BIBLIOTHÈQUE SOCIOLOGIQUE INTERNATIONALE

PUBLIÉE SOUS LA DIRECTION DE
RENÉ WORMS
Secrétaire Général de l'Institut International de Sociologie

Cette collection se compose de volumes in-8°, brochés (1).

ONT PARU :

RENÉ WORMS : Organisme et Société............	6 fr.
PAUL DE LILIENFELD : La Pathologie Sociale..........	6 fr.
FRANCESCO S. NITTI : La Population et le Système social.	5 fr.
ADOLFO POSADA : Théories modernes sur les Origines de la Famille, de la Société et de l'Etat..................	4 fr.
SIGISMOND BALICKI : L'Etat comme organisation coercitive de la Société politique.........................	4 fr.
JACQUES NOVICOW : Conscience et Volonté Sociales.....	6 fr.
FRANKLIN H. GIDDINGS : Principes de Sociologie........	6 fr.
ACHILLE LORIA : Problèmes Sociaux Contemporains......	4 fr.
MAURICE VIGNES : La Science Sociale d'après les principes de Le Play et de ses continuateurs. 2 volumes.......	16 fr.
M. A. VACCARO : Les bases sociologiques du Droit et de l'Etat..................................	8 fr.
LOUIS GUMPLOWICZ : Sociologie et Politique..........	6 fr.
SCIPIO SIGHELE : Psychologie des Sectes..............	5 fr.
G. TARDE : Etudes de Psychologie Sociale.............	7 fr.
MAXIME KOVALEWSKY : Le Régime économique de la Russie...	7 fr.
C. N. STARCKE : La Famille dans les diverses sociétés.....	5 fr.
RAOUL DE LA GRASSERIE : Des Religions comparées au point de vue sociologique........................	7 fr.
JAMES MARK BALDWIN : Interprétation sociale et morale des principes du développement mental................	10 fr.
G. L. DUPRAT : Science Sociale et Démocratie...........	6 fr.
H. LAPLAIGNE : La Morale d'un Egoïste ; essai de morale sociale...	5 fr.
JACQUES LOURBET : Le Problème des Sexes............	5 fr.
E. BOMBARD : La Marche de l'Humanité et les Grands Hommes d'après la doctrine positive.................	6 fr.
RAOUL DE LA GRASSERIE : Les Principes sociologiques de la Criminologie..............................	8 fr.
ABEL POUZOL : La Recherche de la Paternité...........	10 fr.
ARTHUR BAUER : Les Classes Sociales................	7 fr.
CH. LETOURNEAU : La Condition de la Femme dans les diverses races et civilisations.......................	9 fr.
RENÉ WORMS : Philosophie des sciences sociales : I, Objet, II, Méthode, III, Conclusions des sciences sociales. 3 vol.	12 fr.
EUGENIO RIGNANO : Un socialisme en harmonie avec la doctrine économique libérale.......................	7 fr.
ALFREDO NICEFORO : Les Classes Pauvres.............	8 fr.
LESTER F. WARD : Sociologie pure, 2 volumes..........	16 fr.
RAOUL DE LA GRASSERIE : Les principes sociologiques du Droit civil......................................	10 fr.

PARAITRONT SUCCESSIVEMENT :

EDWARD CAIRD Philosophie sociale et religion d'Auguste Comte.
MAXIME KOVALEWSKY : La France économique et sociale à la veille de la Révolution. — Tableau des origines et de l'évolution de la famille et de la propriété (nouvelle édition).

(1) *Les volumes ci-dessus peuvent aussi être achetés avec une reliure spéciale.*

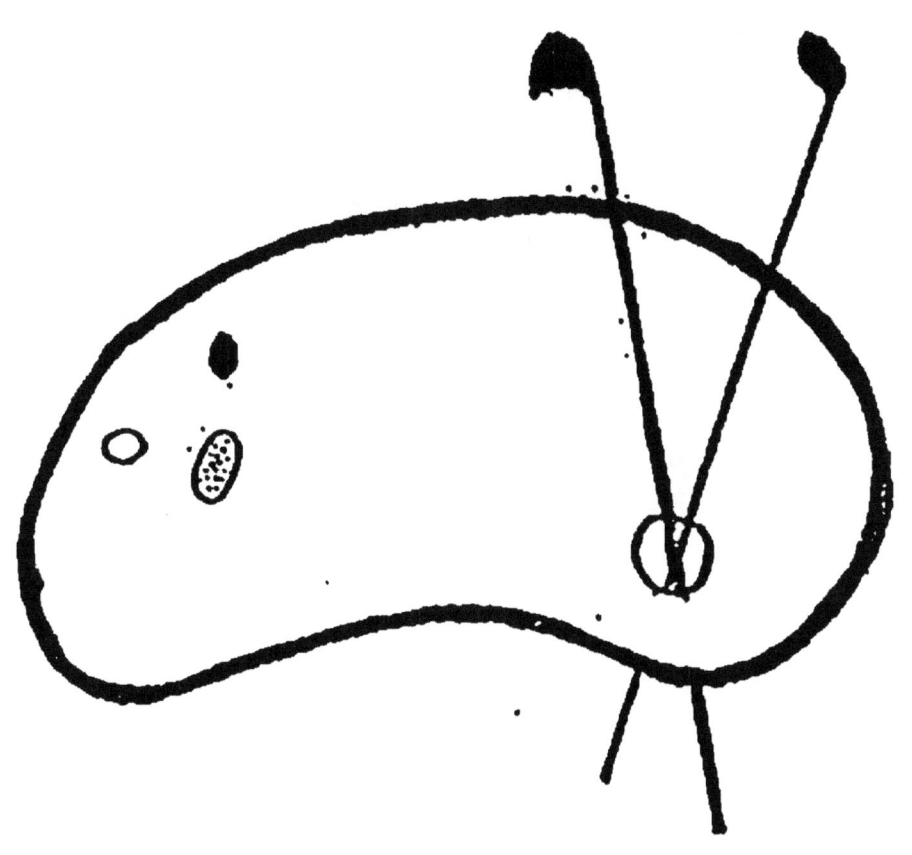

FIN D'UNE SERIE DE DOCUMENTS
EN COULEUR

PHILOSOPHIE
DES
SCIENCES SOCIALES

III
CONCLUSIONS DES SCIENCES SOCIALES

DU MÊME AUTEUR

VOLUMES :

De la volonté unilatérale considérée comme source d'obligations. — Paris, Giard et Brière, un vol. in-8° de 204 pages, 1891, épuisé.

Précis de philosophie, d'après les Leçons de philosophie de M. E. Rabier. — Paris, Hachette, un vol. in-12 de 410 pages ; 1re éd., 1891 ; 3e éd. 1905.

Éléments de philosophie scientifique et de philosophie morale. — Paris, Hachette, un vol. in-12 de 120 pages, 1891.

La morale de Spinoza, examen de ses principes et de l'influence qu'elle a exercée dans les temps modernes. Mémoire couronné par l'Institut de France. — Paris, Hachette, un vol. in-12 de 334 pages, 1892, épuisé.

« *De natura et methodo sociologiae.* » — Paris, Giard et Brière, un vol. in-8° de 104 pages, 1896.

Organisme et Société. — Paris, Giard et Brière, un vol. in-8° de 410 pages, 1896. Traduit en russe, Saint-Pétersbourg, un vol. grand in-8°, 1897.

La science et l'art en économie politique. — Paris, Giard et Brière, un vol. in-12 de 112 pages, 1896.

Philosophie des sciences sociales. Tome 1er, *objet des sciences sociales.* Tome 2e, *méthode des sciences sociales.* — Paris, Giard et Brière, deux vol. in-8° de 230 et 250 pages, 1903 et 1904.

Études d'économie et de législation rurales, — Paris, Giard et Brière, un vol. in-12 de 304 pages, 1906.

ARTICLES ET BROCHURES :

La sociologie, 1893. — Sur la définition de la sociologie, 1893. — Essai de classification des sciences sociales, 1893. — L'anthropologie criminelle et la sociologie criminelle, 1893. — Observations critiques sur la sociologie et son enseignement, 1894. — Le 1er congrès international de sociologie, 1894. — L'organisation scientifique de l'histoire, 1895. — La sociologie et l'économie politique, 1894 (traduit en anglais, 1896). — Les théories modernes de la criminalité, 1894. — L'enseignement économique en France (publié en italien), 1894-95. — La sociologie et le droit, 1895. — La science et l'art en matière sociale, 1895. — Le 2e congrès international de sociologie, 1895. — Une faculté des sciences sociales, 1895. — Un laboratoire de sociologie, 1895. — Les diverses conceptions de la sociologie, 1896. — Sociologie et démographie, 1896. — Sciences naturelles et sciences sociales, 1897. — Le 3 congrès international de sociologie, 1897. — La sociologie et la morale, 1897. — La sociologie et la politique, 1898. — L'expérimentation en sociologie, 1898. — L'école et le crime, 1898. — L'esprit français dans les études sociales, 1898. — L'économie sociale, 1898. — Leçon d'ouverture d'un cours d'histoire des doctrines économiques, 1898. — L'induction en sociologie et les lois sociologiques, 1899. — Le droit d'association en Allemagne, 1899. — Psychologie collective et psychologie individuelle, 1899. — Les bases sociales, 1899. — Statique et dynamique sociales, 1899. — L'individu et la collectivité dans la science sociale et dans l'art social, 1899. — La continuité des professions, 1900. — Le facteur économique dans l'organisation sociale, 1900. — Le 4e congrès international de sociologie, 1900. — La mécanique sociale, 1901. — Les associations industrielles et la solution pacifique des grèves, 1901. — La lutte des âges, 1903. — Le 5e congrès international de sociologie, 1903. — Rapports de la sociologie et de la psychologie, 1904. — Les principes sociologiques de la morale, 1904. — La société aux États-Unis, 1905. — La religion au point de vue sociologique, 1905. — Le 6e congrès international de sociologie, 1906. — Articles « Expulsion des étrangers », « Gouvernement », « Loi », « Nom (changement de) », « Prises maritimes » dans le Répertoire de droit administratif, 1899, 1900, 1902, 1904, 1905. — Etc., etc.

PÉRIODIQUES :

Revue Internationale de Sociologie. — Paris, Giard et Brière, 14 vol. grand in-8°.

Annales de l'Institut International de Sociologie. — Paris, Giard et Brière, 11 vol. in-8°.

Bibliothèque Sociologique Internationale. — Paris, Giard et Brière, 34 vol. in-8°.

BIBLIOTHÈQUE SOCIOLOGIQUE INTERNATIONALE
Publiée sous la direction de M. RENÉ WORMS
Secrétaire Général de l'Institut International de Sociologie

XXIX

PHILOSOPHIE

DES

SCIENCES SOCIALES

PAR

RENÉ WORMS

DOCTEUR EN DROIT, DOCTEUR ÈS LETTRES
AGRÉGÉ DE PHILOSOPHIE, AGRÉGÉ DES SCIENCES ÉCONOMIQUES
DIRECTEUR DE LA REVUE INTERNATIONALE DE SOCIOLOGIE

III

CONCLUSIONS DES SCIENCES SOCIALES

PARIS, Vᵉ

V. GIARD & E. BRIÈRE

Libraires-Éditeurs

16, RUE SOUFFLOT ET 12, RUE TOULLIER

1907

CONSIDÉRATIONS PRÉLIMINAIRES

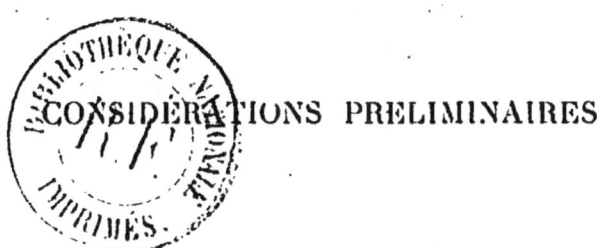

I. *Rôle, difficultés et limites de ce travail.* — II. *Les données en seront fournies surtout par les sociétés civilisées.* — III. *On les tirera de préférence des sociétés aryennes occidentales.* — IV. *Dans ce noyau l'évolution est discontinue et les divergences entre pays importantes.* — V. *En se fondant sur son histoire récente, la sociologie atteint à des conclusions plus sûres et plus utilisables pour l'art social.*

I

La philosophie des sciences sociales se propose un triple but. Elle prend ces sciences à leur point de départ, et elle leur indique la fin à poursuivre, l'objet à étudier. Elle les suit ultérieurement dans leur marche et elle dégage de l'examen des procédés qu'elles emploient les règles de leur méthode. Enfin elle s'arrête avec elles à leur point d'arrivée et, de l'ensemble immense des données qu'elles ont réunies, elle tire les conclusions en lesquelles celles-ci se résument. Nous avons essayé, dans des volumes antérieurs (1), de mon-

(1) *Philosophie des sciences sociales* : tome I, *Objet des sciences sociales*, 1903 ; tome II, *Méthode des sciences sociales*, 1904.

trer comment elle remplit les deux premières fonctions. Nous chercherons à dire, dans le présent volume, comment elle pourrait s'acquitter de la troisième.

Cette dernière tâche est, à coup sûr, plus délicate encore que les deux autres. L'accord est relativement aisé à obtenir parmi les sociologues sur l'objet commun de toutes les sciences sociales et sur l'objet propre de chacune d'entre elles. Il est déjà plus difficile à réaliser quand on traite de la méthode : car chacun a, dans une certaine mesure, sa méthode à soi, qui reflète toutes les particularités de son intelligence et même de son caractère, tous leurs mérites et tous leurs défauts. Pourtant, il est encore possible de s'entendre sur les principes les plus généraux de la méthode, sur les règles fondamentales qui doivent guider chacun dans sa recherche. Mais lorsqu'on arrive à formuler les conclusions de la science, les divergences éclatent nombreuses et, semble-t-il, irréductibles. C'est que les faits sociaux sont si multiples, si divers, si changeants, qu'ils révèlent, à plusieurs observateurs, plusieurs mondes tout opposés. Deux hommes de science, d'une égale bonne foi et d'un égal talent, mais placés à des points de vue différents, verront de la réalité sociale deux faces distinctes et traceront d'elle deux tableaux bien peu concordants. Une semblable constatation est faite pour nous inspirer la modestie. Nous ne croirons pas avoir formulé des conclusions certaines et indiscutables ; nous reconnaîtrons d'avance, très volontiers, que nos vues peuvent avoir été faussées par les préjugés propres à notre éducation et à notre tournure d'esprit. Mais, bien entendu, nous tâcherons de réduire ces causes d'erreur au minimum, en éliminant autant que possible de nos appréciations l'élément trop strictement individuel, en tâchant de dégager en quelque sorte la moyenne des jugements des hommes compétents et modérés, en faisant ainsi une œuvre aussi impartiale et aussi objective que nous le pourrons.

D'autre part, nous ne croirons pas non plus que les conclusions auxquelles nous serons ainsi parvenu doivent valoir indéfiniment. Elles réflèteront en quelque mesure — du moins nous le voudrions — l'état des sciences sociales au moment où nous écrivons. Elles ne sauraient devancer le développement de ces sciences. Or celles-ci, nées d'hier, croissent rapidement. Il est possible, par conséquent, que dans peu d'années leur face se soit entièrement renouvelée. Les conclusions à en tirer devront, dès lors, être modifiées du tout au tout. Aussi ne promettons-nous pas la pérennité à notre œuvre. Il nous suffirait, pour en être content, de penser qu'elle aura pu, pendant quelques heures, rendre service à quelques hommes de labeur en leur épargnant de longues recherches, en résumant pour eux dans de courtes pages ce que quinze ans de lecture, d'observation et de réflexion nous ont appris.

II

Les sciences sociales, nous l'avons montré (1), peuvent se diviser en deux groupes. Le premier étudie les sociétés une à une, envisageant chacune dans l'ensem-

---

(1) *Objet des sciences sociales*, chap. XI.

ble de sa structure et de son fonctionnement et la suivant dans son évolution propre. Le second s'attache aux éléments sociaux et aux ordres de faits sociaux (ou fonctions sociales), et examine chacun d'eux dans l'ensemble des sociétés qui le présentent. Tous deux ont la même matière, mais diversement agencée. Dans le premier entre l'histoire particulière des nations. Dans le second se trouvent la géographie sociale, l'ethnographie, la démographie, les sciences des institutions économiques, familiales, morales, religieuses, intellectuelles, artistiques, juridiques, politiques.

Le domaine qui leur appartient à tous deux, mais qu'ils parcourent en deux sens différents, est immense. Si même on en exclut les sociétés animales, il embrasse une telle multiplicité de sociétés humaines, que la seule énumération de celles qui sont connues suffirait à remplir une existence. Les premières familles préhistoriques et les groupes les plus dégradés d'aujourd'hui y entrent en effet au même titre que les grands Etats où nous vivons et, à strictement parler, méritent tout autant de fixer l'attention.

Les recherches faites sur la préhistoire ou sur la sauvagerie ont été des plus instructives. Elles ont révélé ou expliqué nombre de faits importants en euxmêmes et fait entrevoir à la psychologie des procédés insoupçonnés de l'esprit humain. Elles ont même permis de mieux comprendre notre propre existence, en mettant au jour dans le monde actuel mille survivances du temps jadis. Ce sont donc des études qui appellent le respect et l'encouragement. L'effort qu'elles coûtent ne se fait point en pure perte, et nous ne sommes pas de ceux qui en contestent ou en raillent l'orientation.

Toutefois, il faut reconnaître que ce n'est point

d'elles que se peuvent tirer les éléments essentiels d'une philosophie sociale. Leurs résultats n'ont pas une étendue, une précision, une sûreté suffisantes pour cela. Ni quantitativement, ni qualitativement, ils n'offrent une base assez large et assez solide à des généralisations. Les inductions qu'on essaie d'édifier sur eux risquent fort d'être erronées, parce qu'il y a trop de données qui nous manquent encore à leur égard. Les sciences sociales véritables doivent donc s'appuyer surtout sur les connaissances que nous avons, soit du présent par l'observation directe, soit du passé par des témoignages multiples, variés, se contrôlant et se corroborant les uns les autres. Nous avons montré ailleurs (1) comment les témoignages de diverses espèces doivent être accueillis et utilisés. Disons seulement ici qu'il y a lieu de retenir, comme pouvant fournir une matière particulièrement précieuse pour nous, tous les peuples qui ont ce qu'on nomme proprement une histoire, c'est-à-dire tous ceux où la conscience sociale s'est suffisamment solidifiée pour transmettre une trace d'elle-même, verbale, écrite ou matérialisée d'une façon quelconque, aux générations successives qui forment ces peuples. Cela suppose qu'ils se sont élevés au-dessus de la sauvagerie, pour atteindre tout au moins le stade de la barbarie, à prendre ces mots dans l'acception précise qui est devenue classique pour eux depuis les travaux de Frédéric Engels. Cela fait immédiatement comprendre aussi que les plus importants à nos yeux seront ceux qui seront arrivés à l'état de civilisation proprement dite, et que plus cette civilisation

(1) *Méthode des sciences sociales*, seconde partie.

sera parfaite, plus elle nous fournira de documents utilisables pour notre synthèse.

III

Nous plaçant donc au point de vue qui vient d'être défini, nous reconnaissons immédiatement que ce qui doit principalement compter pour nous, c'est l'histoire de ce très vaste groupe humain qu'on appelle, d'un nom peut-être contestable, mais du moins fort intelligible, la race blanche. Cela n'implique aucun dédain, ni à plus forte raison aucune aversion pour les autres groupes. Mais c'est la reconnaissance pure et simple d'un double fait, qui nous semble indéniable : à savoir que cette race, partie du même état rudimentaire que toutes les autres, s'est élevée plus haut que celles-ci, et offre par suite à l'observateur un champ d'étude plus riche ; et d'autre part qu'elle a conservé de son passé des traces plus nettes, plus étendues, plus certaines, et permet ainsi davantage la recherche scientifique de ses états successifs et de ses transformations. A vrai dire même, les autres races ne nous sont guère connues que dans la mesure où elles sont entrées en contact avec celle-là. Seules parmi elles, la race chinoise et peut-être la race américaine précolombienne s'étaient préoccupées de conserver leur histoire ; mais ces documents sont d'une faible portée pour la première et difficilement déchiffrables pour la seconde. Il y a, à la vérité, pour toutes ces races, les témoignages involontaires et d'autant plus sûrs que nous offrent les objets en lesquels se matérialise leur vie sociale (1). Mais quant aux témoignages humains, c'est presque exclusivement à la race blanche qu'ils sont dûs.

Dans la race blanche elle-même, il faut naturellement faire des distinctions. De ses deux grands rameaux, aryen et sémitique, c'est le premier qui, en vertu du principe posé tout à l'heure, compte le plus, étant allé plus loin et laissant une histoire plus précise. A vrai dire, il a souvent entremêlé sa vie avec celle du second. Fréquemment même, il lui a beaucoup dû : l'Egypte ancienne, la Judée, l'Islam arabe, ont servi tour à tour d'éducateurs aux populations dites aryennes. Mais justement celles-ci ont su leur prendre les principes les plus féconds de leur culture et les appliquer elles-mêmes, tandis que leurs initiateurs les oubliaient et dépérissaient. Par ce phénomène d'absorption, les premières se sont élevées, tandis que les secondes passaient au plan inférieur. Ce sont choses dont la philosophie sociale ne peut point ne pas tenir compte.

De même encore, parmi les populations aryennes, il faut distinguer. La Grèce, Rome, le monde romain, les Etats fondés sur ses ruines par les barbares, ceux qui leur ont succédé sur les mêmes territoires, l'ensemble des sociétés contemporaines de l'Europe et de celles qu'elles ont essaimées en Amérique et dans d'autres parties du monde, forment un tout d'une certaine continuité, et qui satisfait au double critère posé tout à l'heure : d'avoir atteint le sommet de la civilisation et d'être bien connu. Au contraire, tout en appartenant aussi au monde aryen, l'Inde et la Perse antiques, ainsi

---

(1) Voir *Méthode des sciences sociales*, chap. XIII.

que les nations barbares avant leur contact avec la civilisation romaine ou grecque, si intéressantes qu'elles soient en elles-mêmes, comptent beaucoup moins dans les destinées du monde et d'ailleurs ont été moins complètement étudiées. Il en résulte que c'est au noyau qui vient d'être défini qu'il faut surtout demander des exemples féconds en enseignements.

On nous dira peut-être que cette façon de faire est entachée d'« égocentrisme ». Nous répondrons que l'état de la science ne permet pas d'en adopter une autre. Sans doute, si tous les peuples de la terre, à tous les moments de leur évolution, nous étaient également bien connus, nous devrions tenir un compte égal de leurs histoires à tous. Mais il n'en est pas ainsi. La science ne nous fournit de données certaines et abondantes que sur le noyau dont nous parlions tout à l'heure, et le nombre comme la sûreté des informations décroissent progressivement à mesure qu'on passe à des peuples de plus en plus éloignés de lui. La faute en est en partie peut-être aux chercheurs, qui savent moins bien opérer hors du monde social qui leur est familier par l'expérience journalière, mais surtout à ces derniers peuples, qui ne sont pas arrivés à un degré de culture suffisant pour nous laisser d'eux-mêmes une histoire véridique. Tant que les patientes recherches de nos investigateurs n'auront pas suppléé à leur silence, nous ne pourrons que nous résigner à n'avoir d'eux qu'une connaissance imparfaite, sur laquelle il serait téméraire d'asseoir beaucoup d'inductions.

IV

Quels phénomènes caractéristiques présente, dans son ensemble, ce noyau de la race blanche que nous avons déterminé? On en trouve deux essentiels, à ce qu'il nous semble.

D'abord, son évolution, depuis vingt-cinq à trente siècles qu'elle est connaissable, tend vers le développement de ces forces et de cet état qui se résument dans le nom clair et commode de civilisation. Mais elle n'y tend pas d'une manière continue. La courbe par laquelle on peut la traduire graphiquement présente une inflexion très nette. Cette courbe est ascendante depuis le début de l'histoire jusqu'au second siècle environ de l'ère chrétienne, en négligeant bien entendu les phénomènes secondaires qui feraient constater des descentes partielles. Mais, à cette date, elle présente un point d'arrêt, suivi bientôt d'une chute : c'est l'époque de la décadence de l'empire romain, et celle où commence l'invasion des barbares. Cette chute se prolonge jusqu'au moment de la ruine complète de l'empire et de la fondation définitive des monarchies barbares sur ses débris. On est tombé à ce moment à un état social aussi inférieur que celui que les mêmes régions avaient connu dix siècles auparavant : les formes politiques diffèrent, mais le niveau d'ensemble est sensiblement le même ; c'est le retour à la barbarie. A partir de là, un nouveau mouvement d'ascension se produit : le réveil de l'idée impériale avec Charlemagne, la légère reprise des travaux intellectuels vers la même époque, un peu plus tard le renouveau de la vie urbaine et des travaux industriels marquent les débuts d'une seconde ère de civilisation, où cette fois les progrès vont aller pendant douze siècles en s'accumulant, en se fortifiant et en s'élargissant sans cesse. La courbe présente alors une seconde montée, lente d'abord et contrariée par des reculs sur des points nombreux, mais qui ensuite, depuis le xvi° siècle surtout, va s'accentuer et prendra de nos jours des proportions gigantesques, laissant très loin au-dessous d'elle l'étage le plus élevé atteint par la première montée, celle de la civilisation antique. Voilà, ce nous semble, une constatation qui s'impose à qui envisage l'histoire sans parti pris, et qui d'ailleurs concilie, dans ce qu'elles ont chacune de fondé, l'opinion de ceux qui croient au progrès et la pensée de ceux qui n'en admettent pas comme un dogme la continuité, la nécessité et l'inévitable avènement.

Il en est une autre tout aussi certaine, à nos yeux du moins. C'est que ce progrès n'a pas eu les mêmes caractères dans le monde antique et dans le monde moderne. D'abord celui-ci a connu des formes du développement social qui sont restées tout à fait ignorées du monde antique : c'est ainsi qu'il a poussé infiniment plus loin l'industrie proprement dite, parce qu'il a su instituer ce qui a d'ordinaire manqué à l'antiquité, la liberté du travail, l'estime pour le labeur manuel, l'application de la science à l'industrie. Puis, les facteurs du progrès, dans les temps modernes, ont été bien plus nombreux qu'aux âges anciens. On peut dire que, dans ceux-ci, une seule cité a représenté vraiment le progrès : ce fut d'abord Athènes, ce fut ensuite Rome. Au contraire, de nos jours, de multiples nations y collaborent : tous les États de l'Europe s'en sont mêlés tour à tour, ceux de l'Occident d'abord, ceux de l'Orient de nos jours ; les Républiques américaines se sont jointes à eux, et voici que le lointain Japon entre lui-même dans ce concert. Chacun de ces pays a son individualité très marquée. Sans doute, ils forment un groupe ayant des caractères communs : la vie économique, la vie familiale, la vie mentale, la vie politique même y reposent sur certains principes assez généralement admis. Mais les différences sont bien nettes aussi, et par exemple de l'Angleterre à la Russie, des Etats-Unis à l'Autriche, on aperçoit un écart social plus grand encore que la distance géographique. C'est même l'accentuation de ces traits individuels qui rend à la fois si nécessaire le rôle des sciences sociales descriptives et si délicat celui des sciences sociales comparatives. Les premières sont indispensables, parce qu'il ne suffit pas d'avoir étudié l'une de ces nationalités pour connaître toutes les autres, et qu'il faut, pour posséder l'histoire, suivre chacune d'elles dans toutes les complexes manifestations de sa vie. Les secondes sont difficiles, parce qu'on ne peut presque jamais tirer correctement une inférence de l'une de ces nationalités à l'autre et que l'on est toujours tenu de procéder par constatations d'espèces et par exemples particuliers. Si néanmoins nous nous efforçons de dégager quelques-uns des résultats principaux de ces dernières sciences, nous devons dire dès maintenant que c'est sous la plus expresse réserve des droits des premières. En d'autres termes, en essayant de donner une vue synthétique de la constitution, de la vie et de l'évolution des grandes sociétés modernes, nous devrons passer sous silence les particularités propres à chacune d'elles, mais nous n'oublierons pas que ces particularités existent et nous n'en ferons abstraction qu'en vertu des nécessités provisoires d'une œuvre forcément limitée.

V

Les chapitres qui vont suivre seront un essai de cette sorte. Nous voudrions y développer tour à tour les conclusions que, de l'examen de l'histoire descriptive, les sciences sociales comparatives ont tirées quant aux éléments, aux fonctions et au développement successif des sociétés. Tout en tenant compte dans la mesure du possible des formes sociales éloignées de nous dans l'espace et dans le temps, nous insisterons surtout sur celles qui se trouvent les plus proches de notre pays et de notre époque. Les documents concernant le principal groupe de la race blanche s'accumulent depuis des siècles. Mais depuis quatre cents ans, ils ont pris une valeur toute particulière par leur exactitude et leur ampleur. En nous appuyant surtout sur ceux de cette période, nous aurons plusieurs garanties. D'abord, ils se contrôlent les uns les autres, les sources d'informations étant multiples et souvent opposées. Puis, notre expérience personnelle et celle des gens que nous avons nous-même fréquentés, nous permet d'en vérifier un certain nombre. Même pour les événements qui appartiennent proprement au passé et qui, par conséquent, ne sont susceptibles d'aucune vérification directe, il y a une preuve indirecte possible : celle que fournissent les traces qu'ils ont laissées dans notre état de choses présent. Or, de deux événements passés, d'importance égale, mais de dates différentes, ce sera naturellement le moins ancien qui aura laissé les traces les plus nombreuses. L'expérience personnelle, la constatation du présent, permet la reconstruction matérielle du passé, par les objets multiples qu'il nous a transmis, dans la mesure même où ce passé est proche de nous. Elle en facilite la compréhension dans la même mesure : car un passé entièrement disparu nous serait tout à fait inintelligible, tandis qu'un passé peu lointain a encore sa marque dans nos esprits, où les influences nouvelles n'ont pas eu le temps d'effacer entièrement les siennes ; si bien que nous pouvons, par analogie, nous mettre dans l'état mental de ceux qui nous ont précédés d'assez peu de temps. Tout concourt donc à faire que la sociologie synthétique se guide de préférence par les indications de l'histoire la plus récente.

En agissant ainsi, elle se donnera une valeur scientifique plus haute, puisqu'elle s'appuiera sur des bases plus solides. Mais, du même coup, elle atteindra un autre avantage qui est loin d'être à dédaigner. Elle se rapprochera de l'art social, au sens où nous avons pris ce terme, et où il désigne la théorie d'ensemble des améliorations à introduire dans la société (1). Par là, elle fournira des données plus immédiatement utilisables à la pratique et à la vie individuelles et collectives. Qu'importerait à l'art une science sociale fondée uniquement sur la connaissance, même supposée parfaite, du

(1) *Objet des sciences sociales*, chap. IX.

préhistorique ? De tels temps sont à jamais disparus, et personne ne songe à les ressusciter. Que lui importe même, au fond, la science étendue des sociétés sauvages ou barbares ? Elle ne lui ferait connaître que des états dont il aspire justement à éloigner de plus en plus l'humanité — nous parlons du moins d'un art social tel qu'on peut et doit le construire de nos jours et dans nos pays. Mais ce qu'il a besoin de savoir, c'est comment et à quel prix la civilisation s'est peu à peu édifiée, afin d'apprendre par là, s'il n'a qu'à la conduire toujours plus avant dans les mêmes voies et avec la même vitesse, ou si, au contraire, il doit tendre à rectifier la direction de ce mouvement, à en accroître ou à en modérer la rapidité. Ces derniers raisonnements sur la marche à suivre, c'est à lui-même de les faire. Mais, ces indications sur la marche déjà suivie, c'est à la sociologie de les lui fournir. Elle ne peut utilement l'essayer qu'en s'appuyant de préférence sur l'histoire moderne. Tel sera donc le caractère des pages qu'on va lire. Ce seront des généralisations tirées surtout de l'observation des milieux sociaux les plus élevés, où nous voudrions synthétiser l'essentiel de leur état passé et de leur constitution présente, sans oublier de signaler les forces qui paraissent devoir être le plus efficacement en jeu pour déterminer leur prochain avenir.

PREMIÈRE PARTIE

LES ÉLÉMENTS SOCIAUX

CHAPITRE PREMIER

LE MILIEU.

I. *Nature et éléments du milieu.* — II. *Action de ces éléments sur la société.* — III. *Quelques théories fondées sur cette action.* — IV. *Limites qu'elle comporte.*

I

Le caractère et l'ordre des problèmes qui doivent être discutés dans ce livre n'a pas à être établi ici. Un précédent volume (1) a rempli cette tâche. Nous tiendrons donc pour accordé qu'il y a lieu de disposer les conclusions des diverses sciences sociales en une série telle qu'elles nous renseignent tour à tour : sur le contenu de la société, sur les éléments dont elle est faite ; sur son fonctionnement, sur les multiples aspects de sa vie ; enfin sur son développement dans le temps, sur son évolution. Et c'est à ces trois ensembles de questions que répondront les trois parties du présent volume.

(1) *Objet des sciences sociales.*

Les éléments qui constituent la société sont très multiples, nous l'avons déjà vu (1). A chacune de leurs catégories s'attache une science (2). Peut-être allons-nous être amené à donner ici une nomenclature de ces catégories et de ces sciences plus complète, sur certains points, que celle que nous avions antérieurement proposée. Ou tout au moins, peut-être nous apparaîtra-t-il que, entre des groupes de phénomènes et de recherches assez voisins, il existe pourtant des différences plus profondes que nous ne l'avions pensé tout d'abord. Les grandes lignes de notre plan primitif n'en seront cependant pas modifiées.

Quand on porte successivement ses regards sur les différents éléments sociaux, en allant de l'extérieur à l'intérieur, on aperçoit tout d'abord ceux dont l'ensemble constitue ce qu'on appelle couramment le milieu. Il s'agit ici, bien entendu, du milieu pour la société, non du milieu pour l'individu. Les deux points de vue conduiraient à des conceptions très éloignées. Car, pour la société, le milieu est le monde physique et organique dans lequel elle est placée et elle subsiste. Le milieu, pour l'individu, comprend à la fois ce monde et la société elle-même. Il y a là une confusion grave à éviter, que cette observation sommaire doit suffire à dissiper dès l'abord.

On nous permettra une autre remarque sur le terme même dont nous nous servons en ce moment. L'expression « milieu » nous paraît assez étrangement choisie pour désigner l'idée qu'elle traduit. En effet, ce monde physique et organique dans lequel est placée la société

(1) *Id.*, chap. IV.
(2) *Id.*, chap. XI.

(ou bien ce monde physique, organique et social tout à la fois dans lequel est placé l'individu), n'en est aucunement le milieu. Tout à l'inverse, c'est la société (ou l'individu) qui en serait plutôt le milieu, car c'est elle (ou lui) qui s'en croit le centre. Il faut donc bien se garder d'attacher ici son sens propre au terme employé, de croire qu'il évoque un rapport de position. Milieu est pris simplement, en la circonstance, dans l'acception où les physiciens l'emploient quand ils disent : un milieu liquide, un milieu gazeux. Il est, à peu de choses près, synonyme de « lieu ». Il désigne l'ensemble des éléments que la nature fournit à la société et que celle-ci va utiliser (1).

Quels sont ces éléments dont se compose le milieu ? On trouve, tout d'abord, le sol sur lequel la société a fixé son habitat. Et naturellement il faut tenir compte des accidents qu'il présente, de son altitude, des eaux qui le traversent ou le limitent, en d'autres termes l'envisager aux divers points de vue de la topographie, de l'orographie, de l'hydrographie. — En second lieu, on rencontre le sous-sol, dans lequel la société va puiser des matériaux variés et dont d'autres éléments, en nourrissant les plantes, concourent indirectement à l'alimentation des hommes. C'est dire que la minéralogie et la géologie doivent ici être mises à contribution. — Enfin, par opposition au sous-sol, on peut encore parler du « sur-sol », en désignant par ce néologisme

---

(1) Dans le volume précédemment cité, nous parlions des « éléments non humains de la société ». Mais parmi ces éléments, nous en distinguions deux espèces : ceux qui sont proprement naturels, et qui seuls constituent le milieu, au sens où nous le prenons ici ; et ceux qui doivent leur forme au travail humain, que nous retrouverons plus loin.

commode le groupe des éléments placés au-dessus de l'écorce terrestre et qui influent sur la vie humaine. L'atmosphère, les forces qui s'y exercent, les perturbations qui s'y manifestent — vent, pluie, grêle, cyclones, phénomènes lumineux, etc... — sont ici à considérer. La météorologie est la science qui nous renseignera sur tous ces objets. Mais l'on ne saurait oublier non plus que le sol porte des espèces végétales et animales, soit utiles, soit nuisibles à l'homme, et, dans l'un ou l'autre cas, importantes à connaître pour expliquer sa vie. La géographie botanique et la géographie zoologique se sont constituées pour en traiter. Et d'une manière synthétique, on a désigné sous le nom de géographie sociale l'ensemble des études portant sur le sol, le sous-sol et le sur-sol dans leur relation avec l'humanité.

II

L'action de tous les éléments que nous venons d'énumérer, sur les êtres humains vivant en société, est certainement considérable. D'une façon générale, l'existence de ceux-ci ne serait pas possible sans la présence et l'utilisation de ceux-là. Il en résulte, d'une façon plus particulière, que les diversités qui se trouvent dans ceux-là se répercutent sur ceux-ci. Le milieu, dans une large mesure, façonne l'homme à son image, parce que l'homme, pour subsister, doit s'adapter à lui.

La preuve de cette proposition est fournie par quelques considérations indiscutables. La vie sociale, tout d'abord, n'atteint son plein développement que dans une portion limitée du globe : dans les régions tempérées. Près des pôles, elle est entravée par la rigueur du climat et la pauvreté de l'ambiance. Près de l'équateur, l'activité humaine est également étouffée par une chaleur excessive, en même temps qu'elle est rendue à peu près inutile par la libéralité avec laquelle la nature offre ses productions spontanées, et qu'elle est découragée par les cataclysmes physiques si fréquents dans ces régions. Ce n'est que dans la zone intermédiaire que le travail est à la fois possible, nécessaire et fructueux. Et c'est par le travail que se sont formées et qu'ont progressé toutes les civilisations dignes de ce nom.

Dans cette zone elle-même, tous les pays ne sont pas placés en des conditions identiques. Les uns se trouvent au centre d'un continent ; d'autres confinent à la mer ; certains même sont complètement insulaires. Il résulte de là de très grandes divergences dans l'orientation des peuples. Ceux qui ont eu le contact de l'océan ont été de tous temps attirés par lui et, en le traversant, se sont mis en rapport avec des terres et des populations nouvelles : ils y ont pris plus d'initiative, leur horizon intellectuel s'est élargi, leur richesse s'est accrue par là ; en même temps l'humanité dans son ensemble a gagné au mélange des races et des idées que leurs migrations entraînaient. C'est à la mer que la Phénicie et la Grèce dans l'antiquité, que les républiques italiennes à la fin du moyen âge, que la Hollande plus tard et ensuite l'Angleterre ont dû leur fortune et leur gloire. En revanche, c'est à leur situation continentale, à la continuité en quelque sorte indéfinie de leurs immenses territoires, que la Russie et la Chine sont redevables de leur unité, de leur durée, de leur intégrité, en dépit de toutes les circonstances adverses qui les menaçaient.

L'altitude des régions a également ses conséquences. Les montagnes, les plateaux, les plaines, les vallées, ne jouissent pas des mêmes avantages. Les premières sont plus aptes à abriter une population jalouse de son indépendance. D'elles s'élanceront parfois des conquérants, qui iront asservir les terres sous-jacentes. Mais ce ne sera guère que dans celles-ci que se fonderont les grands États. Les Macédoniens ont conquis la Grèce ; mais ce sont des royautés grecques qu'ils ont établies. — L'irrigation est encore un phénomène de haute portée. Les cours d'eau ont joué de tout temps un rôle de premier ordre. Ils ont servi, comme la mer, à rapprocher les populations. Mais ils ont également contribué à donner au sol sa fertilité. Voilà surtout pourquoi les premières civilisations historiques sont nées au bord des grands fleuves. L'Egypte et la Chine sont là pour le prouver. Inversement, où les rivières manquent, la vie s'arrête. Le Sahara en est l'exemple. Dans le même ordre d'idées, la pluie a été pour certaines régions un phénomène bienfaisant, en donnant aux champs la fécondité nécessaire, tandis qu'ailleurs elle est un fléau, par son excès, qui tue l'essor des plantes et déprime le moral de l'homme.

Les richesses minérales du sous-sol possèdent une influence des plus appréciables. Depuis l'antiquité, les hommes ont afflué sur les terres où ils rencontraient des métaux précieux. De nos jours, c'est à ce phénomène qu'est dû le développement de la Californie, de l'Australie, du Transvaal. Le fer, le cuivre ont eu une action analogue à celle de l'or et de l'argent. La houille est, dans les temps modernes, une des grandes forces de l'Angleterre et contribue notablement à l'orientation de son activité économique. Le pétrole commence à jouer un rôle du même genre. Et, dans un domaine différent, mais en somme parallèle, la possibilité d'utiliser cette force motrice qu'on a appelée pittoresquement la « houille blanche », semble destinée à donner bientôt une vie hautement intense à plusieurs régions qu'on regardait jusqu'à présent comme disgrâciées.

Enfin, il nous reste à rappeler le rôle social de la flore et de la faune. Elles fournissent à l'homme les mets de sa table et une grande partie des instruments de son industrie. La première de ces fonctions suffirait à marquer leur importance. L'homme, dit un proverbe allemand, est ce qu'il mange (« der Mensch ist was er isst »). S'il y a quelque chose d'exagéré dans cette allitération, l'idée qu'elle traduit renferme pourtant un fond certain de vérité. Que l'on compare, par exemple, un Anglais et un Italien, celui-là nourri de viandes saignantes et de boissons fermentées, celui-ci presque végétarien et presque abstinent, et que l'on dise si la vigueur un peu trop lourde de l'un et la vivacité un peu trop légère de l'autre — lesquelles se traduisent si nettement dans toutes leurs institutions sociales — ne tiennent pas en grande partie à leurs alimentations. Sans doute l'on pourrait objecter que les climats de leurs deux patries y sont aussi pour beaucoup. Mais l'on ne ferait encore par là que confirmer ce que nous avons dit de l'influence d'un autre élément du milieu physique sur la constitution humaine.

III

Depuis qu'il existe des sciences sociales, cette action du milieu a été reconnue, et souvent même exagérée. Montesquieu, déjà, fondait sur elle sa théorie des climats. Au xixe siècle, des écrivains qualifiés en ont fait d'intéressantes applications, exactes parfois, d'autres fois contestables. Nous en citerons ici quelques exemples typiques.

Taine, dans son remarquable ouvrage sur la *Philosophie de l'Art,* cherche les raisons du génie esthétique des Grecs. Il les trouve surtout dans l'ambiance physique. L'atmosphère, lumineuse et diaphane en ces régions, donne aux yeux une éducation merveilleuse. Les contours de toutes choses sont nets et le plus souvent agréables. La mer, point trop vaste et toute parsemée d'îles, rapproche plus qu'elle ne divise. La montagne elle-même, si elle isole, si elle limite les horizons, rend par là à l'esprit un véritable service : elle l'habitue à ne pas se perdre dans la poursuite trop lointaine de « l'au-delà », elle lui donne le sens du défini, du déterminé, du précis. L'art grec y gagnera d'être fait de mesure et de goût. Le sens des proportions règnera dans toutes ses œuvres. Ce sera le triomphe de l'harmonie. Les mêmes qualités, dirons-nous, se retrouveront dans toute la pensée des Hellènes, et jusque dans leur philosophie. Les plus éminents de leurs écrivains garderont cette marque d'origine : leur profondeur ne cessera jamais d'être lucide. Chez un génie tel qu'Aristote, le savoir le plus étendu et la méditation la plus haute aboutissent à des formules d'une simplicité et d'une clarté parfaites. La philosophie grecque a toujours préféré le fini à l'infini, le πέρας à l'ἄπειρον, et, quand elle a abordé l'étude de l'infini lui-même, elle l'a fait avec ses méthodes usuelles ; aussi est-elle arrivée à en donner des définitions rationnelles, devant lesquelles, aujourd'hui encore, après vingt siècles d'efforts et de réflexions continus, l'esprit humain s'arrête frappé de respect, comme devant une œuvre achevée, indestructible et qui ne sera point dépassée (1).

Si le monde moderne doit en majeure partie à la Grèce son inspiration esthétique, c'est à la Judée qu'il doit surtout son inspiration religieuse. La foi d'Israël a conquis tout l'Occident. On la peut résumer en un petit nombre de caractères simples. D'abord, cette religion est essentiellement éthique : la pureté des mœurs est son précepte fondamental. Puis, sa métaphysique tient tout entière en ce concept : l'unité et la grandeur du divin. Or, ces caractères sont liés à la vie qu'ont menée les ancêtres du peuple chez qui cette religion s'est développée. Les travaux de Renan l'ont établi. L'éminent auteur de l'*Histoire du Peuple d'Israël* nous montre les Béni-Israël vivant d'abord à l'état nomade, avant leur fixation sur le sol de la Judée, avec une organisation assez comparable à celle des Bédouins

---

(1) Nous sommes forcé de négliger ici les curieuses applications de détail que Taine donne de sa théorie, par exemple lorsqu'il attribue pour partie la supériorité d'intelligence, et surtout de finesse, des Athéniens sur les Béotiens, à la différence de leurs alimentations.

d'aujourd'hui. L'existence sous la tente, dans le désert, les isole des grands Etats qui se sont dès lors constitués, l'Egypte et la Chaldée : aussi, quand ils viendront à leur contact, les prendront-ils en une sorte d'horreur, et en maudiront-ils le raffinement et les vices. Elle engendre aussi une constitution très forte de la famille, serrée autour de son chef, assez jalousement fermée au dehors, mais fondée sur des principes de stricte justice. D'autre part, elle les prépare au monothéisme : le désert est à la fois un et grand, il ne peut inspirer l'idée que d'un créateur également unique et illimité. Il n'est point divisé, comme les pays de montagnes ou les vallées, en beaucoup de petites sections distinctes ; il n'éveille donc point la notion de divinités locales, confinées chacune dans son canton. La tribu qui y vit se déplace incessamment : elle ne peut édifier des idoles stables ni vouer un culte à des lieux déterminés. Plus tard, sans doute, après leur fixation sur le sol de Chanaan, les Béni Israël seront tentés de pratiquer le polythéisme et l'idolâtrie. Mais il restera chez eux, de leurs ancêtres, un souvenir puissant, sur lequel ne manqueront pas de s'appuyer les réformateurs qui prêcheront avec succès la religion du Dieu unique et universel.

Chez un auteur d'une inspiration bien différente, Frédéric Le Play, nous trouvons les mêmes préoccupations. Il a parcouru l'Europe et une partie de l'Asie pour faire sa vaste enquête sur les classes laborieuses, et il en a consigné les résultats dans sa collection des *Ouvriers Européens,* à laquelle ses disciples ont donné comme suite le recueil intitulé *Les Ouvriers des Deux Mondes.* Ces deux séries se composent de monographies de familles de travailleurs. Or, dans chacune d'elles,

les premiers phénomènes retracés sont ceux qui concernent le milieu. Surtout lorsqu'il s'agit de travailleurs agraires, l'environnement physique y est soigneusement étudié. L'habitat y est toujours décrit, et la nourriture détaillée. C'est reconnaître l'étroite dépendance dans laquelle l'homme de labeur se trouve vis-à-vis des conditions de son existence matérielle. L'un des principaux disciples de Le Play, M. Edmond Demolins, a poussé plus loin encore l'application de cette vue. Cherchant à faire une synthèse générale de l'histoire humaine, il a suivi les principales populations dans leurs habitats successifs, et il a soutenu que les caractères essentiels qui les distinguent les unes des autres tiennent aux routes variées qu'elles ont suivies, à partir d'un point initial tacitement supposé le même pour toutes. L'ouvrage porte un nom significatif à cet égard; il s'intitule : *Les grandes routes des peuples, essai de géographie sociale ; comment la route crée le type social* (1). A titre d'exemples, il nous montre l'action des steppes sur les Tartares-Mongols, des toundras sur les Lapons et les Esquimaux, des savanes sur les Peaux-Rouges, des côtes maritimes sur les Phéniciens, des plateaux sur les Albanais et les Hellènes ; il nous fait voir les Celtes prenant leurs caractères multiples aux diverses étapes parcourues par eux dans la vallée du Danube, la plaine germanique et les vallées de la Gaule. Passant à leur habitat contemporain, M. Demolins lui applique la même méthode d'investigation. Dans son étude appelée : *Les Français d'aujourd'hui : les types sociaux du midi, du centre et de*

---

(1) Deux volumes : *Les routes de l'antiquité* ; *Les routes du monde moderne.*

l'ouest, il cherche à établir l'influence qu'a sur l'homme la production végétale dominante dans sa région. Il met ainsi en lumière le rôle de la châtaigne en Périgord et dans le Limousin, de la vigne dans l'Armagnac et la Touraine, de l'olivier en Provence. A coup sûr, il y a quelque chose d'unilatéral et d'étroit dans ses vues ; mais on ne peut méconnaître qu'elles nous aient valu plus d'une page intéressante.

IV

Les exemples qui précèdent nous ont préparé à saisir le parti que l'on peut légitimement tirer de la considération du milieu pour l'explication de la vie sociale et en même temps la réserve avec laquelle il y faut recourir. On admettra bien volontiers que le milieu doit avoir sa part dans cette explication ; on se refusera à croire qu'il puisse y suffire. Trois raisons principales nous paraissent établir l'indépendance, au moins relative, de l'homme par rapport à son milieu. Et nous pensons qu'il suffit de les énoncer succinctement pour en faire voir la portée.

D'abord, l'homme, dans une large mesure, transforme la nature elle-même. Il nivelle le sol ; il détourne le cours des rivières, les endigue, utilise leurs eaux pour l'irrigation en les faisant passer par des rigoles artificielles ; il crée même des fleuves nouveaux, les canaux de navigation. Il agit, dans certaine mesure, jusque sur les météores, par exemple au moyen des déboisements et reboisements. Enfin, par la culture et par l'élevage, il modifie profondément la flore et la faune. Si donc son milieu agit sur lui, il réagit sur son milieu. C'est dire qu'il y a en lui une force propre qui ne s'explique pas par l'ambiance, puisqu'elle y résiste et partiellement au moins la domine.

Sans doute, l'on peut observer que toutes les sociétés humaines n'ont pas été également aptes à réagir ainsi sur leur milieu et à l'adapter à leurs fins. Mais celles qui n'ont pas su ou pu le faire ont du moins trouvé d'ordinaire un autre moyen de se soustraire à la tyrannie du milieu. Ce moyen a été l'émigration. Les groupes auxquels la nature était trop dure et qui ne parvenaient pas à la vaincre, sont allés chercher fortune sous d'autres climats. De semblables déplacements sont très fréquents dans l'histoire. Si l'homme a souvent fui devant l'homme, il a souvent aussi fui devant les rigueurs d'un hiver ou les ardeurs d'un été excessifs, devant un cyclone, une inondation, une épidémie, devant la disette due à une ou plusieurs mauvaises récoltes. Or, fuir son milieu, c'est une façon, imparfaite sans doute, mais enfin certaine, d'échapper à son action. Pouvoir s'en éloigner, c'est prouver qu'on en est, à quelque degré, indépendant.

Enfin, lors même que l'homme reste dans son milieu et en subit l'influence, on ne peut oublier que, tandis que la nature le domine d'un côté, il l'utilise d'autre part. Elle ne le domine même que par cette utilisation qu'il en fait. Il s'adapte à elle, mais il se l'adapte aussi, et ce sont les deux faces d'un unique phénomène. Ainsi l'atmosphère n'agit sur lui que parce qu'il respire; la flore et la faune, que parce qu'il s'alimente à leurs dépens. Dans ce processus complexe, c'est sa supériorité à lui qui apparaît. Car il fait siens les éléments qu'il emprunte à la nature et par lesquels celle-ci coopère avec lui. Cet air, ces substances végétales ou animales, il les ingère et les transforme en substances humaines. Tout autre être vivant, plongé dans le même milieu, en subirait également l'influence, en profiterait aussi, mais ne saurait pas en tirer le même parti et réagir de la même manière. Lui le sait, justement parce qu'il est l'homme. Il y a quelque chose en lui qui ne dérive pas du milieu mais qui s'impose au milieu. C'est son organisation propre, c'est cet ensemble unique de qualités somatiques et mentales qui est caractéristique de son espèce, et qu'on désigne, faute d'un terme meilleur, sous ce simple nom : la nature humaine.

CHAPITRE II

LA RACE

I. *Du tableau des races.* — II. *Ce qu'on nomme l'opposition, la fixité et la hiérarchie des races.* — III. *Vrais caractères des races.*

I

Cette notion de la nature humaine, à laquelle nous venons d'aboutir, comment pourrons-nous, au point de vue social, la préciser ?

Nous avons pour cela un moyen : c'est de la décomposer. La nature humaine n'est pas partout identique à elle-même. L'humanité se présente à nous divisée en diverses races. Une science étudie celles-ci. C'est l'ethnographie. Adressons-nous à elle et voyons ce qu'elle peut nous apprendre.

L'ethnographie décrit séparément chaque peuple ou chaque peuplade, en notant soigneusement les particularités que présentent ses membres, par opposition avec ceux des autres groupes, dans leur constitution anatomique, physiologique, psychologique, pathologique, ainsi que dans leur organisation sociale (bien que sur ce point les ethnographes soient parfois trop peu éclairés) et dans le matériel dont ils se servent. A l'aide de toutes ces données, elle s'efforce de faire une synthèse, qui est le tableau des races humaines. Dans cette partie supérieure de sa tâche, elle prend le nom d'ethnologie : car ici elle n'est plus une simple description, mais une véritable science.

Le tableau des races humaines est construit à la manière du tableau des espèces animales. Il rapproche les races suivant leurs affinités et les groupe en catégories d'ampleurs variées, incluses les unes dans les autres suivant les principes logiques de la compréhension et de l'extension (1). Ainsi, il distingue des races blanches, jaunes, rouges, noires. Parmi les races blanches, il classe les Aryens, à côté des Sémites, etc. Entre les Aryens, il indique les Hindous, les Perses anciens, les Grecs, les Romains, les Celtes, les Germains, les Slaves. Il divise ensuite ces derniers en Slaves du nord et Slaves du sud. Dans la première catégorie, il met les Russes, les Lithuaniens, les Polonais. Dans la seconde il range les Serbes, les Croates, les Slovènes. Naturellement, avec les auteurs, la classification varie. Certains n'admettent que trois types humains fondamentaux ; d'autres en reconnaissent jusqu'à une vingtaine. Quant aux types subordonnés, on peut en distinguer jusqu'à des milliers, ou s'en tenir à une ou deux centaines. L'appréciation de l'importance des caractères, sur laquelle repose toute cette division, est un fait purement subjectif, donc essentiellement changeant. Aussi ne reproduirons-nous ici aucune de ces

(1) Nous nous permettons de renvoyer, pour l'explication des règles de la classification, à notre *Précis de Philosophie*, chapitre XXXII.

classifications, ne trouvant point qu'aucune soit établie d'une manière assez indiscutable. A ceux de nos lecteurs qui voudraient en connaître une, consciencieusement faite, nous signalerons celle qu'a donnée M. Deniker dans son livre intitulé : *Races et peuples de la terre*.

Ce qui ajoute à la difficulté d'un travail de cette nature, c'est le désir assez généralement répandu que cette classification des races humaines, comme celle des espèces animales, ait une valeur, non seulement statique, mais dynamique, c'est-à-dire qu'elle marque, outre les ressemblances des races, leur filiation respective. Pour qu'une semblable prétention pût être satisfaite, il faudrait qu'on eût la clef de nombre de problèmes historiques considérables. Certains sont célèbres : tels ceux qui concernent l'origine des Polynésiens, des anciens Mexicains, des Malais et des Malgaches, ou la souche primitive des Aryens. Leur seul énoncé fait comprendre, à toute personne compétente, la difficulté de semblables recherches, où les documents tirés des fouilles archéologiques, des langues, des traditions, sont à la fois rares et contradictoires. D'ailleurs, pour qu'une classification généalogique complète fût possible, il faudrait avoir au préalable résolu la question du monogénisme et du polygénisme, c'est-à-dire la question de savoir si l'humanité a apparu primitivement en un seul point du globe ou en plusieurs à la fois. Or celle-ci est insoluble dans l'état présent de la science et on n'y répond qu'avec des préconceptions ou des raisons de sentiment. On comprend donc que nous évitions de nous mêler ici à des débats de cette nature.

II

Mais, ce qui est de notre ressort, c'est de signaler certaines vues générales qu'on a tirées d'une étude hâtive de l'ethnographie et répandues dans le grand public, lequel les a trop souvent acceptées sans critique et sans contrôle. Ces vues peuvent se ramener à trois. On parle, en effet, des principes qu'on appelle : l'opposition des races, leur fixité, leur hiérarchie. Examinons ces mots et voyons quelle part de vérité, quelle part d'erreur aussi, ils renferment.

Les races, en premier lieu, seraient opposées l'une à l'autre. Si on les envisage dans l'espace, chacune aurait ses caractères propres, complètement distincts de ceux de toutes les autres. Les membres de chacune d'elles se ressembleraient plus qu'ils ne différeraient et par contre chacun d'eux aurait plus de différences que de ressemblances avec tout membre d'une autre race. Des contrastes tranchés existeraient ainsi entre les peuples, et par suite leur voisinage ne pourrait engendrer que des rivalités irréductibles et des conflits permanents.

Les races, en second lieu, seraient fixes. Si on les envisage dans le temps, on n'en voit aucune se transformer complètement. Dès les premiers jours de l'histoire elles apparaissent ce qu'elles seront des siècles plus tard. Ainsi les qualités et les défauts que César signale chez les Gaulois seraient encore l'apanage des Français d'aujourd'hui. Les circonstances peuvent changer la surface, mais le fond reste le même, parce qu'il repose sur l'hérédité, la force qui, dans le monde organique, transmet intégralement aux descendants le type des ancêtres.

Les races, en troisième lieu, seraient inégales. Certaines seraient mieux douées que les autres, en force, en intelligence, en moralité. Et, en vertu du principe de la fixité, elles le seraient pour toujours. Il y a donc, dit-on, une hiérarchie des races : il y a des races supérieures et des races inférieures. Il y en a qui sont nées pour commander et d'autres qui sont nées pour obéir. Aux premières, suivant les règles de la nature, tout droit appartient sur les secondes. Elles peuvent les exterminer, les asservir, les refouler : c'est l'application de la loi du plus fort, et c'est l'intérêt bien compris de l'humanité, laquelle trouve son avantage à ce que seuls ses représentants les plus qualifiés survivent, se reproduisent, ou tout au moins atteignent à la domination.

Il serait difficile de mettre un nom précis sur chacune de ces théories. Mais on y a reconnu des maximes venues de l'antiquité et qu'Aristote lui-même avait accueillies ; des conceptions inspirées par le darwinisme mal compris ; d'autres que la politique réaliste des conquérants a mises en honneur ; un fonds d'idées qui se rattache au livre aujourd'hui notoire du comte de Gobineau (1), aux recherches de l'école dite d' « anthroposociologie » (2), etc... Tout cet assemblage assez hétérogène flotte en quelque sorte dans l'esprit populaire,

---

(1) *Essai sur l'inégalité des races humaines.*
(2) Voir les livres de MM. Vacher de Lapouge, Closson, Ammon, Muffang.

et les théoriciens de l'esclavage des noirs, de l'antisémitisme, de la guerre et de sa mission bienfaisante, vont y chercher périodiquement des arguments qui font impression sur les foules.

On commence pourtant, heureusement, à ne plus être dupe de ces apparences. Les gens éclairés sentent d'instinct les sophismes qui se cachent au fond de ces doctrines de haine. Tout ce qu'il y a de généreux dans l'humanité contemporaine proteste contre leur application. Le droit prétendu des races supérieures sur les races inférieures est devenu, aux yeux de l'élite intellectuelle d'aujourd'hui, le devoir d'éducation et d'appui des races supérieures envers les races inférieures. Mais ce n'est pas au cœur seul à parler : il faut que la raison le confirme. Que dit-elle donc au sujet des principes rappelés il y a un instant, et dans lesquels se résument les thèses qu'il repousse ?

Elle dit que, fondés sur quelques observations exactes, ils en exagèrent la portée, au point de tomber dans l'erreur. Ainsi la différence des races est un fait indiscutable, dans l'état présent de l'humanité. Elle constitue une donnée acquise à la science, et avec laquelle toute construction sociologique ou politique doit compter. Mais elle ne va pas jusqu'à amener une opposition irréductible entre ces races. Plusieurs races peuvent coexister sur le territoire d'un même Etat, soit en occupant chacune une de ses régions, soit en se dispersant sur toute sa surface, sans qu'il naisse forcément entre elles des hostilités et des conflits. Tel est le cas dans notre patrie : les Flamands et les Basques, les Bretons et les Provençaux n'appartiennent assurément pas à une même race ; et pourtant on ne voit pas qu'ils se fassent la guerre. Au contraire, ils se reconnaissent comme concitoyens, ils proclament souvent la solidarité de leurs intérêts et de leurs sentiments. Les divergences d'origine ethnique qui peuvent les séparer sont moins graves que ne le sont fréquemment, au sein d'un même groupe ethnique, des désaccords d'une tout autre provenance, tenant par exemple aux idées politiques ou religieuses : à l'heure présente, les « blancs » de Basse-Bretagne se sentent plus près des « conservateurs » de la Flandre française que des « bleus » de leur propre province. — D'ailleurs, des mariages ne cessent de s'opérer entre membres de ces diverses populations, et même entre membres de races plus éloignées les unes des autres. Il en a été ainsi à toutes les époques. Presque toujours, sur notre sol national, les races qui sont venues au contact les unes des autres ont fusionné, au moins partiellement. Gaulois et Romains, puis Gallo-Romains et Francs, se sont unis de la sorte. Les envahisseurs, normands ou sarrasins, anglais ou espagnols, ont également laissé la trace de leur sang dans les régions qu'ils occupèrent. De nos jours, l'élément dit sémitique de la population française se croise aussi avec l'élément aryen. C'est dire que l'opposition des races n'est point absolue, puisqu'elles admettent entre elles « l'échange du sang ». Sans doute, il n'en est pas de même partout. Les pays orientaux, par exemple, voient les races qui les peuplent se tenir plus à l'écart les unes des autres, chacune d'elles s'enfermant volontiers en soi-même, méprisant les voisines et se sentant aussi méprisée par elles. Mais ne faut-il pas considérer de préférence ce qui se passe dans les contrées où incontestablement la civilisation a atteint son plus haut degré ? A cet égard, l'Italie, l'Angleterre, l'Allemagne même, offrent un spectacle à peu près analogue à celui de la France ; c'est encore le cas pour les Etats-Unis, qui sont un produit récent de la fusion d'émigrants venus de tous les coins du vieux monde. N'est-on pas conduit par suite à penser que les oppositions de races, là où elles existent, iront en s'atténuant partout, comme elles l'ont fait dans les Etats les plus en progrès ? Ne peut-on espérer que leurs différences, si elles subsistent, ne seront un jour qu'une source d'émulations fécondes, et non plus de sanglantes rivalités ?

Car tout se transforme, même les caractères des races. Certes, il semblerait au premier abord qu'ici l'on dût trouver la fixité absolue. L'hérédité biologique n'impose-t-elle pas aux descendants, sans altération, les traits fondamentaux de la lignée ancestrale ? Haeckel n'a-t-il pas montré en elle le facteur de conservation par excellence, tandis que l'adaptation est le facteur d'innovation ? Et de fait, au travers des siècles, toutes les races gardent, en quelque mesure, l'empreinte de leurs caractères antérieurs. Mais cela ne saurait aucunement aller jusqu'à une fixité absolue. Car, aux traits initiaux, s'ajoutent chez les individus, à chaque génération, des traits nouveaux, produits des adaptations. A supposer qu'ils ne se transmettent pas intégralement par hérédité dès la première génération, il en reste tout au moins, chez les fils de ceux qui les présentèrent tout d'abord, une facilité plus grande à les acquérir à leur tour, une sorte de prédisposition. Que ceux-ci se trouvent donc placés dans des conditions semblables à celles de leurs pères, et un caractère se trouvera acquis, cette fois d'une façon plus durable. L'hérédité transmettra à la troisième génération une prédisposition plus forte encore. Si l'expérience agit quelque temps dans le même sens, on se trouvera en présence d'un caractère entré définitivement dans le sang de la race. Voilà, ce nous semble, comment il faut trancher, pour l'humanité, la question de l'hérédité des caractères acquis. A vrai dire même, si l'on voulait nier, comme le font certains « néo-darwinistes », cette hérédité, on ne pourrait expliquer la transmission d'aucune partie du patrimoine ancestral. L'expérience confirme ces vues. A travers les siècles, plusieurs races se sont profondément modifiées. Les Grecs contemporains ne ressemblent guère à ceux de l'antiquité. Il est vrai qu'on peut soupçonner que la descendance de ceux-ci a été presque complètement éliminée au cours des guerres dont leur péninsule fut le théâtre depuis vingt siècles, et remplacée par les lignées des envahisseurs. Mais voici d'autres cas où la même cause ne peut plus être invoquée. Le Normand français du XIe siècle, celui qui est déjà établi sur les rives de la Seine et de l'Orne, est un coureur d'aventures : il essaime en Angleterre, dans les Deux Siciles, en Orient. Au contraire, le Normand moderne est profondément fixé au sol : il est industriel, agriculteur, ou surtout herbager ; il s'éloigne le moins possible de sa terre ; et pourtant, dans les traits de son visage et dans sa carrure, on reconnaît souvent, sans effort, le descendant authentique des Vikings. En sens inverse — et l'observation est d'autant plus probante qu'elle est l'exacte contre-partie de la précédente — l'Anglais du XVe siècle, issu du croisement des Normands avec les Anglo-Saxons, vit d'une existence pastorale et agricole très confinée. Or, l'héritier incontesté de son sang, l'Anglais du XXe siècle, est un « globe trotter » émérite, qui ne se trouve nulle part aussi bien qu'en pleine mer, et qui va planter son drapeau aux quatre coins de l'univers.

Ainsi des traits fondamentaux de la constitution psychique et de la vie sociale se sont modifiés avec le temps, en raison des circonstances. Parfois même, cette modification s'est faite successivement en deux sens opposés ; c'est ce qui apparaît dans le dernier exemple que nous avons cité, où l'Anglais issu de races migratrices s'est ancré sur sa terre, puis est reparti courir le monde. Et comme toute l'existence matérielle et morale d'un peuple subit l'influence de son habitat, on devine combien la stabilité ou l'instabilité de celui-ci ont pu avoir de conséquences heureuses ou préjudiciables pour la race. Mais comment parler, dès lors, d'une fixité absolue des caractères ethniques, quand on voit, en un des pays qui comptent le plus dans l'histoire humaine, certains de ces caractères, et les plus essentiels, se renverser de la sorte de période en période ?

Reste la conception qu'on doit se faire de la hiérarchie des races. Pour nous, cette notion aussi comporte en réalité un autre sens que celui que nous indiquions tout à l'heure comme fréquemment accepté. Sans doute il existe, à notre point de vue, des races supérieures et des races inférieures. Mais d'abord, ce sont là des notions subjectives, et les races que nous réputons inférieures se croient souvent elles-mêmes supérieures. Il est vrai que l'objectivité se rétablit, d'une certaine manière, par le jeu même des faits, qui se chargent de démontrer les supériorités vraies, en leur assurant le triomphe. — Puis, ces notions de supériorité et d'infériorité sont, en tous cas, relatives. Nul peuple n'est supérieur absolument, c'est-à-dire sur tous les points, à chacun des autres. Tel l'emporte en courage guerrier, tel en endurance, tel en ingéniosité. Il y a place côte à côte pour tous ces génies, plus variés encore qu'inégaux. — En outre, les supériorités se renversent parfois. Les groupes qui en étaient d'abord dépourvus peuvent les acquérir en se mettant à l'école de ceux qui les possédaient. Cette acquisition ne se fait pas en un jour, mais nous venons de voir qu'elle peut s'opérer avec le temps, puisque les caractères des races ne sont pas fixes. Même elle exige souvent bien moins d'années qu'on ne le supposerait. Les races s'imitent d'autant plus vite et d'autant plus complètement qu'elles sont plus voisines. C'est une loi qu'on pourrait ajouter à celles que Gabriel Tarde a formulées pour l'imitation. Elle s'explique par cette bien simple raison, qu'on parvient à copier un modèle d'autant plus aisément qu'on en est déjà plus rapproché. Et elle se trouve établie par mille faits d'expérience contemporaine. Entre peuples aryens, dans l'occident moderne, les emprunts sont incessants et réciproques(1) : la littérature, la mode, les techniques militaire et nautique, en fournissent chaque jour des exemples. Entre aryens et sémites, ils sont fréquents aussi, et, d'abord unilatéraux, sont devenus réciproques : les juifs sont entrés rapidement dans les cadres des sociétés aryennes, et, s'ils se sont adaptés aisément à ces conditions d'existence nouvelles pour eux, ils n'ont pas été sans apporter aux groupes où ils pénétraient beaucoup de leurs qualités particulières. Entre races blanches et races jaunes, les emprunts

---

(1) On sait que Tarde a mis en lumière l'importance de ce caractère de la réciprocité dans l'imitation. Il a fort bien montré que l'imitation est réciproque d'égal à égal ; qu'elle est d'abord unilatérale d'inférieur à supérieur, celui-là copiant celui-ci qui ne le lui rend pas ; mais qu'elle tend ensuite à devenir même entre eux réciproque, une certaine égalisation s'étant opérée par les emprunts que le premier a faits au second.

sont de nos jours presque unilatéraux ; vu la supériorité marquée des premières, les secondes se sont mises à leur école, sans presque rien leur donner en échange ; mais l'une de celles-ci, la race japonaise, a été si vite et si loin dans ses transformations, qu'on se demande si bientôt l'Europe n'aura pas, à plus d'un égard, à prendre modèle sur elle. Enfin, de races blanches à races noires, l'emprunt est des plus difficiles, parce que la distance est plus grande ; pourtant il n'a rien d'impossible. Les nègres africains ont adopté fréquemment les principes islamiques que leur apportaient les Arabes, justement parce que ceux-ci étaient, de tous les blancs, les moins éloignés d'eux. Les nègres d'Amérique ont accepté le christianisme et, pour l'extérieur au moins, leur vie sociale est comparable à celle des populations blanches environnantes. Le fond de la mentalité diffère, il est vrai, mais on peut espérer beaucoup, à cet égard, des progrès de l'éducation. Déjà il s'est trouvé des hommes remarquables parmi les nègres des Etats-Unis, et nous connaissons des intelligence d'élite parmi ceux d'Haïti. — La hiérarchie des races apparaît, en somme, comme n'ayant rien d'absolu et d'immuable. Au cours des siècles, les supériorités se sont modifiées, et la prééminence a passé d'un peuple à l'autre. Des races noires ont peut-être précédé les races blanches dans la voie de la civilisation, sur les rives du Nil et de l'Indus. La race jaune avait atteint un développement économique et social élevé, dans l'empire chinois, longtemps avant que l'Europe en connût un semblable. Les races rouges du Mexique et surtout du Pérou étaient, à certains point de vue, hautement développées. Parmi les populations blanches, dans l'antiquité, la primauté mentale, au moins à quelques égards et sans succession chronologique bien précise, a appartenu tour à tour à l'Egypte, à la Chaldée, à la Judée, à la Phénicie, à la Perse, à la Grèce, à Rome. Et, dans les temps modernes, nombre de nations — Italie, Espagne, France, Hollande, Angleterre, Allemagne, Etats-Unis — peuvent se flatter d'avoir, chacune à son heure, été les initiatrices de l'humanité. Ainsi le flambeau de la vie sociale a passé successivement aux mains des diverses races, dont beaucoup ont joué quelque temps un rôle de première importance. Pourquoi supposer qu'il n'en sera pas de même à l'avenir et que des déplacements d'influence ne pourront plus s'opérer ? Tel groupe, à peine connu aujourd'hui, peut être appelé à prendre un jour une place tout à fait considérable, à révéler au monde une forme nouvelle de pensée, d'activité productrice, d'organisation sociale. Aucune race n'est donc vouée à l'avance à une infériorité perpétuelle. A aucune, on n'a le droit de dénier la possibilité d'une grandeur future. Au contraire, il est dans le rôle normal des esprits larges, de ceux qui savent prévoir et par là même agir, de signaler les aptitudes des races aujourd'hui déshéritées, et d'inciter celles qui sont actuellement mieux douées à les aider dans leur ascension. Ce sera pour eux la vraie façon de servir les intérêts de l'humanité et de justifier aux yeux de l'histoire les privilèges qu'ont pu leur valoir leurs lumières.

III

Les explications qui précèdent nous permettent de mieux dégager maintenant le sens véritable qu'il faut attacher à la notion de race.

Pour ce faire, on doit distinguer les races primitives, telles qu'elles ont pu exister à l'origine et qu'elles subsistent peut-être encore dans quelques régions sauvages, et les races dérivées, qui seules peuplent aujourd'hui tous les pays civilisés du globe. Sur les premières, on ne peut guère raisonner que par hypothèses ; sur les secondes, l'observation fournit une quantité de faits suffisante pour permettre d'établir des inductions précises. Ces dernières races se caractérisent par deux traits fondamentaux qui semblent n'avoir pas appartenu aux précédentes.

Les races primitives ont pu être des races pures, c'est-à-dire où les unions ne s'opéraient que dans un cercle restreint et entre congénères. Au contraire, les races dérivées sont toutes des races mixtes, c'est-à-dire où les sangs se sont mêlés, par l'effet des conquêtes, des intérêts, des passions et des goûts individuels. Ce qu'on appelle la « fécondation croisée » y règne, et cela est d'ailleurs tout à leur avantage : car ce fait apporte un élément nouveau de vie et d'activité à la race, et, en renouvelant le sang, l'empêche de s'appauvrir et de s'alourdir (1).

(1) Sur les effets bienfaisants de la fécondation croisée, on

Dans les races primitives, l'hérédité a pu jouer un rôle presque exclusif. Les caractères des pères se transmettaient aux enfants, qui n'y ajoutaient à peu près rien. Les vieillards étaient les seuls guides de la société. Le progrès n'existait pour ainsi dire pas. Mais aujourd'hui tout cela a changé. Chaque génération apporte son contingent d'idées et de pratiques nouvelles. Ce sont les hommes d'initiative, jeunes le plus souvent, qui mènent le monde. Le progrès est, dans certaines directions, d'une rapidité extrême. Le facteur adaptation l'emporte donc sur le facteur hérédité, ou plutôt il se subordonne celui-ci. L'hérédité transmet un nombre chaque jour plus grand de caractères récemment acquis. Les générations nouvelles auront, par là, de tout autres types que leurs devancières. Ainsi, autrefois, la race déterminait les idées. Aujourd'hui, on peut presque dire que les idées font la race. Sans doute les changements somatiques ne s'opèrent pas aussi vite que les changements psychiques ; mais, de nos jours, ce sont les caractères mentaux qui comptent le plus. Les races sont de moins en moins des types organiques, de plus en plus des types de culture. Et les types de culture vont déterminer des types organiques, les idées commandant le genre d'existence et le choix des unions. La base de la race, de la sorte, devient surtout psychique, et plus d'un homme se sent déjà de la race, non de ses ancêtres, mais de ses maîtres.

On le voit, le concept de race est loin d'avoir cette simplicité que le langage courant lui attribue, et l'on aurait bien tort de croire qu'avec cette notion on pourra

pourra consulter notamment : Adolphe Coste, *Principes d'une sociologie objective*.

tout expliquer dans la vie sociale sans avoir besoin de l'expliquer elle-même. En réalité, voici le rôle qu'elle pourra légitimement jouer en sociologie. Dépeignant une nation, le sociologue devra décrire les races qu'elle contient et, par la mise en œuvre des qualités qu'il constate en elles, il pourra faire comprendre certains traits de l'organisation qu'il a sous les yeux. Mais les caractères mêmes des races ne pourront être regardés par lui comme des faits primitifs, au-delà desquels il lui est interdit de remonter. Au contraire, il en devra chercher les origines et la raison d'être, notamment dans les milieux successivement occupés par chaque race, dans les événements de son histoire, dans l'action de ses grands hommes. Ainsi, principe d'explication en statique sociale, la race devra être objet d'explication en dynamique sociale. C'est dire que l'analyse de la vie collective ne saurait la prendre comme son terme ultime.

CHAPITRE III

LA POPULATION

I. *Chiffre absolu de la population.* — II. *Densité et condensation de la population.* — III. *Principaux phénomènes démiques.* — IV. *Examen de quelques théories démographiques.*

I

Le contenu humain d'un Etat, c'est la population. Celle-ci est, à vrai dire, le développement dans l'espace de la race ou des races qui contribuent à former la société considérée. Mais on n'examine pas, à propos de la population, les mêmes problèmes qu'à propos de la race. L'étude de celle-ci constituait l'ethnographie; l'étude de celle-là constitue la démographie.

La démographie ne se confond nullement avec la statistique; elle n'en est même point, à parler rigoureusement, une branche : car la démographie est une science, tandis que la statistique est une méthode. Mais l'emploi de la méthode statistique a donné, en démographie, d'excellents résultats, supérieurs même en ces matières à ceux que produirait l'usage de toutes les autres méthodes. Elle y a introduit cette précision numérique qui aide tant une étude, quelle qu'elle soit, à prendre le caractère d'une véritable science. Aussi les problèmes démographiques sont-ils, parmi tous les problèmes sociaux, ceux qui sans doute sont le plus près d'être résolus. Et de leur solution se dégage une certaine clarté, qui rayonne sur l'ensemble de la constitution de la vie sociale.

Nous citerons ici, à titre d'exemples, quelques-unes des questions que la démographie soulève. Naturellement nous ne donnerons pas les réponses numériques qu'elles reçoivent dans les différents Etats. Cela nous entraînerait hors du cadre de ce volume, où doivent seulement figurer les conclusions générales des sciences sociales. Mais nous ne croirons pas en sortir en indiquant d'un mot quelle place ces réponses doivent tenir dans le système d'ensemble de la sociologie.

La première recherche que fait un démographe, à propos d'une société dont il entreprend l'étude, c'est la détermination du chiffre total de ses membres. Ce chiffre est fort important à connaître. Son énoncé suffit en effet à indiquer, non pas sans doute l'étendue, mais plutôt ce qu'on a appelé le volume de la société considérée. Nous avons vu précédemment (1) que l'histoire du monde occidental peut être divisée en deux grandes périodes, qu'on appellera respectivement les temps anciens et les temps modernes. Dans l'antiquité, les groupements ont été en s'amplifiant peu à peu : après les types primitifs — familles ou clans — sont venus les tribus, les cités, les royaumes, les empires. Dans

---

(1) *Conclusions des sciences sociales*, considérations préliminaires.

le monde moderne, après la ruine de l'empire romain, on retombe aux petites unités : c'est l'époque de l'émiettement des domaines. Mais ensuite les rapprochements et les fusions s'opèrent. L'unité devient la ville, la province, l'Etat. Aujourd'hui on parle de l'unité — bien incomplètement réalisée — du genre humain. A chacun de ces stades, l'organisation sociale diffère presque tout entière : il y a, par exemple, une économie domestique, une économie urbaine, une économie nationale, une économie mondiale ; il y a aussi une morale et une religion familiales, civiques, nationales, humaines. Eh bien, pour faire connaître auquel de ces stades en est la société qu'on envisage, il suffira presque toujours, après avoir indiqué le lieu et la date où elle se place, d'énoncer le chiffre des membres dont elle se compose. Ce simple chiffre évoquera de lui-même, dans l'esprit du lecteur instruit, un type économique, un type d'organisation morale, un type d'organisation religieuse, etc..., car il les commande en quelque sorte. La vie matérielle et mentale est, en effet, tout autre dans une grande agglomération que dans une petite. En celle-là seule, il se trouve assez de ressources pour qu'un genre très élevé d'organisation sociale ait pu se constituer. Celui-ci suppose, en effet, une élite abondante où les idées fécondes s'élaborent, sont critiquées, mises à l'essai, et finalement adoptées. Il suppose aussi des masses populaires très fortes qui reçoivent l'impulsion de cette élite et au sein desquelles s'opèrent les expériences dirigées par celle-ci. Les économistes ont montré que la division du travail, condition du progrès matériel, ne se produit qu'avec l'extension du marché, c'est-à-dire implique un groupement étendu de consommateurs. Les moralistes savent que le plus grand des progrès éthiques a été l'extension progressive de la notion de solidarité, de proche en proche, jusqu'aux limites de l'humanité et peut-être du monde vivant. Les historiens des religions considèrent comme les plus parfaites les religions universalistes. Il peut certainement se faire que le bonheur ait été plus grand dans certains clans limités du passé que dans les grands Etats d'aujourd'hui. Mais c'est presque une tautologie de dire que la civilisation est plus haute et plus complète chez ces derniers.

II

Le chiffre total de la population n'est que le premier élément dont se préoccupe la démographie. Immédiatement après, elle cherche à connaître la densité de cette population. La densité, c'est la relation du nombre des êtres humains formant la société, à l'étendue du territoire qu'ils occupent. — On sait que le droit international public exige, pour l'existence d'un Etat, deux éléments : une population et un territoire. La densité est précisément le rapport numérique de ces deux éléments, le quotient de la division du premier par le second. — Elle varie extrêmement d'un Etat à l'autre. Parmi les nations européennes, la Belgique et la Russie présentent, à cet égard, l'opposition la plus tranchée. Au cours de l'histoire, également, des modifications considérables se sont produites dans la densité de la population de nombreuses régions. Dans le dernier siècle, l'Angleterre et l'Allemagne ont vu doubler, les Etats-Unis décupler la leur. L'accroissement de la densité est, normalement, un indice de force pour un peuple : car il prouve que ses ressources grandissent, puisque sur un territoire donné il peut faire vivre plus d'individus ; et en même temps il facilite lui-même la création de nouvelles ressources, chaque individu ajouté à la nation apportant son contingent d'activité physique et mentale à l'œuvre de la collectivité.

La densité de la population n'est pas la même en tous les points du territoire. Il y a pour une société ce qu'on peut appeler des noyaux de concentration : ce sont les villages et surtout les villes. En dehors d'eux, reste la population non agglomérée. En eux se concentre la population agglomérée, suivant leurs facultés d'attraction si inégales. Les démographes notent soigneusement le rapport de la population urbaine à la population rurale. Ils observent que, en France notamment, ce rapport va sans cesse en s'élevant depuis le début du XIX° siècle. Le même phénomène est encore plus apparent dans les pays voisins, Allemagne, Belgique, Angleterre. L'Europe tend à vivre de plus en plus de l'existence urbaine. Cette émigration des campagnes vers les villes a bien ses dangers, et notamment les représentants de la propriété rurale, à laquelle elle ôte des bras pour la culture, ne cessent de s'en plaindre. Mais elle a aussi de grands avantages, en ce qu'elle grossit l'armée pacifique de l'industrie, élargit l'horizon des paysans devenus citadins, et même favorise par contre-coup les progrès de l'exploitation rurale, en forçant d'y introduire les machines pour remplacer les travailleurs émigrés. On note d'ailleurs aujourd'hui un intéressant contre-courant de retour des villes vers les champs (1). Ce n'est pas tout. Après avoir distingué villes et campagnes, il faut sous-distinguer. Toutes les villes n'ont pas la même importance au point de vue de la civilisation. Les grandes villes jouent à cet égard un rôle prépondérant. Car c'est en elles que, grâce peut-être à la rencontre de plusieurs courants distincts, se développent le plus d'individualités originales, qui serviront de guides au progrès. La constitution des capitales est donc chose essentielle. Cependant, il n'est pas bon qu'elles absorbent toutes les forces vives du pays : le mieux serait, d'après certains esprits, que les grands États modernes eussent chacun de multiples villes d'importance, des sortes de capitales régionales (2). — De même que les agglomérations urbaines, les agglomérations rurales ne peuvent être toutes mises sur un seul rang. Les villages doivent être séparés des hameaux dans une classification bien faite. Un canton français a un tout autre aspect, suivant que ses quelques milliers d'habitants ont pour centre un gros bourg entouré de fermes isolées, ou bien se répartissent en quatre ou cinq villages d'importances comparables, ou bien encore présentent une grande multiplicité de groupements très restreints (3). La division des esprits est très favorisée, surtout aux champs, par la séparation des domaines ; les « haines de clochers », les plus

---

(1) Voir sur ces phénomènes les livres de deux écrivains de tendances opposées : Emile Vandervelde, *L'Exode rural et le retour aux champs* ; Jules Méline, *Le retour à la terre et la surproduction industrielle*.

(2) On peut consulter, sur ces points, le livre déjà cité d'Adolphe Coste, *Principes d'une sociologie objective*.

(3) P. Vidal de la Blache, *Tableau de la Géographie de la France*.

vivaces de toutes, n'ont souvent d'autre origine qu'une différence d'habitation.

Par là l'on peut déjà apercevoir le lien des questions démographiques et des questions morales. Il apparaîtra plus serré encore si, à la notion de la densité numérique de la population, on substitue la considération de ce qu'on a appelé sa « densité morale ». La vraie densité d'une population ne tient pas seulement au voisinage de ses unités dans l'espace. Elle tient aussi à tout ce qui concourt, en outre, à les rapprocher, à multiplier entre elles les communications. Ainsi, le développement et le bon entretien des routes, des fleuves et canaux, des chemins de fer, sera l'objet d'une grande attention. On se préoccupera du mouvement des échanges commerciaux, de la circulation de la monnaie métallique et fiduciaire, du développement des communications postales, télégraphiques et téléphoniques. L'extension de l'enseignement à tous ses degrés, la multiplication des livres, les progrès de la presse périodique, seront relevés avec un soin particulier. On s'attachera à connaître, dans la statistique des mariages, l'origine des conjoints et à savoir par là dans quelle mesure s'opèrent les échanges de sang entre les diverses fractions de la population, caractérisées par leurs origines ethniques, leurs habitats, leurs professions, leurs classes, etc… En un mot, on tâchera de compléter, de toutes les façons possibles, le dénombrement des hommes par celui des choses et des actes qui les réunissent. La notion de la densité morale résultera du rapprochement de ces diverses données. Elle sera à coup sûr plus complexe et moins facile à préciser d'un mot que celle de la densité simplement numérique.

Mais elle sera aussi plus riche, plus féconde, scientifiquement plus exacte, et, par là même, plus utile socialement.

III

La division de la société en groupes territoriaux n'est pas la seule dont s'occupe la démographie. Elle s'attache également à en étudier la division en groupes reposant sur des considérations purement biologiques, celles du sexe et celles de l'âge. En décrivant une population, elle donne le nombre des hommes et celui des femmes, et elle range les uns et les autres dans des catégories d'âge s'espaçant d'ordinaire de cinq en cinq ans, c'est-à-dire distinguant les gens de vingt à vingt-cinq ans, ceux de vingt-cinq à trente, ceux de trente à trente-cinq, etc... Ce ne sont pas, bien entendu, de simples curiosités que ces constatations ; ce sont des données ayant leur importance sociale. Ainsi, dans les sociétés contemporaines, le rapport numérique des naissances des deux sexes est en règle de 100 à 104 pour 100, c'est-à-dire n'accuse jamais une supériorité considérable des unes sur les autres ; mais par là même ses moindres variations peuvent avoir des conséquences appréciables sur la nuptialité, la natalité illégitime, la production, l'émigration, etc... Quant aux âges, nous avons exposé ailleurs qu'il existe entre les catégories d'âge successives dont une société est formée une sorte d'opposition, et que la victoire politique des plus jeunes marque souvent un progrès (1). Il est évident que là où les plus âgés sont prédominants, l'avantage reste aux idées de « conservation » sociale.

La constitution des groupes d'individus dérive elle-même de l'observation de faits que la démographie enregistre. Les principaux de ces faits sont la natalité, la nuptialité, la morbidité, la mortalité. Nous n'avons pas l'intention d'indiquer ici les aspects très variés sous lesquels l'ingéniosité des démographes est arrivée à saisir ces différents phénomènes (2). Signalons-en seulement un petit nombre à titre d'exemples. La distinction de la natalité légitime et celle des diverses catégories de natalité illégitime, et d'un autre côté l'indication de la morti-natalité, révèlent d'elles-mêmes leur portée domestique et sociale. Pour le mariage, on donne l'âge respectif des conjoints, leur situation de famille antérieure, leur profession, leur domicile, l'agrément ou le non-agrément de leurs auteurs, etc... La statistique de la morbidité permet de nous fixer sur le progrès ou le regrès de l'alcoolisme, de la tuberculose, des épidémies de tout genre. Celle de la mortalité cherche à préciser l'âge, l'origine, la condition familiale des disparus, et naturellement aussi la cause de leurs décès. Il y reste, comme dans la précédente, beaucoup d'imperfections, et celles-ci sont la cause d'une foule de raisonnements erronés dont la science a quelque peine à se débarrasser quand elle traite de questions

(1) *La lutte des âges*, travail inséré dans le tome IX des *Annales de l'Institut International de Sociologie*.
(2) Il nous suffira de renvoyer le lecteur curieux de les connaître à l'un des Annuaires statistiques que publient les Etats et les grandes villes, par exemple à l'Annuaire statistique de la ville de Paris, qui paraît sous la direction du Dr Jacques Bertillon.

aussi délicates que le sont celles, entre autres, du suicide ou de la mortalité professionnelle.

IV

Les phénomènes démographiques sont caractéristiques de chaque société dans laquelle ils se produisent. La manière dont ils s'y passent peut servir à la définir, ou du moins y contribuer. Mais cela ne veut pas dire qu'eux-mêmes soient pour l'analyse sociologique un terme ultime, au delà duquel il soit impossible de remonter. Au contraire, on doit s'efforcer de les expliquer, et dans une certaine mesure on y peut parvenir. Cherchons à préciser comment on l'a fait parfois : l'examen de ce point nous paraît de nature à jeter quelque lumière sur la façon générale dont on explique les phénomènes sociaux.

Avant le XIX° siècle, on avait souvent agité le problème de la population. Mais les données de fait qu'on possédait sur lui étaient peu de choses : on procédait rarement par des dénombrements proprement dits, on y suppléait le plus ordinairement au moyen d'évaluations plus ou moins contestables.

Surtout, les préoccupations qu'on apportait dans l'étude de ce problème relevaient, non de la science, mais de l'art. On songeait moins à connaître la population qu'à agir sur elle. Et presque toujours on voulait pousser à sa multiplication. Les souverains avaient, en effet, intérêt à régner sur une société la plus nombreuse possible, pour avoir une forte armée et des finances prospères. Entrant dans leurs vues, les publicistes recommandaient d'habitude tout ce qui pouvait aider à l'accroissement de la population.

Avec Malthus, le point de vue changea. Effrayé des misères de son temps, ce philanthrope crut que le vrai remède serait une diminution du nombre des hommes qui ont à se partager les richesses sociales. Il conseilla donc la restriction volontaire, seul moyen, pensait-il, d'éviter la destruction de la population en surcroît par la guerre, la maladie et la misère. C'était encore là, comme on le voit, une théorie d'art, bien que ce fût l'inverse des théories antérieures. Mais ces conclusions, Malthus les appuyait sur des recherches qui relevaient de la science. Il avait constaté que, dans les vingt-cinq dernières années du XVIIIe siècle, la population des États-Unis avait doublé. Généralisant arbitrairement ce phénomène, il pensa qu'il se produirait dans tous les pays, s'il ne rencontrait pas d'obstacles. Ces obstacles, il crut les trouver dans la difficulté de produire des aliments en quantité suffisante. La nature, dit-il, a attaché l'agrément à l'acte de la reproduction et le désagrément au travail productif des subsistances. Il en conclut que la population a une tendance naturelle à augmenter beaucoup plus vite que les ressources qui lui sont nécessaires. C'est cette relation qu'il a exprimée en une formule demeurée célèbre : la population tend à s'accroître au moins suivant une progression géométrique, tandis que les subsistances ne peuvent s'accroître au plus que suivant une progression arithmétique.

Cette partie de la doctrine de Malthus et cette formule relevaient assurément de la science, et non plus de l'art. Seulement, les progrès de la science devaient les renverser. Ou plutôt, des faits nouveaux devaient se produire, qui ne concorderaient pas avec ceux que Malthus avait pu observer, et qui iraient directement à l'encontre de ses vues. Au XIX° siècle, l'accroissement des richesses s'est révélé prodigieux, et l'accroissement de la population ne l'a point suivi d'un pas égal. Même en France, ce dernier accroissement s'est fait si lent qu'on s'en inquiète à juste titre. La théorie de Malthus s'en est trouvée atteinte et elle est tombée dans un certain discrédit.

Mais les recherches proprement scientifiques, en matière démographique, ont été poussées beaucoup plus loin au XIX° siècle. Les constatations de fait se sont multipliées et sont devenues bien plus précises. On est ainsi arrivé à dégager certains faits généraux, sur lesquels l'effort d'interprétation s'est alors concentré avec fruit. L'un de ces faits généraux, le plus important peut-être, est celui-ci. Dans tout l'Occident, la natalité des pauvres est supérieure à celle des riches; les parties de la population qui vivent de leur travail seul (ouvriers de l'industrie, journaliers agricoles, pêcheurs), ou qui n'ont pas de travail assuré et mènent par suite une existence précaire (mendiants, vagabonds), sont notablement plus prolifiques que celles qui tirent leur subsistance des revenus de leurs capitaux. Il y a là un phénomène en apparence singulier, car il semblerait tout d'abord que ceux qui ont l'existence la mieux assurée devraient hésiter le moins à se reproduire. C'est en tout cas ce qu'on conjecturerait si on suivait les vues de Malthus. Pourtant, c'est l'inverse qui se produit. Les statistiques le démontrent d'une façon indiscutable. Il s'agit d'expliquer ce fait. Trois importantes théories se sont proposées de donner cette explication, et nous devons en faire connaître les principes.

Selon Karl Marx, la « prolificité » des pauvres est une conséquence du régime de la propriété capitaliste. Il importe, en effet, aux riches que la classe laborieuse soit très nombreuse, pour qu'ainsi les salaires s'y maintiennent à un taux fort bas, par l'effet de la concurrence. Il leur importe même que l'offre des bras surpasse toujours la demande, qu'il y ait de la sorte en permanence des sans-travail, qu'il existe une « armée de réserve » du travail, à laquelle ils puissent à volonté s'adresser pour remplacer les ouvriers en grève. Aussi contribuent-ils à maintenir cette surproduction d'hommes par tous les moyens dont ils disposent, tels que les faveurs faites par le législateur aux familles nombreuses et les aumônes distribuées dans les tristes logis où elles s'entassent.

Pour Herbert Spencer, le fait à expliquer est d'ordre physiologique et rentre complètement dans les lois habituelles de la biologie. Cette dernière science montre en effet que plus on s'élève sur l'échelle des êtres vivants, plus la fécondité décroît. Dans l'animalité, on voit les poissons pondre des milliers d'œufs, tandis que certains mammifères supérieurs (l'éléphant par exemple), n'ont dans toute leur existence que deux rejetons environ. Dans l'humanité, de même, les races les moins hautes sont bien plus prolifiques que les plus élevées : les nègres et les Chinois, notamment, l'emportent fort sur les Européens. C'est en vertu du même principe que, dans une société humaine donnée, les basses classes se reproduisent plus que les hautes, et, à égalité de classe, dans la bourgeoisie par exemple, les individualités médiocres plus que les génies. La nature paraît avoir ainsi établi une sorte de balancement entre la quantité et la qualité, accordant la première à qui elle dénie la seconde, refusant la première à qui elle octroie la seconde. De la sorte, les chances de se perpétuer sont à peu près égales pour tous. La mortalité des jeunes est effroyable chez les espèces, dans les classes, et pour les individualités inférieures, parce que l'embryon n'y est pas constitué d'une manière assez solide. Au contraire, elle est minime chez les types supérieurs, le rejeton étant mieux doué et entouré de plus de soins. Aussi faut-il que beaucoup plus de germes soient semés dans le premier cas, pour arriver à un nombre égal de chances de survie. Et c'est ce que réalise le processus que nous venons de constater.

Arsène Dumont ne croit pas que la moindre fécondité des riches soit d'origine biologique. Il estime qu'ils seraient aussi capables que les pauvres d'avoir des enfants, s'ils le voulaient. Mais il dit que justement ils ne le veulent point. Ils reculent, en effet, devant les tracas et les frais de l'éducation de nombreux enfants. De plus, ils ne souhaitent pas que leur patrimoine se divise après leur mort; ils veulent éviter à leurs rejetons une situation économique inférieure à la leur. Voilà pourquoi ils tendent à n'avoir qu'un enfant unique, deux tout au plus. Les pauvres, n'étant pas retenus par des raisons de cette nature, s'abandonnent au plaisir sexuel qui entraîne la reproduction. D'ailleurs, souvent, des raisons économiques agissent sur eux en sens inverse de celles qui animent les riches. Un enfant, en effet, est souvent désiré dans un ménage d'ouvriers urbains ou ruraux, pour l'aide dont il sera dans le travail et le salaire que, au bout de peu d'années, il rapportera au logis familial. Ce qui contribue le plus à retarder l'âge du mariage et la paternité dans les classes aisées, c'est le désir de l'homme de s'élever dans la hiérarchie sociale, avant de fonder une famille. C'est, par suite, la crainte de s'embarrasser de tout ce qui pourrait compromettre ou retarder son avancement. Cet effort vers l'ascension est comparé ingénieusement, quoique d'une manière un peu factice, par l'auteur dont nous parlons, à la force qui maintient les gouttelettes de liquides isolées adhérentes aux parois des tubes capillaires. De là, vient le nom de « capillarité sociale » qu'il lui a donné, nom qui est sans doute ce qu'il y a de plus connu dans sa théorie (1).

De ces trois conceptions, c'est la dernière qui nous paraît la plus fondée, bien qu'il y ait certaines fractions de vérité à retenir des deux autres. Elle tire son principe d'explications, de considérations empruntées à la psychologie collective. Nous voulons dire, pour exclure tout ce qu'il y a de mystérieux dans ce vocable : de l'étude d'idées qui se produisent dans des consciences individuelles, mais qui, sans y être identiques, y sont concordantes chez la plupart des personnes placées en une situation économique comparable. Cette concordance des décisions prises par elles, en ce qui concerne la procréation d'enfants, tient justement à l'analogie de leurs conditions de fortune. C'est donc, en dernière analyse, à des faits économiques qu'il faut demander la raison du fait démique étudié. — Or, d'autre part, on sait que les faits démiques influent grandement sur les faits économiques. Le chiffre et le groupement de la population commandent le total et la na-

(1) Arsène Dumont, *Dépopulation et civilisation*. Voir aussi, du même auteur : *Natalité et démocratie*.

ture des consommations à effectuer dans une société. Ils y déterminent aussi le nombre des travailleurs de différentes catégories utilisables dans la production. Par là même, ils fixent celui des parties prenantes à la répartition des richesses. Dans cet exemple, on saisit donc quel lien de réciproque dépendance unit deux ordres de phénomènes sociaux et comment, pour reprendre des expressions que nous avons ailleurs définies (1), l'anatomie sociale et la physiologie sociale se dominent réciproquement.

(1) *Objet des sciences sociales*, chap. X.

CHAPITRE IV

LES GROUPEMENTS SOCIAUX.

I. *Différents types de groupements sociaux.* — II. *Les professions.* — III. *Les classes sociales.* — IV. *Les groupements sympathiques.*

I

Les individus humains sont susceptibles de groupements d'ordres divers. Nous avons montré, il y a bien des années déjà (1), que quatre types de groupements ont ainsi successivement apparu parmi eux, types qui aujourd'hui coexistent. Ce sont les groupements ethniques, les groupements territoriaux, les groupements professionnels, enfin ce qu'on pourrait appeler les groupements sympathiques. Nous reconnaissons aujourd'hui, très volontiers, que cette classification n'était pas complète. Il y faut ajouter au moins un nouveau terme : les groupements appelés classes sociales. Celui-ci doit logiquement prendre place entre le troisième terme de l'énumération précédente (les groupements profession-

---

(1) Dans notre livre intitulé *Organisme et société*, chap. VI et VII.

nels) et le quatrième, qui devient ainsi le cinquième (les groupements sympathiques).

Il faut bien comprendre la relation qui unit ces cinq types de groupements. Quoiqu'ils se soient constitués à des dates différentes, les plus récemment formés n'ont pas éliminé les plus anciens. Aujourd'hui encore, dans nos grandes sociétés de l'Europe occidentale, on trouve une division ethnique et une division territoriale de la société, quoique les barrières qu'elles dressent entre les hommes tendent à s'abaisser de jour en jour. On y trouve également la distinction des professions, la distinction des classes, et aussi certaines formes de la division en groupements sympathiques, par exemple la distinction des partis. Nous savons que l'examen des groupements par races et celui des groupements territoriaux ressortissent à deux sciences constituées, l'ethnographie et la démographie. Il faut bien que l'examen des autres groupements constitue à son tour au moins une science sociale distincte. Il a déjà été fait maintes recherches qui rentrent dans le cadre de celle-ci. Mais elle n'a pas encore affirmé son unité. Elle n'a point jusqu'à présent pris de nom. Nous avons proposé pour elle, antérieurement, l'appellation de « histologie sociale » (1). Nous étions guidé par l'analogie qu'elle présente avec la science qui étudie les tissus dont sont formés les corps sociaux. Nous ne tenons pas outre mesure à cette appellation, étant persuadé que l'analogie est fort loin ici d'une ressemblance complète. Mais nous devons en tous cas faire observer

---

(1) Notamment dans notre étude intitulée : *Démographie et sociologie*, préface au livre de M. F. S. Nitti, *La population et le système social*.

qu'on ne saurait rationnellement donner à ces recherches, comme on tend parfois à le faire, le nom de « morphologie sociale ». Car le terme de morphologie désigne surtout, pour les biologistes, les études relatives à la forme extérieure des êtres. Et justement il s'agit ici d'examiner les dispositions intérieures des éléments sociaux.

II

L'étude des professions a été abordée, d'une certaine manière, par les statisticiens. En France, à l'occasion du recensement quinquennal de la population, on a tenté d'en faire un relevé par professions, en demandant à chaque habitant d'indiquer celle qu'il exerce, sur la fiche individuelle qui le concerne. Par là, cette étude se trouverait rattachée à la démographie. Il n'y a point en effet de raison pour qu'elle en soit théoriquement disjointe. On pourrait prendre le terme de démographie en un sens étendu, où il engloberait l'examen des professions, des classes et des partis, voire même celui des races, aussi bien que les matières qu'il désigne actuellement. Mais d'abord il faut observer que les recherches statistiques sur les professions sont très difficiles à bien conduire. Un grand nombre de travailleurs, en effet, répondent mal à la question qui leur est posée sur ce point, non par mauvaise volonté, mais parce qu'elle n'est pas formulée d'une manière qui les mène à la réponse complète et précise qu'on désirerait avoir. Par exemple, un ouvrier peut répondre, avec autant de raison, qu'il est mécanicien, ou qu'il est employé chez tel patron. La rédaction des questionnaires offre sur ce point une difficulté très grande.

De plus, à supposer les statistiques professionnelles mieux faites, et même aussi parfaites qu'on puisse l'imaginer, elles ne nous donneront jamais ce qu'il nous importerait assurément le plus de connaître. Car avec elles, on ne dépasse pas le relevé — si l'on peut ainsi parler — de la surface du monde professionnel. C'est l'inconvénient inhérent à toutes les statistiques, nous l'avons montré précédemment, de ne pouvoir pénétrer dans la profondeur des questions sociales, dans l'intimité de l'existence collective et individuelle (1). Elles ne sauraient nous donner que des chiffres, et des chiffres ne sont pas tout l'homme. Même, il y a une sorte d'opposition entre l'aspect, si bouillonnant de vie, du monde moderne, et l'apparence desséchée et morte de ces tableaux de statistique. Il semble qu'avec ceux-ci on n'ait plus entre les mains qu'un squelette auquel la chair même ait cessé d'adhérer. Ce que nous désirons, c'est une étude qui nous fasse voir le professionnel à l'œuvre, comme travailleur, comme homme et comme citoyen. Nous voulons pénétrer les motifs de sa conduite, démonter les ressorts de son activité, saisir le fond de son esprit et de son caractère. Il faut donc instituer des recherches détaillées sur la vie matérielle et mentale des diverses professions, décrire leurs techniques, leurs langues, leurs morales, leurs aspirations si variées. Et il faut le faire pour toutes sans exception. On ne doit oublier dans cette revue aucune des

---

(1) *Méthode des sciences sociales*, chap. IX.

professions économiques : agriculture, travaux d'extraction, industrie proprement dite, transport, commerce, finance, colonisation, et dans aucune d'elles aucun des degrés multiples qui s'étagent entre le grand patron et le plus modeste des salariés. On ne doit pas davantage y omettre les autres professions, qui ne sont pas moins nécessaires à l'exercice de la vie sociale dans son ensemble. Le magistrat, l'administrateur, le diplomate ou l'officier, le savant, l'artiste, l'homme de lettres ou le professeur, sont intéressants à connaître au même degré que le chef d'industrie, et leurs collaborateurs méritent l'étude aussi bien que les ouvriers proprement dits. Aucun travail, croyons-nous, n'aurait autant d'importance, pour la bonne direction des affaires publiques, qu'une vaste enquête, conduite avec impartialité et dans un esprit strictement scientifique, sur les caractères spécifiques des existences professionnelles.

Ce travail, en quelque mesure, a été tenté. Le Play l'a commencé dans *Les ouvriers européens*, et son école l'a continué dans *Les ouvriers des deux mondes*. Nous avons dit ailleurs la manière dont sont rédigées les monographies de familles qui composent ces deux recueils, l'intérêt qui s'y attache, et aussi l'impossibilité scientifique où l'on est de généraliser les résultats ainsi obtenus (1). Nous devons ajouter ici que, au point de vue pratique, ces résultats sont quelque peu viciés par les préconceptions des auteurs, trop visiblement attachés au principe de la « conservation sociale » pour rendre toujours pleine justice au temps présent. — On ne saurait faire le même reproche à d'autres tentatives plus récentes, et d'un ordre un peu différent, les mono-

---

(1) *Id.*, chap. **X**.

graphies professionnelles de M. Barberet et les enquêtes de l'Office du travail français sur les diverses catégories ouvrières (1). L'on doit noter encore que la Société de Sociologie de Paris a pris pour sujet de ses débats, depuis le commencement de l'année 1906, la vie professionnelle, et qu'elle compte étendre ses recherches au-delà du monde ouvrier, auquel se limitaient ses devanciers. Elle a traité, notamment, du soldat et du marin, et elle va parler des fonctions publiques et des carrières libérales (2). — Il se fait ainsi, de divers côtés, un effort persévérant pour aller au cœur de l'être social, en décrivant un à un les organes dont il est formé. On ne pourra que dans quelques années en juger les résultats.

III

Qu'est-ce, maintenant, que les classes sociales? Une autre série de discussions de la Société de Sociologie leur avait été, en 1903, consacrée. Deux opinions principales s'étaient à ce moment fait jour. Pour l'une, les classes ne sont autre chose que les professions. Ou du moins une classe est l'ensemble des professions connexes. Ainsi, il y a la classe des agriculteurs, celle des

---

(1) *Id.*, chap. XI.
(2) Ses travaux sont reproduits dans la *Revue Internationale de Sociologie*.

soldats, celle des gens d'église, etc... (1). Pour l'autre, au contraire, la classe a un principe tout à fait distinct de celui de la profession. On fait observer, en effet, que le langage français, si clair et si précis, ne peut avoir employé deux mots fort différents pour désigner une même chose. La classe serait, dans cette opinion, déterminée par le rang social. Les hommes auxquels l'opinion assigne un rang analogue seraient de la même classe, quelle que pût être leur profession. Or, les rangs découlent, dans notre société, à la fois de la richesse de chacun et de son prestige. Les classes reposent donc sur cette double notion : elles réunissent ceux qui ont soit une fortune, soit un éclat comparables.

Dans cette opinion, qui est la nôtre, la société tout entière peut être considérée comme formée, d'une part, de professions, d'autre part, de classes, mais cela de deux manières tout à fait distinctes. Les professions sont juxtaposées entre elles ; les classes sont, entre elles, superposées. Ainsi il existe côté à côte, dans une société, des gens faisant profession d'industrie, des gens appartenant à l'administration, des gens enrôlés dans l'armée. Mais il existe dans cette même société, les uns au-dessus des autres, ici des ouvriers, des contre-maîtres et des patrons ; là des garçons de bureau, des rédacteurs, des chefs de bureau ; là encore, des soldats, des sous-officiers, des officiers. L'ouvrier, le contre-maître et le patron sont d'une même profession. L'ouvrier, le garçon de bureau, le soldat sont d'une même classe. La profession renferme

(1) Telle est l'opinion qu'a soutenue, devant la Société de Sociologie, M. Arthur Bauer, et qu'il a développée dans son livre sur *Les Classes Sociales*. Cfr. Van Overbergh, *La Classe Sociale*.

tous les gens qui collaborent directement à une même œuvre, quel que soit leur rang. La classe renferme tous ceux qui tiennent un même grade, quelle que soit leur carrière. La division de la société en professions est, en quelque sorte, horizontale ; la division en classes, verticale.

En matière sociale, il est bien rare que, sur un point controversé, toute la vérité soit contenue dans une des doctrines opposées. Nous en voyons ici un exemple. Dans l'opinion même que nous avons pour notre part repoussée, nous ne devons pas hésiter à reconnaître un élément partiel de vérité. La classe est aujourd'hui distincte de la profession ; mais il n'en a pas toujours été ainsi ; il y eut une époque où la confusion de ces deux notions était permise. Par exemple, le type du système des classes, c'est le régime des castes hindoues. On sait qu'il existe quatre castes principales : celles des brahmanas, des kshatryas, des vaisyas, des soudras. Chacune d'elles représente un rang dans la société. Mais chacune d'elles correspond aussi à une profession (prêtres, guerriers, agriculteurs, artisans). Il y a donc ici adéquation entre la classe et la profession. Qui plus est, ces castes semblent avoir été à l'origine des groupes ethniques différents, des tribus d'abord indépendantes et qui, venues au contact les unes des autres, se sont fusionnées en se différenciant. Seulement, en réalité, les choses sont bien autrement complexes que ce tableau sommaire ne le ferait supposer. Il n'y a pas quatre castes dans l'Inde, il en existe un beaucoup plus grand nombre, et en quelque sorte une infinité. C'est ainsi que les ascètes, les ermites, les étudiants, forment des castes. Chacune de ces castes correspond bien encore, si l'on veut, à une profession, ou plutôt à un genre de vie. Mais naturellement il devient très difficile d'assigner des rangs précis à cette multitude de castes, d'autant plus que chacune tend à s'attribuer une supériorité sur toutes les autres. La différence des deux points de vue — celui de la profession et celui du rang — reparaît donc à une analyse plus complète.

Le premier auteur qui ait fait avec profondeur la théorie des classes dans les temps modernes, Karl Marx, a lui-même esssayé de combiner ces deux points de vue. C'est ainsi qu'il considère comme des classes distinctes : les petits cultivateurs, les moyens agriculteurs, les grands propriétaires fonciers, les ouvriers des villes, les petits commerçants, les riches bourgeois, etc... On voit qu'il tient compte à la fois, pour caractériser les classes, de la profession exercée et de la fortune acquise. Mais, avec lui, les principes seuls de cette théorie étaient posés. Il semble que les progrès ultérieurs de l'analyse tendent à séparer les deux éléments.

De nos jours, si l'on voulait définir la classe, on ferait volontiers appel à un élément psychologique. On dirait qu'elle va aussi loin que s'étend la « conscience de classe », c'est-à-dire le sentiment qu'ont les hommes de se trouver en présence d'individus ayant les mêmes intérêts et foncièrement les mêmes sentiments qu'eux. La propagande des disciples de Karl Marx a beaucoup fait pour développer cette « conscience de classe » dans le prolétariat. Elle a souvent réussi parmi les ouvriers des villes, surtout ceux de la grande industrie. Elle a obtenu de bien moindres succès parmi les travailleurs agricoles. Ceux-ci ne se sentent pas encore, d'habitude, solidaires des ouvriers urbains.

Voilà pourquoi il reste aujourd'ui assez exact de considérer, avec Karl Marx, ces deux catégories comme deux classes distinctes, bien qu'elles soient placées au même niveau sur l'échelle des fortunes et des rangs. Et voilà pourquoi nous ne nous sentons pas autorisé à exclure de la définition des classes toute considération de lieu et de profession.

Si maintenant nous envisageons le problème, non plus subjectivement, mais objectivement, nous voyons que les distances entre les classes tendent à s'amoindrir avec le temps. Nous n'avons pas, dans la France contemporaine, de castes comme celles de l'Inde, entre lesquelles le mariage est interdit. Nous n'avons pas, comme à Rome, la distinction absolue de l'esclave et de l'homme libre, de l'étranger et du citoyen, du plébéien et du patricien. Nous n'avons plus de serfs, comme au moyen âge, et nous avons aboli la distinction des trois ordres, clergé, noblesse et tiers-état, si vivace encore il y a cent vingt ans. Légalement, nous ne formons qu'une seule unité nationale : toutes les professions, en principe, sont accessibles à tous ; toutes les libertés publiques sont données à chacun ; aucun obstacle n'est mis à la « libre circulation du sang » ; le fils du plus modeste citoyen peut aspirer à devenir un jour chef de l'Etat. Sans doute, il reste en fait des distinctions que la loi ignore. La principale vient de l'inégalité des fortunes, laquelle semble surtout choquante, lorsqu'elle apparaît sous la forme de l'inégalité du point de départ. C'est principalement sur cette base de la différence des fortunes que s'établit l'édifice moderne des classes. C'est cette base que le socialisme veut saper, et par là il espère amener la disparition des classes elles-mêmes. Peut-il y réussir un jour ? nous retrouverons cette question, quand nous traiterons de la vie économique. Disons seulement ici que la réalisation de ses espérances ne nous paraît pas très prochaine. En tous cas, ce que nous devons retenir, c'est qu'il se caractérise comme une doctrine égalitaire, voulant la suppression des distances de fortune et de rang, l'abolition par suite des groupements fondés sur elles, et n'admettant plus dès lors, comme principe des groupements qui subsisteront, que les nécessités professionnelles ou la libre entente des individus d'après leurs similitudes mentales.

IV

C'est de cette dernière précisément qu'il nous reste à dire quelques mots. Depuis un temps fort long déjà, il existe, au sein de nos sociétés, des groupements déterminés par les « affinités électives » de leurs membres. On citera comme tels : les partis politiques, les confessions et sectes religieuses, les sociétés amicales, les cercles mondains, les écoles littéraires, artistiques et scientifiques. Tous ces groupes mettent en avant, comme leur raison d'être, un idéal commun à leurs membres. Cela est, dans une certaine mesure, exact. Mais très souvent la nature de cet idéal importe fort peu à ces membres. Ce qu'ils veulent avant tout, c'est être et se sentir groupés. Ils n'apportent pas au groupe leur idéal ; ils prennent le sien à un groupe qu'ils trouvent tout formé. Ce n'est pas parce que cet idéal leur plaît qu'ils s'unissent à ses autres fidèles ; c'est parce qu'ils veulent être unis à ceux-ci, qu'ils adoptent cet idéal. Ainsi ce sont des raisons sociologiques, plutôt que psychologiques, qui président à la composition de ces groupements.

Ces raisons sociologiques, ce sont l'avantage et l'agrément qu'il y a à former un cercle étroitement uni. Ce sont aussi la force et le charme qu'on trouve à se séparer de nombreux autres individus. Car, dans ces groupements, l'idéal ne se pose qu'en s'opposant à celui des groupements voisins. Chaque parti politique repousse les principes, chaque secte les croyances, chaque école les méthodes des autres partis, sectes et écoles. Chacun se croit supérieur à tous les autres, et nie tous ceux-ci en s'affirmant. Souvent il en voudrait la destruction ; d'autres fois, il cherche à se les subordonner ; quelquefois enfin il tente de se les assimiler (comme c'est le cas des religions dites universalistes et des grandes écoles scientifiques), mais alors même c'est encore son propre triomphe qu'il poursuit. Une certaine recherche de la domination est dans l'âme de ces groupements, jusqu'à présent tout au moins, quoiqu'on commence heureusement à en voir surgir qui sont plus respectueux de la liberté et de l'idéal d'autrui.

Il y aurait d'intéressantes recherches à faire à leur propos, sur leurs façons de naître, de se développer, de dépérir, de disparaître et de se reconstituer. On pourrait s'attacher au rôle qu'y jouent les meneurs et examiner comment ils agissent sur leurs associés et sont réciproquement influencés par eux. On pourrait encore suivre ces groupements dans leurs relations avec ceux qui appartiennent au même ordre qu'eux, et aussi avec ceux qui sont d'ordre différent : examiner par exemple comment un parti politique se conduit envers les autres partis, comment d'autre part il s'allie avec une secte, sert les intérêts d'une classe, favorise une profession, une province ou une race. On serait ainsi préparé à bien comprendre leurs rôles dans la vie nationale et même internationale. Malheureusement, de semblables études ne sont guère qu'à leurs débuts.

CHAPITRE V

LE MOMENT

I. *Ce qu'est le moment.* — II. *L'apport du passé.* — III. *Les institutions, les inventions et l'outillage.* — IV. *Les circonstances actuelles.* — V. *Remarque sur la nature du temps.*

I

Toute société se développe dans l'espace. Nous avons vu que c'est là l'origine des questions que la démographie étudie. Mais toute société se développe aussi dans le temps. Les problèmes qui tiennent à la succession de ses formes sont proprement du ressort de l'histoire.

Ce qui est certain, c'est qu'aucun fait dans la vie sociale ne peut être bien compris sans une certaine connaissance de l'époque où il se produit. Taine a exprimé cette vérité évidente en plaçant « le moment » parmi les éléments qui permettent d'expliquer cette vie, au même rang que la race et le milieu. Le terme a été généralement accepté, et on aurait mauvaise grâce à en proposer un autre. Seulement il faut bien s'entendre sur la signification exacte qu'il doit comporter.

Taine, dans sa *Philosophie de l'Art*, donnait l'exemple suivant. Notre civilisation n'est pas celle de la Grèce antique. Elle est infiniment plus complexe que celle-ci. La raison en est tout d'abord qu'elle est son héritière. Elle a donc bénéficié des acquisitions faites par cette dernière. Elle s'est enrichie en outre de tout l'apport des temps intermédiaires, sur lequel ses devanciers immédiats ont à leur tour travaillé. Ce qui constitua la perfection d'Athènes est un stade à jamais dépassé dans l'histoire de l'humanité.

Le fait ainsi exposé est incontestable et d'une haute signification. La conséquence à en tirer, à notre point de vue, est la suivante. Pour bien connaître une société, il faudra indiquer le legs que lui a fait le passé. Il faudra tenir grand compte de l'acquis des générations antérieures, transmis par elles à la génération présente. C'est là un élément que révèlera l'étude du moment.

Mais ce ne peut pas être le seul. Autrement, par « le moment », on n'entendrait que le passé. Et c'est ce qui est visiblement contraire au sens naturel de ce mot. Car il désigne justement, à le prendre dans son acception courante, le présent. Nous voulons donc bien que pour l'usage scientifique et par respect pour une théorie reçue on l'étende au passé. Mais il faut du moins que le présent n'en soit pas exclu. Nous allons indiquer sommairement, tour à tour, ce qu'impliquent ces deux considérations, réunies sous un même mot.

II

Le temps agit sur tous les éléments sociaux que nous avons précédemment énumérés. Ou plutôt, à travers le temps, l'intelligence de l'homme agit sur eux tous. Elle transforme la nature : car elle asservit les forces physiques, capte les eaux, nivelle et défriche le sol, cultive les plantes et élève les animaux. Elle transforme la race humaine elle-même : par l'exercice répété, par l'habitude acquise, par l'hérédité qui la conserve, entrent dans le sang des races mille qualités nouvelles; du sauvage on passe au barbare, et de celui-ci au civilisé ; l'Européen de nos jours naît avec une foule d'instincts élevés, d'aspirations généreuses, qui étaient totalement étrangères à ses lointains ancêtres. Elle transforme la population, faisant avec les clans des nations, tirant de la dispersion agraire la concentration urbaine, modifiant par le jeu même de la civilisation le taux de la natalité, l'âge et les conditions des unions, les causes et la rapidité des décès. Elle transforme enfin les groupements sociaux, créant peu à peu toutes les professions (tâches économiques, professions libérales ou fonctions publiques), établissant et modifiant les classes, permettant l'éclosion des ententes fondées sur les sympathies intellectuelles. Tout cela est dans un incessant devenir, en une marche fort lente à l'aurore de l'histoire, plus rapide à l'époque de l'antiquité classique, ralentie de nouveau au moyen âge, accélérée dans les temps modernes et devenue de nos jours presque vertigineuse.

Le processus de ce devenir se ramène, au fond, à deux termes. L'évolution peut se faire, d'abord, par addition. Ce qu'on appelle le progrès de la civilisation tient à l'accumulation graduelle d'une série d'inventions qui se superposent : inventions de tous genres d'ailleurs, scientifiques, techniques, morales, politiques, etc... C'est le cas le plus simple. Mais il en existe encore un autre. Car l'évolution peut aussi procéder, en second lieu, par suppression. Ainsi, en matière religieuse, un culte en détruit un autre ; en matière esthétique, une école élimine sa rivale. A vrai dire, ces exterminations sont rarement complètes. Presque toujours, sur quelques points, des transactions se produisent : les doctrines victorieuses s'inspirent partiellement des doctrines vaincues, pour rallier les derniers partisans de celles-ci. Il se produit alors une combinaison des deux forces précédemment en conflit. Mais le processus de combinaison n'est pas quelque chose d'original : il est fait à la fois d'addition et de suppression. Dans le cas que nous venons de citer, il y a suppression de la plus grande partie de la doctrine vaincue et addition de quelques-uns de ses éléments à la doctrine victorieuse, qui de son côté voit supprimer celles de ses affirmations qui contredisaient trop ouvertement les éléments à incorporer ainsi. Le progrès ne s'obtient qu'au prix de semblables éliminations : car, s'il est vrai qu'on ne détruit que ce qu'on remplace, il n'est pas moins exact qu'on doive détruire pour remplacer. Que de legs du moyen-âge il a fallu répudier pour arriver à instaurer l'ordre supérieur qui règne dans les temps modernes !

III

Pour désigner les apports du temps à la vie sociale, on a quelquefois cherché une expression simple et unique. On a dit, par exemple, que c'est à lui que sont dues « les intitutions ». Par ce mot, on entend désigner l'ensemble des formes que prennent les éléments sociaux en s'agençant entre eux, l'ensemble des organes qui se constituent dans la société en vue de l'accomplissement de ses diverses fonctions, sans en séparer les règles qui président au jeu de ces organes et à l'accomplissement de ces fonctions. Cette expression est évidemment commode par sa brièveté même, en ce qu'elle résume quantité de choses très variées. Mais elle ne nous paraît pas être assez large pour embrasser la totalité des points qui sont ici à considérer. En effet, on peut bien y faire rentrer tout ce qui concerne les groupements sociaux et leur fonctionnement ; mais les autres phénomènes que nous avons énumérés ne sauraient tenir dans cette appellation. Ainsi l'utilisation et la transformation des forces naturelles n'est pas proprement une institution, bien qu'elle donne naissance à une institution, la propriété. Le perfectionnement de la race, l'acquisition par elle de qualités nouvelles, n'est point davantage une institution, quoiqu'il y ait une institution sociale, l'éducation publique, qui l'ait pour but. L'accroissement et la répartition de la population ne sont point non plus, à vrai dire, des institutions, bien que sur eux reposent certaines institutions, telles que les divisions territoriales du pays. On voit donc que le mot d'institutions ne convient pas pour désigner toutes les matières sociales sur lesquelles le temps — ou plutôt l'évolution dans le temps — exerce son influence.

Sera-t-on plus heureux avec une autre expression ? Gabriel Tarde disait que les apports du temps consistent en des séries d'inventions successives, et que l'ensemble de ces inventions constitue le capital social dont dispose l'humanité. Cette vue nous semble admissible, à condition d'être précisée. On peut, en effet, donner un sens très large au terme invention, et lui faire désigner tout acte par lequel quelque chose de nouveau s'introduit dans le monde social. Dès lors, l'histoire humaine sera le récit des inventions successives. Et, si l'on définit le capital la somme des inventions utiles qui s'accumulent à notre profit, l'histoire n'aura pas de tâche plus haute que de nous faire assister à la naissance, au développement, à la transformation du capital social.

Seulement, il faut ici éviter une méprise. Tarde tendait à prendre les mots invention et capital en un sens tout immatériel. Une invention, pour lui, était simplement une idée neuve ; le capital était le total de ces idées. Certes, il n'avait pas tort de réagir contre la conception trop grossière, trop matérialiste, qu'on se fait d'ordinaire de ces mots. Mais il dépassait la mesure. Le public appelle couramment invention une machine, un dispositif nouveau ; il nomme capital une somme d'objets directement utilisables pour la satisfaction de nos besoins, ou susceptibles d'être échangés contre de semblables objets. La vérité est à mi-chemin entre cette conception du public et celle de Tarde, ou plutôt elle les renferme toutes les deux à la fois. L'invention est d'abord intellectuelle ; mais il lui faut ensuite prendre corps en quelque chose de concret. Cela est trop évident pour les inventions qui se produisent dans le domaine économique ; mais ce n'est pas moins exact pour les autres. Les plus hautes conceptions scientifiques, pour se répandre — et peut-être même pour se préciser dans l'esprit de leur auteur — ont besoin de prendre la forme du livre ou celle de la leçon. Les plus belles inspirations esthétiques ne peuvent se traduire qu'en lignes, en couleurs ou en sons, et requièrent tout un matériel approprié. La religion veut des temples ; le droit, des codes ; la politique, un appareil gouvernemental. La pensée a besoin de se fixer, et elle ne devient un élément constituant du capital que par cette fixation. En d'autres mots, il faut à une société un outillage pour vivre et se développer. Cet outillage est créé par l'esprit agissant sur la matière et la façonnant à son usage. Puis, il sert à son tour à opérer de nouveau sur elle et à l'adapter aux besoins humains. Il constitue ainsi une catégorie particulière d'éléments sociaux, d'origine mixte, à la fois humaine et naturelle. Les économistes ont raison de placer ce capital parmi les facteurs de la production, à côté de la nature et du travail, et distinctement d'eux. Nous avions déjà signalé précédemment son existence au nombre des éléments sociaux (1) ; nous l'avions rappelée incidemment en parlant du milieu dont il est tiré (2) et nous le retrouvons ici. Car c'est lui surtout

---

(1) *Objet des sciences sociales*, ch. IV, § II.
(2) *Conclusions des sciences sociales*, ch. I, § I, note.

dont la formation peut être suivie dans le temps. La constatation de ses progrès est rendue plus facile par sa matérialité même ; chacune des étapes de son développement laisse quelque trace derrière elle. On sait la très haute importance que cet outillage prend, dans la doctrine de Karl Marx, pour expliquer toute la constitution sociale dont il serait le facteur primordial (1). Nous croyons qu'il est juste de réserver, avec Tarde, le rôle initial et dominateur à l'invention intellectuelle. Mais la base matérielle sur laquelle celle-ci s'exerce ne peut pas être oubliée, et dans une synthèse un peu large il doit être fait place aux deux éléments.

Nous noterons encore qu'un sociologue américain, M. Lester Ward, a récemment proposé un terme nouveau pour désigner les créations dues à l'évolution des sociétés. Il les appelle des « achèvements ». Il semble que pour lui ce terme ait à peu près le même sens que celui d'invention pour Tarde. Et il considère la sociologie comme la science des achèvements (2). Quelque ingénieuse que soit sa théorie, il nous paraît difficile que l'appellation mise en avant par lui, ou une appellation unique quelconque, puisse se faire accepter généralement pour désigner toutes les manifestations de l'activité humaine s'accumulant à travers les âges.

(1) *Objet des sciences sociales*, ch. VII, § II.
(2) Lester F. Ward, *Sociologie Pure*.

IV

Nous venons de parler des legs du passé. Mais nous avons dit que, par cette expression « le moment », il faut entendre aussi — et davantage peut-être — le présent. Qu'est-ce donc que la considération du moment présent apporte aux études sociales ?

Laissons de côté, naturellement, tout ce qui a été expliqué précédemment sous d'autres rubriques, tout ce qui touche à la constitution même des éléments sociaux. Il reste ceci. Ces éléments — en dehors de leur agencement normal, qui fait en quelque sorte partie d'eux-mêmes — sont également susceptibles de relations impossibles à prévoir et tout à fait occasionnelles. Cela tient à leur multiplicité, qui fait naître entre eux des connexions innombrables, dont certaines se produisent inopinément. Un élément A tient normalement à un élément B ; celui-ci, de même, tient à un élément C. Une série de semblables relations aboutit à un élément L. Par l'effet des évènements, une impulsion partie de A se fait sentir un jour jusqu'en L ; et voilà L amené à entrer en rapports directs, à ce sujet, avec A. Des faits de ce genre se produisent chaque jour dans la société. C'est eux que le langage courant désigne sous le nom de « hasard ». On sait la théorie de Cournot sur le hasard. D'après elle, celui-ci n'est que la rencontre de séries ordinairement indépendantes et qui se trouvent tout à coup en concours. Une analyse plus complète montrerait, sans doute, qu'il n'existe jamais de séries tout à fait indépendantes l'une de l'autre, dans le monde social, et sans doute aussi dans le monde organique et le monde physique. Toujours, par quelque lien, deux choses quelconques tiennent entre elles ; Leibniz déjà pensait qu'autrement elles ne pourraient faire partie d'un même monde. Elles ont donc d'obscurs et infimes rapports, avant l'évènement qui va tout à fait les rapprocher. Celui-ci se borne à faire passer à l'acte ce qui existait en puissance, à rendre patent ce qui était latent, clair ce qui était confus, notable ce qui ne comptait pas. Et tel est le rôle du hasard.

Mais, naturellement, ce n'est pas le rôle du hasard seul. L'activité consciente de l'homme peut avoir et a souvent le même résultat. Très souvent, c'est d'une façon parfaitement intentionnelle qu'un individu développe des relations préexistantes (on sait maintenant pourquoi nous ne disons pas ici : crée des relations nouvelles), en vue d'atteindre à telle ou telle fin qu'il juge bon de poursuivre. Dans un cas comme dans l'autre, le résultat est sensiblement le même, pour l'élément auquel aboutit le mouvement produit. La connexion créée le modifie et le force à réagir. On dit, en l'une et l'autre hypothèses, que cette réaction s'opère « sous la pression des circonstances ». Les circonstances : c'est le vocable sous lequel on comprend ainsi, à la fois, l'action intentionnelle des hommes, et ce qu'on nomme l'effet du hasard, lequel n'est à vrai dire que la répercussion d'une action intentionnelle sur une série de faits éloignés. On sent que les circonstances sont infiniment variées et changeantes dans ce milieu complexe et mobile qu'est notre monde social C'est d'elles qu'est fait le moment présent.

V

Les analyses contenues dans ce chapitre ont pu paraître au lecteur manquer, à certains égards, de précision. L'auteur croit pouvoir se disculper à cet égard. La faute est à la matière elle-même. Le temps, en effet, ne comporte pas une étude de la rigueur de celles qu'on peut faire sur le milieu, la race, la population ou les groupements humains : et cela, parce qu'il n'est pas lui-même un élément social, au sens où ils le sont. Eux constituent des réalités, des assemblages d'êtres ; lui n'est que l'ordre dans lequel ces réalités apparaissent, ces êtres évoluent. Il n'a, à vrai dire, d'autre existence que la leur. S'il est quelque chose, c'est par eux.

En émettant cette proposition, nous ne reprenons pas la célèbre théorie de Kant, qui fait du temps et de l'espace de simples formes de l'entendement, et ne leur laisse ainsi qu'une existence subjective. Certes, il est bon que la *Critique de la Raison Pure* ait été écrite, pour mettre l'esprit humain en garde contre les illusions trop fréquentes d'une métaphysique réaliste. Mais cette critique est un « prolégomène à toute métaphysique future », pour parler comme Kant lui-même, qui a intitulé ainsi un autre de ses ouvrages ; elle n'est point un chapitre de la science. Pour la science, l'espace et le temps ne sont pas des créations de l'esprit, ils sont des propriétés inhérentes aux choses elles-mêmes. Ils ont donc une réalité objective. Seulement, cette réalité, il ne faut pas la grossir démesurément, au point de se tromper sur sa nature. Ce ne sont point eux qui constituent les choses ; ce sont les choses qui les constituent. Elles font l'espace en le remplissant, le temps en s'y développant. Il ne faut point dire que les êtres sont des fractions de l'espace, mais que l'espace est la dimension (ou plutôt, l'ensemble des dimensions) des choses. Pareillement, il ne faut pas dire que les évènements sont des fractions du temps, mais que le temps est la sériation des évènements consécutifs.

On nous pardonnera cette brève excursion dans le domaine de la philosophie abstraite. Elle avait pour but de montrer — comme il était nécessaire de le faire ici — qu'il y a une grave erreur, ou tout au moins une façon de s'exprimer très défectueuse, dans la locution courante suivant laquelle le temps serait par lui-même un facteur, et un facteur très important, de la constitution des sociétés.

CHAPITRE VI

L'INDIVIDU.

I. *Il est nécessaire de considérer l'individu en sociologie.* — II. *On ne peut déduire sa connaissance de celle des groupes sociaux.* — III. *Du principe de l'individualité.* — IV. *Comment les individus s'associent.* — V. *Actions et réactions qui s'exercent entre l'individu et la société.* — VI. *Nature et rôle du génie.*

I

Les éléments que nous avons passés en revue jusqu'ici ne suffisent point à rendre raison de la vie sociale, soit qu'on les prenne isolément, soit même qu'on les réunisse. Le milieu ne compte que si l'humanité est d'autre part donnée. La race n'est point cette base simple et stable dont on parle souvent. Les groupements par territoires, par sexes et par âges, par professions, par classes, par affinités, ne sont pas des termes ultimes : leur multiplicité même exclut l'idée qu'aucun de ces types puisse rendre raison de tous les autres. Il faut donc descendre plus profondément encore. Par delà toutes ces unités humaines composées, il faut aller, pour trouver l'élément social dernier, jusqu'à l'unité indécomposable, jusqu'à l'individu.

Bien entendu, quand nous appelons celui-ci une unité indécomposable, c'est au point de vue social exclusivement que nous nous plaçons. Car au point de vue biologique l'homme est au contraire une unité composée, et même peut-être la plus complexe de toutes. Mais la différence des sciences sociales et des sciences naturelles tient justement à ceci, que les premières, s'édifiant sur le fondement des secondes, peuvent tenir pour acquis tout le travail fait par celles-ci, et par conséquent prendre comme point de départ ce qui est pour ces dernières le point d'arrivée, regarder comme simple ce dont ces dernières ont pénétré et débrouillé l'infinie complexité.

Les sciences sociales opèrent ainsi sur un plan superposé à celui des sciences naturelles. Mais, en un certain sens tout au moins, elles opèrent de la même manière, elles suivent le même processus général. En effet, la biologie, pour connaître l'homme, le décomposait en ses multiples éléments. La sociologie, de même, pour connaître la société, doit la décomposer, elle aussi, en ses parties si nombreuses. Au terme de son analyse, la biologie aboutissait à la cellule, d'où elle remontait par synthèse jusqu'à l'homme. Au terme de son analyse, la sociologie aboutit à l'homme, d'où elle remonte par synthèse jusqu'à la société.

Est-il bien sûr, toutefois, que la sociologie doive ainsi descendre jusqu'à l'individu ? On l'a parfois nié, en soutenant que certains groupements élémentaires pourraient jouer pour elle le rôle que la cellule joue en biologie, pourraient être considérés comme les vraies cellules de l'organisme social. C'est ce qu'on a dit, notamment, pour la famille. Nous avons montré ailleurs, longuement, pourquoi cette conception est inacceptable (1) et nous n'y voulons pas revenir ici. Expliquons seulement d'où provient l'erreur qu'il nous faut ainsi écarter. Elle a deux origines, l'une subjective, l'autre objective. Subjectivement, nos moyens d'investigation sont limités, notre vue manque souvent de pénétration. De même que notre œil ne sait pas résoudre les nébuleuses en étoiles, de même il ne sait pas distinguer les composants d'un groupe social. Pour un Européen, tous les nègres, au premier abord, se ressemblent ; même pour un sociologue, tous les ouvriers d'une industrie, tous les membres d'une famille se rapprochent extraordinairement. L'infériorité de notre esprit est pour beaucoup dans l'assimilation que nous établissons de la sorte. Mais elle a une autre raison encore. Objectivement, des être distincts arrivent souvent presque à fusionner. En effet, l'exercice de fonctions sociales identiques amène entre eux des convergences très remarquables. Les guerres et les cérémonies publiques étaient les faits qui frappaient le plus les historiens d'autrefois. Or justement, dans les unes comme dans les autres, il se produit une véritable unification de tous les esprits, les membres du groupe social tout entier voulant là une même chose et collaborant étroitement à une même action. La religion et l'industrie sont des faits qui comptent davantage aux yeux des historiens modernes. Mais là encore on se trouve en présence de cas où se produit un rapprochement très profond de tous les individus : la religion les fait communier en un même idéal, l'industrie les fait coopérer à une même tâche ou à des tâches directement connexes. Dans tous ces phénomè-

(1) *Organisme et société*, chap. V.

nes sociaux, donc, il se produit une sorte de fusion, au moins partielle, des personnalités : toutes s'unissent sur le point précisément où l'observateur les regarde. Il n'en est pas moins vrai qu'elles peuvent demeurer, par ailleurs, profondément dissemblables. L'on ne saura apprécier le degré de cette divergence qu'après l'avoir directement mesurée, par des constatations variées et minutieuses. C'est ce qui force les sciences sociales à pousser leurs investigations, pour qu'elles soient exactes, jusqu'aux individus.

II

Mais l'individu lui-même ne s'expliquerait-il pas tout entier par des considérations sociales ? On est aujourd'hui très porté à le croire, et voici comment on raisonne. Chaque individu appartient, dans nos grandes sociétés contemporaines, à une multitude de groupements indépendants l'un de l'autre. Il est d'une race, d'un sexe et d'un âge déterminés ; il habite une localité, exerce une profession, appartient à une classe définies ; il se range dans un parti, se rattache à une confession, entre dans de libres associations souvent très diverses. Ainsi, de tous ces côtés, des influences variées s'exercent sur son esprit. Il va être façonné par les forces nées dans tous ces milieux ; il sera leur résultante, et la direction qu'il suivra dans la vie sera la combinaison de celles que ces multiples impulsions tendraient, chacune de son côté, à lui imprimer. On peut encore se représenter ces groupements comme des cercles, qui ont chacun son centre et ses dimensions à lui, mais qui se croisent en certains points ; l'individu est alors le point d'intersection de ces différents cercles ; pour déterminer sa position dans l'espace, il suffit d'avoir déterminé les leurs, leurs éléments communs étant par là même définis. D'où il suit qu'on connaîtra entièrement un individu quand on saura à quels groupements il appartient.

Laissons de côté les expressions mathématiques qu'emploient les auteurs de ces raisonnements — lesquelles nous semblent avoir parfois plus d'ingéniosité que de précision — et allons au fond de leur opinion. Il y a un sens dans lequel elle est juste ; il y en a un autre dans lequel elle est erronée. Au point de vue du savoir, il est exact qu'on connaîtrait tout d'un homme si l'on savait entièrement le rattacher à tous les groupements auxquels il tient — ce qui est d'ailleurs impossible, nous verrons dans un instant pourquoi. Seulement, au point de vue de l'être, ce ne sont pas les groupements qui font l'individu, c'est l'individu qui fait les groupements. Certes, le groupe agit sur l'homme, le développe, le modifie, l'entraîne. Mais pourquoi, tout d'abord, un homme est-il de tel ou tel groupe ? C'est parce que ses caractères propres l'y ont placé. Le groupe ne se forme qu'en se fondant sur les traits différentiels de l'individu, chaque groupe associant tous ceux qui présentent des traits communs. S'il fallait opposer une comparaison mathématique à une autre, nous dirions que ces cercles, par lesquels on figurait tout à l'heure les groupements, sont chacun le lieu géométrique des êtres qui offrent telle ou telle particularité. Or, les particularités de l'être humain sont innombrables. Donc, innombrables aussi seraient les groupements dans lesquels une science parfaite le ferait entrer, depuis le plus vaste où il se rencontrerait avec une moitié du genre humain (le sexe), jusqu'au plus étroit où il n'aurait plus qu'un associé (le couple), en passant par tous ceux où il se trouverait avec des quantités toujours différentes d'individus, liés à lui en chacun d'eux par un trait unique. Seulement, une telle énumération est pratiquement irréalisable, et voilà pourquoi, inexacte au point de vue de l'être, la doctrine ci-dessus exposée se heurte à une impossibilité de fait, au point de vue du savoir.

III

En somme, en descendant de question en question, on arrive à celle-ci. La société humaine est faite d'individus vivants. Chacun d'eux a sa conscience propre. Son intelligence, sa sensibilité, sa volonté, ne sont complètement identiques à celles d'aucun de ses coassociés, de ceux qu'on nomme, un peu hâtivement, « ses semblables ». Sa manière de comprendre, de ressentir et d'agir a quelque chose qui lui est spécial. Cette caractéristique ne tient pas fondamentalement aux groupes auxquels il se rattache, nous venons de le voir à l'instant. Elle ne tient pas non plus au milieu cosmique et organique dans lequel il est placé : car deux voisins peuvent différer du tout au tout, quoique vivant dans un même milieu extérieur. A quoi donc tient-elle ? D'où vient l'individualité psychique de l'être humain ?

Ce problème se pose à la base de toutes les sciences

sociales. Il est étroitement lié à cet autre problème : d'où vient l'individualité organique de l'homme ? Et il n'en est même, en un sens, qu'une autre expression, vu la connexion indivisible de l'esprit et de l'organisme. En généralisant, on voit que la même question se pose à propos de l'individualité de tout être vivant, et même de tout corps brut. Comment se fait-il que, malgré la continuité de l'univers, il y ait des êtres distincts les uns des autres ? Pourquoi la matière, brute ou vivante, s'agence-t-elle en corps isolés ? « Pourquoi, tout étant un, tout devient-il plusieurs ? » Le problème, à ces profondeurs, n'est plus du domaine de la sociologie seule. C'est à la philosophie première qu'il ressortit.

Depuis qu'elle existe, elle n'a pas cessé de l'agiter. Déjà Platon et suivant lui son maître Socrate se posaient la question de la coexistence de l'un et du multiple. La scolastique a cherché longtemps le *principium individuationis*. De nos jours encore, les esprits les plus hautement scientifiques ne peuvent s'empêcher de se poser ces questions dernières : comment se fait-il qu'il y ait quelque chose ? comment se fait-il que ce « quelque chose » soit discontinu ?

Eh bien, n'hésitons pas à le dire : à de semblables questions, il n'y a pas de réponse possible dans l'état présent du savoir. Depuis vingt siècles et plus que l'humanité s'en tourmente, elle n'a abouti, en ce qui les concerne, à aucun résultat positif. Certes, c'est son honneur, en un certain sens, de se les être posées, puisqu'ainsi elle a démontré la profondeur de sa recherche. Peut-être même est-il bon qu'elle continue toujours à se les poser, car il n'est pas démontré qu'elles soient insolubles, et nul ne saurait affirmer que les progrès de la science et de la philosophie ne jetteront pas sur elles une lumière grandissante. Mais enfin, de nos jours, l'obscurité qui règne à leur sujet ne s'est point encore dissipée. Pour nous borner à celle à laquelle nous nous sommes ici heurté, nul ne sait quel est, au fond, le principe de l'individualité et sa raison d'être. Nous constatons que les individus humains sont distincts et différents les uns des autres ; c'est une donnée dont il nous faut partir sans que nous puissions remonter au-delà.

IV

Ainsi, l'élément humain ultime par lequel s'explique la vie sociale, c'est l'individu, avec ses particularités de tous genres. Mais alors comment, dira-t-on, avec une multiplicité d'éléments si hétérogènes, peut-il se former une unité ? Ce problème-ci, bien qu'il soit exactement l'inverse du précédent, n'est point aussi difficile que lui à résoudre. D'abord nous savons déjà que, entre l'individu et la grande société, la société nationale, s'interposent toute une série de groupements moindres, fondés sur la race, le sexe et l'âge, le territoire, la profession, la classe, les libres affinités. Le problème à résoudre se divise donc en deux : comment les individus se fondent-ils en groupements ? comment les groupements s'agencent-ils en une nation ?

Sur le premier point, la réponse est la suivante: Les individus se groupent en mettant en commun leurs similitudes et en faisant provisoirement abstraction de leurs différences. Au sein d'un même groupement, les quantités semblables (de même signe) s'additionnent, et les quantités dissemblables (de signe contraire) s'éliminent — approximativement — par leur opposition même. Sans doute, l'individu garde les caractères qui le différencient de ses congénères. Mais, ou bien ils lui sont tout à fait spéciaux et ne peuvent alors lui servir à se rapprocher de personne ; ou bien ils se retrouvent chez nombre d'autres individus, et alors ils vont créer un lien entre eux et lui, devenir ainsi le principe d'un groupement fondé sur une autre considération que le précédent et qui coexistera avec lui. C'est ainsi que, quand presque tous les membres d'une profession sont acquis aux principes démocratiques, quelques-uns peuvent cependant faire bande à part et se rallier au parti conservateur, tout en continuant à travailler à l'atelier côte à côte avec ceux dont ils ne partagent pas les idées politiques

Reste, en second lieu, à savoir comment la nation arrive à « subsumer » les divers groupements. Ici, il faut bien le reconnaître, l'unité est beaucoup moins complètement réalisée. D'un côté, il y a fréquemment dans le sein d'un État antagonisme des diverses races entre elles, des diverses provinces, des diverses professions, des diverses classes les unes contre les autres, des diverses confessions, des divers partis politiques, etc., etc. D'autre part, il y a non-concordance de ces groupements les uns avec les autres, puisque les limites de la race ne coïncident pas avec celles de la province, celles de la profession avec celles de la classe, celles de la confession avec celles du parti ; et de là aussi naissent des froissements graves. Mais enfin, l'unité nationale se réalise assez complètement dans les grands

Etats modernes : la France, l'Angleterre, les Etats-Unis, l'Italie, en sont de bons exemples, si l'on n'en peut dire autant de l'Autriche, de la Russie et de la Turquie. C'est que les dirigeants des divers groupes comprennent et font comprendre à ceux qui les suivent que la paix vaut encore mieux que la lutte armée entre collectivités voisines, et que chacune a plus d'avantages à retirer de la collaboration avec les autres que de leur élimination. Ainsi chaque groupe cesse de vouloir exterminer ses voisins, sans cesser d'ailleurs de chercher à les dominer. Si le conflit subsiste entre eux à l'état permanent, du moins est-il d'ordinaire pacifique. — A l'intérieur même de chaque groupe, de semblables conflits existent aussi entre les individus, qui se disputent les supériorités locales. Mais là aussi, là surtout, ils se dénouent d'une façon paisible. La nécessité de maintenir l'union du groupe l'emporte d'ordinaire sur toute autre considération. Le sentiment de la solidarité triomphe des tendances séparatistes. La symbiose, quelque assujettissement qu'elle entraîne, est jugée préférable à la vie isolée, où l'on a trop de chances de trépas à courir.

V.

Nous sommes en mesure de préciser maintenant la nature générale des relations qui existent entre l'individu et la collectivité — que l'on désigne sous ce dernier nom la société nationale ou l'un quelconque des groupements qui y sont inclus.

D'abord, quand on parle de relations entre l'individu et la collectivité, on doit comprendre que c'est là une expression abrégée, employée pour la commodité du langage, comme synonyme de cette autre expression : relations entre l'individu et les êtres humains appartenant à la même collectivité. Car la collectivité n'est rien d'autre qu'un ensemble d'êtres humains ; elle n'a pas de réalité en dehors d'eux. Sans doute, elle les dispose, les agence d'une certaine manière, qui est sa caractéristique à elle. Mais cette disposition même se traduit en eux par des traits qui s'incorporent à leur être, de sorte qu'il n'y a rien de plus dans la collectivité que ce qui peut se constater chez les individus.

La définition ainsi posée, la nature de ces relations apparaît clairement. L'individu et la collectivité sont en action et en réaction incessantes et continues l'un sur l'autre. Il n'y a aucun acte de l'individu qui n'influe en quelque mesure sur le corps social ; il n'y a aucune détermination de la collectivité, qui ne se répercute sur l'individu. Car, nous l'avons vu, tout se tient dans le monde social comme dans le monde organique et dans le monde physique. Un ébranlement parti d'un point quelconque se fait donc sentir en tous les autres. Naturellement, il y est ressenti plus ou moins, suivant qu'il a été plus ou moins vigoureux, qu'il est émané d'un être plus ou moins fort, d'un ensemble d'êtres plus ou moins nombreux. Voilà pourquoi les impulsions parties des dirigeants ou des foules se propagent plus loin et plus profondément que celles qui ont leur origine chez des particuliers ou des individus isolés. Mais enfin, aucune, même venant de ceux-ci, n'est perdue complètement. Aussi, nul individu n'est-il jamais un facteur tout à fait négligeable dans la vie sociale. Certains penseurs ont eu raison de dire : « tant vaut la société, tant vaut l'individu », car la collectivité fait l'homme à son image ; mais d'autres ont eu raison de répondre : « tant vaut l'individu, tant vaut la société », car l'homme aussi tente de faire la collectivité à son image et jusqu'à un certain point y réussit.

Comment s'effectuent cette action et cette réaction réciproques ? Pour le comprendre, il suffit de se souvenir que les membres de toute collectivité présentent des traits communs et que chacun d'eux possède, en outre, des traits qui lui sont propres. L'individu agit sur la collectivité, en s'efforçant de lui imprimer ses caractères particuliers. Il se sert pour cela des caractères communs, demandant aux hommes qui sont déjà ses semblables de le devenir davantage encore. C'est ainsi que l'inventeur d'un instrument quelconque tâche de le répandre en montrant à combien de besoins préexistants et sentis par tous il satisfait. — Inversement, la collectivité réagit sur l'individu en s'efforçant de dominer ses caractères particuliers, ou tout au moins de les utiliser pour les fins générales. Elle se sert pour cela, à son tour, des caractères qui sont communs à lui et à tous ses co-associés. Elle lui persuade, par exemple, qu'il doit mettre son génie au service de la patrie, en lui montrant que ses facultés particulières lui viennent de ses pères, qu'elles ne peuvent être bien appréciées que par ses concitoyens, qu'il trouvera chez ceux-ci la récompense de ses mérites par la considération dont ils l'entoureront, etc... — L'intensité de cette réaction est à peu près la même sur tous les individus. Quant à l'intensité de l'action, elle varie naturellement suivant le degré d'élévation de l'individu dont elle émane.

VI

Reste une dernière question. La relation générale des individus et de la collectivité étant établie, quelle relation spéciale soutiennent avec la collectivité ces individus particuliers qu'on appelle les grands hommes?

Il y a, à ce sujet, deux opinions absolument opposées. Pour les uns, les grands hommes ne sont rien que par la collectivité. Ils naissent d'elle ; elle imprime en eux tous les traits essentiels de leur esprit ; ils reflètent les préoccupations de l'heure où ils naissent, de la famille, de la cité, de la classe à laquelle ils se rattachent. Ils les expriment éminemment, sans doute, mais cela veut dire seulement qu'en eux les traits communs à toute la collectivité ont refoulé les traits particuliers à l'individu. C'est même de là que vient leur succès, leur empire sur la foule : elle ne les suit que parce qu'elle se reconnaît en eux. Leur production n'a rien de mystérieux, leur caractère n'a rien d'unique. La preuve en est que, autour du grand homme, il se trouve une série d'individus comparables à lui (vingt artistes autour de Raphaël, vingt généraux autour de Napoléon), qui lui ressemblent et à quelques égards l'égalent, et auxquels serait revenue sa place si un concours de circonstances ne l'avait spécialement favorisé.

Pour les autres, à l'inverse, l'apparition d'un homme de génie est un fait en partie inexplicable, du moins socialement. Le génie vient à son heure, dit une locution courante. « Oui, à son heure à lui, » répondait Tarde, c'est-à-dire à l'heure qu'il a choisie et que nul ne pouvait prévoir. La preuve en est qu'il a souvent manqué là où il aurait été le plus nécessaire. La Grèce et l'empire romain n'ont point trouvé dans leur décadence les hommes de génie qui les auraient sauvés et dont leur passé eût pu faire espérer l'éclosion. Les grands talents qui entourent un génie n'en sont que des diminutifs ; souvent même (comme les généraux de Napoléon) c'est de lui qu'ils tiennent le meilleur de leur inspiration. Si le génie réflète en un certain sens son temps et son pays, il les dépasse et les domine. Il y a en lui quelque chose qui n'est point local, mais humain, qui n'est point passager, mais immortel. Et c'est par là qu'il agit. Il soulève les masses, parce qu'elles le sentent supérieur à elles-mêmes. On le suit parce qu'on l'admire. Ce sont ses particularités éminentes qui font son prestige et ce prestige est tout le secret de sa force.

Telles sont les deux thèses opposées. Faut-il choisir entre elles ? Nous croyons qu'il vaut presque mieux s'en tenir à les faire connaître. L'on est en effet, ici, en l'une de ces matières où il n'y a pas de solution générale possible, parce que les données du problème ne sont pas suffisamment déterminées. Pour le résoudre, il faudrait au préalable dresser une liste complète des personnages auxquels on applique la qualification de « grands hommes », et rechercher distinctement et minutieusement pour chacun d'eux ce qu'il a été, ce qu'il a dû à son entourage et comment il a agi sur lui.

C'est seulement ensuite qu'on pourrait voir s'il demeure un résidu inexpliqué par les influences sociales et qu'il y aurait lieu de mettre sur le compte d'un don spécial qui s'appellerait le génie. Nous n'en nions pas l'existence, toute mystérieuse qu'elle puisse être ; car ce mystère tiendrait de fort près à celui que nous avons reconnu exister au sujet de toute personnalité humaine, si infime soit-elle. Puisqu'il y a quelque chose d'inexpliqué dans chaque organisation individuelle, il peut y avoir quelque chose d'inexplicable dans quelques organisations supérieures. Mais naturellement les règles de la méthode scientifique ne permettraient de l'admettre qu'après des recherches absolument complètes et infructueuses pour éliminer cette part d'inconnu. Nous n'avons guère besoin de dire que de semblables investigations, tentées seulement et non achevées pour quelques individus d'élite, n'existent, pour la plupart d'entre eux, presque aucunement.

Il n'y a qu'un point que nous voudrions mettre ici en lumière, en terminant. De l'aveu même de l'auteur que nous venons de citer, du grand théoricien du génie, Gabriel Tarde, il n'y a point d'abîme entre l'homme de génie et la foule. Le don de l'invention et de l'initiative qui caractérise cet homme appartient aussi, en une certaine mesure, à tous ses semblables. Il n'est aucun individu, si humble que soit sa condition, qui ne puisse prendre, à une certaine heure, une initiative utile dans la vie publique ou dans la vie privée, en matière technique ou en matière morale. Il n'est point de bonne volonté qui ne compte et qui ne porte ses fruits. Donc nous devons être tous attentifs à ne laisser perdre aucune des inspirations heureuses qui peuvent traverser notre esprit. Nous ne devons pas nous laisser décourager de les produire au grand jour par la considération du peu que nous sommes. Toute semence lève, tout germe se développe. Le plus obscur d'entre nous peut devenir, à sa manière, un bienfaiteur de l'humanité. Il en peut être, tout au moins, un bon et utile serviteur.

SECONDE PARTIE

LA VIE SOCIALE

CHAPITRE VII

LA VIE ÉCONOMIQUE

I. *Extension progressive du cercle économique.* — II. *La circulation.* — III. *La production. Division du travail.* — IV. *Liberté du travail.* — V. *Formes de la production et groupement des travailleurs.* — VI. *La répartition.* — VII. *Le collectivisme et le communisme.*

I

Nous venons de passer en revue les éléments qui concourent à la vie sociale : milieu, race, population, groupements, individus. Dès lors, il devient plus aisé de comprendre les manifestations de cette vie elle-même. La première fonction par laquelle elle se traduit, avons-nous dit dans un précédent volume, c'est la fonction économique (1). Voyons donc comment celle-ci va s'exercer.

Quatre ordres de faits distincts concourent à son

---

(1) *Objet des sciences sociales,* ch. VI.

œuvre : on les appelle respectivement la production, la circulation, la répartition et la consommation des richesses. Mais la consommation, dernier terme du processus économique, s'accomplit d'ordinaire d'une façon toute individuelle. Les trois autres opérations, au contraire, sont essentiellement socialisées. Nous verrons bientôt ce qui caractérise chacune d'elles. Auparavant, il faut présenter une remarque qui les domine toutes, et qui rattache l'ensemble de la science économique à la sociologie générale.

Les rapports économiques unissent entre eux des êtres humains en nombre variable. Le cercle économique, à l'intérieur duquel les richesses se créent, passent de main en main et sont utilisées, va s'agrandissant à travers les siècles. Les échanges de services, limités aux premiers temps de l'humanité à la parenté la plus proche, se font aujourd'hui d'un bout de la terre à l'autre. Voilà un fait certain, au moins dans sa généralité, et définitivement acquis à la science. C'est là, peut-être, une loi de l'histoire, une loi sociologique aussi bien qu'économique.

Mais il faut bien se garder d'en donner une formule trop précise. On a proposé de dire que, aux siècles primitifs, l'unité économique était la famille ; qu'elle est ensuite devenue la tribu, puis la nation ; qu'aujourd'hui elle se confond avec l'humanité elle-même. Cela est erroné, et implique même deux erreurs. D'abord, on ne peut appliquer au monde entier une constatation qui n'a été faite avec précision que dans l'occident européen. Puis, même ici, il importe de noter que l'évolution ne s'est pas faite toujours dans un sens unique. L'expansion économique, comme nous l'avons noté dans les considérations préliminaires du présent volume pour l'expansion sociale toute entière, présente un temps d'arrêt et de recul entre deux périodes ascendantes. Expliquons-nous. En Grèce, on trouve, dès l'origine de l'histoire, des cités constituées : elles ont certainement été précédées par des tribus et celles-ci par de simples familles ; mais enfin la cité peut être donnée comme l'unité économique, aussi bien que comme l'unité politique, religieuse, etc., qui caractérise le monde hellénique. Cependant les cités grecques ne sont pas toutes enfermées en elles-mêmes : certaines d'entre elles, Athènes par exemple, font un commerce important avec le reste de l'Hellade et avec le monde barbare. Plus tard, la domination romaine, au fur et à mesure qu'elle s'étend, crée un cercle de relations commerciales de plus en plus vaste autour de la Méditerranée ; déjà les Phéniciens et les Carthaginois en avaient donné le modèle ; les Romains vont plus loin, parce que les armes, ici, prêtent le plus efficace concours aux transactions. L'empire devient, aux premiers siècles de l'ère chrétienne, la véritable unité économique. Mais ensuite les Barbares surviennent, et démembrent cette unité. On recule économiquement de dix siècles. Dans l'ancienne Gaule, c'est la simple *villa*, le domaine du grand propriétaire, qui prend le rang d'unité : car, au-delà de ses limites, on n'échange presque plus. Ultérieurement, la sécurité renaît. Les agglomérations urbaines se constituent. Les duchés et comtés s'unifient. L'unité économique est alors, tantôt la ville, tantôt la province. Un peu plus tard encore, la royauté organise l'unité nationale. L'expansion économique suit alors l'expansion politique. Mais de nos jours elle la précède. Et c'est ainsi qu'actuellement elle a établi, par le trafic international, une véritable unité humaine, alors que politiquement subsistent la diversité et l'antagonisme des Etats.

Voilà le schéma de l'évolution des cercles économiques dans notre Occident. Mais, vrai pour la France, il ne le serait déjà plus au même degré pour l'Allemagne, ni pour l'Italie, ni pour l'Angleterre. Il le serait moins encore pour le reste de l'Europe. Il deviendrait tout à fait inapplicable en dehors de ce continent. On doit donc bien se garder de le généraliser hâtivement. Ce qui est vrai seulement, c'est qu'on peut dire que, si l'on part d'un point choisi sur les rives européennes de la Méditerranée, on voit les communications et les échanges, d'abord limités au groupe le plus étroit, acquérir peu à peu de l'ampleur, s'étendre à des régions plus vastes, et ce mouvement d'expansion, quoique contrarié bien souvent au cours de l'histoire — une fois même complètement enrayé et annulé — prendre de nos jours une allure triomphale et devenir l'un des plus grands faits des temps modernes.

II

On a pu le remarquer, la considération qui vient d'être mise en avant, pour distinguer les phases successives de l'évolution économique, est tirée de l'examen des faits de circulation. En effet, les cercles successifs que cette évolution réalise, sont caractérisés par ceci, que chacun d'eux est une limite pour les échanges, soit de services, soit de produits. A l'origine, rien ne sort de la famille. Plus tard, les biens se communiquent, se vendent et s'achètent, se louent, s'héritent, au sein de la tribu, de la cité, de l'empire, dans le monde antique; du domaine, de la ville, de la province, de l'Etat, de l'humanité, dans le monde moderne. La circulation peut passer pour le premier phénomène économique qui ait été socialisé; car, tandis que la consommation et la production ont pu s'opérer d'abord individuellement, la circulation a toujours supposé le concours d'une pluralité de personnes ; c'est par elle qu'une répartition, même rudimentaire, a été rendue possible, et qu'une coopération a pu s'établir en vue de produire et de consommer. Elle a donc donné le branle aux autres phénomènes économiques, et voilà pourquoi ce sont ses progrès, comme on vient de le voir, ou plus exactement ses amplifications, qui ont marqué les grandes étapes sur la voie du développement général de la vie matérielle.

Ces remarques relèvent de la sociologie générale. Mais voici où l'économie politique proprement dite intervient. Elle observe que cet accroissement des échanges n'a pas seulement supposé chez les hommes un désir de relations plus étendues, mais qu'il a aussi impliqué un perfectionnement technique, la création de moyens d'échange nouveaux. Appliquant ses recherches à l'histoire de ces instruments d'échange, elle a distingué trois grandes phases dans cette histoire, qu'elle a appelées respectivement l'économie naturelle, l'économie monétaire et l'économie de crédit. Dans la première, l'échange se fait en nature, par simple troc. Dans la seconde, il s'opère au moyen d'un intermédiaire, la monnaie, le plus souvent métallique. Dans la troisième, la monnaie elle-même se voit remplacée par son symbole, le papier fiduciaire. Avec la double série des cercles successifs distingués tout à l'heure, l'économie naturelle correspond au cercle familial et pour partie au cercle de la tribu, dans le monde antique ; au cercle du domaine, dans le monde moderne. L'économie monétaire correspond au cercle de la cité, dans le monde antique ; aux cercles de la ville, de la province, de l'Etat, dans le monde moderne. L'économie de crédit apparaît dans l'antiquité, avec le rayonnement d'Athènes et la constitution de l'empire romain ; elle reparaît dans les temps modernes avec le progrès des grandes nations et prend un développement inouï dans les relations internationales.

Les économistes ont sous-distingué ces périodes. Par exemple, dans l'histoire de la monnaie proprement dite, ils ont noté bien des phases. Dans une première, la monnaie consiste en des têtes d'animaux vivants, ou en d'autres produits animaux et végétaux. Dans la seconde, apparaissent les métaux précieux : tantôt le cuivre, tantôt l'argent, tantôt l'or, tantôt deux d'entre eux ou tous les trois. Ces métaux sont employés en lingots, d'abord pesés, puis comptés, lorsqu'on eut appris à leur donner une consistance et une régularité suffisante. L'histoire de leur frappe présente mille particularités intéressantes. On comprend que nous ne puissions entrer ici dans aucun détail de cette sorte. Nous devrons négliger pareillement tout ce qui concerne le développement de la troisième époque. Il eût été certes facile de nous étendre sur les diverses formes qu'a prises le crédit, suivant la nature de la personne à qui il est fait : crédit à la consommation, crédit à la production, crédit aux collectivités et aux Etats ; suivant la nature et la qualité du prêteur : crédit par les commerçants, crédit par les banques, crédit par le public, crédit mutuel ; suivant les instruments juridiques par lesquels il se réalise : billet simple, billet à ordre, lettre de change, chèque, action, obligation, titre de rente, etc. Mais ce sont là des indications qu'on trouvera fort bien données dans les traités courants d'économie politique.

Ce que nous voulons faire remarquer seulement, c'est que les phases indiquées à l'instant ne se sont pas succédé l'une à l'autre à la manière des rois d'une dynastie. Chaque fois que le fait caractéristique d'une phase nouvelle apparaissait, les phénomènes propres à la phase précédente ne cessaient pas de se produire. Ils étaient seulement refoulés, leur sphère se rétrécissait et ils se voyaient confinés dans un domaine inférieur. Ainsi le troc n'a pas disparu lors de l'invention et la généralisation de la monnaie, et la monnaie n'a pas cessé d'exister par le fait de l'extension du crédit. De nos jours, dans nos pays, les trois procédés sont employés. Le crédit est l'âme des grandes affaires ; la monnaie métallique sert dans les transactions courantes ; l'échange en nature se fait souvent entre parents ou entre amis. Voilà même, ce nous semble, un assez bon exemple de la manière dont s'opèrent fréquemment les changements sociaux, par superposition de méthodes nouvelles plutôt que par suppression des méthodes anciennes, ce qui permet de comprendre pourquoi il y a, chez nous, tant de survivances du passé.

III

La production des richesses s'est effectuée sous l'action directe du facteur que nous avons signalé au début de ce chapitre. A l'origine, elle est toute familiale : les membres de la famille travaillent en commun pour se procurer les objets nécessaires à leurs besoins organiques. Mais peu à peu, avec l'accroissement de l'unité sociale, on voit la production se transformer. Les besoins grandissent chez chaque individu, le simple fait du contact avec des êtres plus nombreux ayant fait naître ceux qui tiennent à la vie de relation. En même temps, le nombre des individus associés s'est accru également. Il faut donc que les produits soient multipliés. Cela va entraîner la nécessité d'une division du travail entre co-associés. Tant que les tâches étaient infiniment simples, tous coopéraient à toutes. Désormais au contraire il y aura avantage à ce qu'elles soient spécialisées. Par exemple, il n'y avait pas place dans la famille primitive pour un fabricant d'armes, un fabricant d'habits, un fabricant de maisons. Mais, dans la tribu qui lui succède, il sera rationnel d'avoir un armurier, un tailleur et un maçon. Ici en effet il y a une demande suffisante des différents produits pour que la tribu ait intérêt à confier la fabrication de chacun d'eux à celui de ses membres qui y excelle le plus. Cette répartition des tâches n'est sans doute d'abord que partielle, les métiers les plus difficiles exigeant seuls une semblable spécialisation : on en a un exemple chez les tribus noires de l'Afrique contemporaine, où les professions de musicien et de forgeron sont seules complètement individualisées. Pour les autres travaux, chacun les exécute au besoin ou tout au moins y collabore, les plus habiles jouant seulement le rôle de guides, de directeurs du labeur collectif. Une nouvelle extension de l'unité sociale rend la spécialisation plus complète. Quand on en arrive au type de la cité, presque toutes les professions se constituent définitivement et s'isolent nettement les unes des autres. Le travailleur produit pour le marché et non plus pour la consommation domestique. On le sait avec précision pour Athènes et pour Rome. Avec la formation de l'empire romain, un essor nouveau est donné à la production. En effet, le marché pour les denrées agricoles et les créations de l'industrie devient immense. Les débouchés s'amplifient démesurément. De grandes entreprises s'édifient pour en profiter et on voit abonder les produits de luxe, les objets d'art, les livres, tous les signes d'une civilisation diffusée et généralisée. Un énorme recul se produit avec les invasions barbares. Vers le cinquième siècle, la production est retombée, dans l'unité domaniale, à une forme quasi-familiale, bien que toutes les conquêtes industrielles de l'antiquité n'aient pas été complètement oubliées. Il n'y a plus guère à subsister, en fait d'ateliers importants, que ceux qui servent à la fabrication des armes et des monnaies. On sait comment la production s'est relevée de cet état de ruine, avec la formation des villes et la constitution des corporations urbaines d'artisans. Cette fois encore, c'est le grossissement de l'unité sociale qui a permis le progrès de l'industrie. La ville assurait un débouché plus vaste que le village aux produits, et elle favorisait par suite leur création, donc aussi la différenciation de travailleurs aptes à les fabriquer. Ce phénomène prit une nouvelle ampleur, avec l'établissement des unités régionales, puis nationales. Il en reçut une extraordinaire, avec la formation contemporaine des rapports internationaux continus et pacifiques. Le travail s'est accru partout ; sur chaque point du monde, on a tenté de mettre en valeur les richesses naturelles du sol ; le rendement a été poussé au maximum, en vue de satisfaire à une demande croissante ; pour cela, on a spécialisé sans cesse davantage chaque ouvrier dans sa profession, afin de lui permettre d'y acquérir le plus haut point possible d'habileté, de rapidité et de fini dans l'exécution ; on lui a donné comme collaborateurs les animaux d'abord, les forces physiques ensuite ; on a mis une science consommée et une ardeur sans limites au service de l'œuvre productive (1).

IV

Pénétrons maintenant dans l'intimité du processus de la production. On peut se placer, pour faire cette étude, à de nombreux points de vue, assez différents

(1) Il commence même à s'organiser une sorte de division internationale du travail, chaque nation se consacrant spécialement à la tâche pour laquelle elle est le mieux armée. C'est ainsi que l'Angleterre a partiellement sacrifié le développement de son agriculture à celui de son industrie des transports maritimes.

les uns des autres, mais qui cependant se rencontrent les uns les autres partiellement. Nous en choisirons trois qui nous paraissent essentiels : celui de la liberté du travail, celui du groupement des producteurs, celui de la nature de l'outillage employé par eux.

Au premier point de vue, le monde antique nous offre un spectacle caractéristique. Le poids du travail producteur y est rejeté, autant que faire se peut, sur les esclaves. Il faudrait sans doute distinguer entre les périodes : le fait de l'esclavage paraît s'être étendu, et la condition des esclaves avoir empiré, dans le cours des temps, à mesure qu'on s'approche de cette sorte de point culminant du monde antique que marque le premier siècle de l'ère chrétienne. Il faudrait aussi distinguer entre les professions : l'agriculture n'était point réputée indigne de l'homme libre ; le commerce non plus, surtout le commerce en grand et le commerce maritime ; le travail industriel l'était seul, et même pas pour toutes les professions. Il faudrait enfin remarquer que le sort de l'esclave n'était pas toujours misérable : on sait que l'esclave né dans la maison jouissait d'une certaine familiarité auprès de son maître ; que les esclaves à Rome ont pu former des collèges ; que les *servi publici* y avaient une condition à plus d'un égard enviable ; que des affranchis ont gouverné l'empire, etc... Mais enfin, dans l'ensemble, l'assujettissement personnel de ces masses humaines, et la réduction de tous ces êtres au rang juridique des choses, objets du droit de propriété, ne sont pas faits pour nous donner le regret de l'organisation antique.

Le moyen âge ne connut plus l'esclavage, sauf pour certains captifs appartenant aux nations hors chrétienté. Mais il eut à sa place le servage. La condition du serf peut passer pour meilleure que celle de l'esclave. Car, d'un côté, il sort, non un maître, mais le sol; il est attaché à la glèbe, non à la personne ; il ne peut donc être vendu sans la terre, il est fixé à elle et il ne saurait jamais être privé de la subsistance qu'elle lui procure. D'un autre côté, sa personnalité est reconnue; il a une famille, ses liens de parenté sont sanctionnés par le droit; l'église chrétienne considère son âme comme l'égale de celle de tout autre homme. Mais il lui reste, dans la vie de tous les jours, assez d'infériorités écrasantes : il dépend étroitement, pour son travail, du propriétaire du sol, ou de la coutume souvent plus tyrannique qu'un individu; il ne peut ni se mouvoir, ni se marier sans autorisation; les tribunaux le traitent tout différemment de l'homme libre; il n'est admis, ni à porter les armes, ni à exercer aucun emploi public. Sa condition économique, dont on a parfois vanté la stabilité, est au contraire bien précaire, en raison des fléaux de toute sorte — guerres, pestes, famines — qui ont désolé ces temps si troublés.

Avec le développement de la vie urbaine, une classe nouvelle de travailleurs se constitue. Ce sont les artisans des métiers. Ceux-ci, en principe, sont des hommes libres. Mais l'organisation corporative crée pour eux des entraves nouvelles. Elle les divise en trois classes : maîtres, compagnons, apprentis. La corporation, en réalité, est une association de maîtres. Ceux-ci seuls collaborent aux règlements du métier et nomment parmi eux les jurés chargés de les appliquer. Le joug pèse lourdement sur les compagnons. Sans doute, il faudrait, ici aussi, distinguer entre les époques. La corporation semble n'avoir pas été, au début, aussi oppressive qu'elle le fut par la suite. Surtout elle était plus ouverte : le compagnon y devenait assez aisément maître à son tour. Peu à peu elle se ferma, les postes des maîtres y furent rendus presque héréditaires. Un antagonisme véritable surgit alors entre maîtres et compagnons. Des institutions diverses, telles que le compagnonnage et le « tour de France », ainsi que des grèves, assez nombreuses dès les approches de la Renaissance, attestent cette hostilité. Les maîtres, d'ailleurs, n'avaient pas que des avantages. Ils payaient le privilège attaché à leurs charges, au prix d'une réglementation qui se fit de jour en jour plus minutieuse, et qui parut surtout très lourde quand elle émana, non plus du pouvoir corporatif, mais de la royauté. L'initiative leur était interdite ; la concurrence proprement dite ne leur était pas ouverte. Le monde industriel ne connaissait donc pas la vraie liberté, plus que ne la connaissait le monde rural.

On sait que la Révolution, un instant devancée par Turgot, vint briser en France ces entraves. On sait aussi que son exemple a été suivi peu à peu dans les divers pays d'Europe, bien qu'il reste encore beaucoup à faire à cet égard dans l'Europe centrale et orientale. Mais on sait également que, peu d'années après que la liberté eut été ainsi assurée aux travailleurs, des circonstances nouvelles vinrent la compromettre et nécessiter une réglementation d'un tout autre genre. Pour les bien comprendre, il va nous falloir maintenant jeter un coup d'œil sur des phénomènes d'ordre différent, tenant au groupement des travailleurs et à la technique de l'industrie. Disons pourtant immédiatement qu'un point considérable est acquis : c'est la liberté des travailleurs *en droit*. Qu'importe le droit, dit-on quelquefois, si le fait est contraire ? que vaut une liberté dont on ne saurait user ? C'est fort mal raisonner, croyons-nous. La liberté de droit n'est pas une possibilité abstraite de faire idéalement telle ou telle chose. C'est d'abord cela, sans doute, mais c'est encore un ensemble concret d'actes effectifs par lesquels cette possibilité se traduit tous les jours. Choisir sa résidence, choisir son patron, se marier sans entraves, plaider en justice à l'égal de son employeur et de n'importe quel autre, voter dans des élections de tous genres pour qui il lui plaît, voilà ce que l'ouvrier français fait à son gré. Nous ne voulons point dire que ces avantages assurent à eux seuls le bien-être d'une existence, quoique, à coup sûr, ils y contribuent. Mais ils en font du moins la dignité. Et c'est ce qu'en France, à tort ou à raison — selon nous à raison — on met au-dessus de tout.

V

La production doit être envisagée maintenant à deux points de vue nouveaux, qui pour partie coïncident. Il y a lieu de se demander, d'une part, comment les travailleurs se groupent ; d'autre part, de quel outillage ils disposent. La seconde de ces deux questions domine à certains égards la première : car la nature de l'outillage commande parfois le mode de groupement. Nous devrons donc les associer dans une même recherche.

En revanche, nous devrons distinguer entre l'agriculture et l'industrie. L'évolution de ces deux branches de la production ne paraît pas avoir toujours été la même.

L'agriculture a commencé par le travail dispersé. Dans les primitives tribus helléniques ou italiques, on aperçoit de nombreux cultivateurs libres, mettant en valeur de minces domaines ruraux, avec l'aide simplement de leurs enfants et d'un ou deux esclaves. Les grands domaines ne naissent que plus tard, et c'est surtout à l'époque de l'empire romain qu'ils se rencontrent. Ces *latifundia* occupent un ample personnel servile ; mais ils tendent à substituer le pâturage au labourage. La ruine de la petite propriété libre a seule permis leur constitution, et leur extension est l'une des principales causes de faiblesse de l'empire. L'invasion barbare ne paraît pas avoir profondément changé cet état de choses dès le début. Le grand domaine se maintient, ainsi que l'assujettissement de la plupart de ceux qui y vivent. Seulement, peu à peu, ceux-ci passent de la condition d'esclaves à celle de serfs, rejoignant ainsi dans une demi-liberté, par un mouvement ascendant, d'autres habitants du même sol, les colons, qui sont arrivés au même état, au contraire, par un mouvement de descente. D'autre part, quand la sécurité commence à reparaître, le pâturage le cède de nouveau au labourage. Des communautés se sont établies entre co-villageois ; elles ont une sorte de personnalité collective légale ; elles en arrivent à limiter les droits des seigneurs. A partir de l'époque des croisades, les affranchissements se multiplient. Le paysan parvient progressivement à s'émanciper du châtelain. Puis il s'émancipe de la commune rurale elle-même. La propriété individuelle se constitue ainsi à son profit. Ce mouvement est grandement favorisé par la Révolution française, qui abolit les droits féodaux et fait passer aux mains des roturiers les anciennes terres nobiliaires ou ecclésiastiques. Au xix° siècle, malgré des tentatives de réaction, la division de la propriété va s'accroissant encore. Bien que les grands domaines se soient parfois reconstitués, le principe de « la terre aux paysans » prévaut de plus en plus. Le morcellement des propriétés, favorisé par la législation successorale, s'accentue, non sans inconvénient il est vrai pour la bonne exploitation du sol, mais aussi non sans profit pour la cause démocratique. Il en est du moins ainsi en France et dans les pays limitrophes. En Angleterre et dans nombre de régions de l'Allemagne la conservation des biens ruraux est souvent assurée aux mains d'un héritier unique, et en Russie subsiste la copropriété villageoise dont le *mir* est le bénéficiaire. Mais ces institutions sont fortement battues en brèche. Et au total on peut dire que l'Europe a vu se manifester, dans les temps modernes, une tendance à la dispersion dans les exploitations agricoles, au relâchement des liens étroits qui unissaient jadis les paysans d'un même terroir.

Dans l'industrie, il n'en va plus de même. Aux temps antiques, l'industrie a suivi la même marche que l'agriculture, passant de l'ordre dispersé à l'ordre concentré. Les artisans libres et isolés y cédaient peu à peu la place aux esclaves groupés ou aux corps réglementés. Sous l'empire romain, on voit établis de grandes manufactures et de vastes collèges d'artisans. Mais l'invasion barbare ruine tout cela. L'industrie recule, elle disparaît presque. Quand elle renaît, c'est sous la forme la plus modeste, par unités disséminées. Un homme acquiert-il de l'habileté dans quelque travail, il va mettre çà et là ses bras à la disposition de ceux qui en ont besoin ; ceux-ci lui fournissent les matériaux, il leur donne la forme, il est un simple façonnier : c'est ce qu'on a appelé l'époque du travail loué. Plus tard, les villes se développant et devenant des abris sûrs, les artisans y affluent : ils s'y groupent suivant leurs spécialités, et les corporations se constituent, ou, si l'on veut, se reconstituent sur un nouveau type, car elles n'ont rien de commun avec celles de l'empire romain. Mais, s'il y a ainsi rapprochement d'un nombre important de travailleurs dans chaque confrérie, pour l'exercice même du travail, le chiffre des coopérants est très limité. Il s'est formé des ateliers, mais ceux-ci ne comptent chacun que quelques individus : autour du maître, et vivant souvent sous le même toit, on trouve quatre ou cinq compagnons et d'ordinaire un apprenti. C'est le régime dit de la petite industrie. Une transformation se produit, à partir du seizième siècle, et se prolonge jusqu'à nos jours. C'est celle qui, de ce régime, fait sortir celui de la grande industrie. Elle a pour point de départ une modification de l'outillage productif. L'ouvrier du moyen-âge travaillait avec des outils mûs à la main, le plus souvent individuelle, de sorte que son habileté personnelle était le principal facteur de la qualité du produit. Mais depuis la Renaissance et grâce au progrès des sciences physiques, particulièrement au XVIIIe et au XIXe siècles, on inventa successivement une série de machines qui, au lieu de la force humaine, eurent comme moteurs la force des éléments : air, eau, vapeur, électricité. Il en résulta un bouleversement complet dans nombre d'industries. La production fut considérablement accrue, ce que permit l'extension du marché que nous avons précédemment signalée. Les petits ateliers durent se fondre en de grandes fabriques, les seules qui pussent donner place aux engins nouveaux. Beaucoup d'ouvriers perdirent leur occupation, la machine les remplaçant : ainsi se forma l'armée grossissante et redoutable des sans-travail. D'autre part, la distance s'accrut entre les ouvriers conservés par l'industrie et leurs employeurs : les installations nouvelles exigeant de considérables dépenses, il fallut monter par actions les entreprises industrielles ; leurs directeurs ne furent plus que des salariés, la propriété étant aux mains de sociétés le plus souvent anonymes ; par suite les intéressés à l'industrie se trouvèrent divisés en deux groupes profondément séparés, d'innombrables travailleurs et de peu nombreux capitalistes, groupes qui, vivant de deux existences presque sans contact, ne purent guère que s'opposer l'un à l'autre. Cette opposition s'accentua, lorsque les travailleurs manuels, ayant conquis le droit de coalition, formèrent entre eux des syndicats, et que, par l'action de ceux-ci et par la propagande socialiste, se développa parmi eux une « conscience de classe » et une solidarité étroite jusque par delà les frontières. La lutte incessante des employeurs et des employés constitue le péril social le plus grave peut-être que connaisse le temps présent.

En somme, au cours du xix° siècle, on a vu se marquer un mouvement de déconcentration dans l'agriculture et un mouvement inverse de concentration dans l'industrie. Peut-on prévoir si ces mouvements sont destinés à durer et à s'amplifier encore, ou au contraire à s'arrêter dans un avenir prochain ? Sans vouloir entrer sur le domaine de l'art, c'est-à-dire sans chercher ce qui devrait arriver pour que tout allât au mieux, la science peut se demander ce qui probablement arrivera, si les forces actuellement en jeu continuent à opérer et s'il n'en surgit pas d'inconnues. Et voici alors ce qu'elle aperçoit. D'une part, l'agriculture va s'industrialisant ; les procédés mécaniques y pénètrent chaque jour davantage. Il est donc vraisemblable qu'elle connaîtra bientôt à son tour une période de concentration, dont le progrès actuel des syndicats agricoles est du reste un indice remarquable. Elle aura de la sorte accompli le même processus évolutif que l'industrie, simplement avec un certain retard tenant aux conditions de la vie rurale, toujours moins favorables au progrès que celles de la vie urbaine. Mais, d'autre part, on peut penser qu'à son tour l'industrie réagira contre les inconvénients d'une concentration excessive. Si, par exemple, on arrive à distribuer commodément et à peu de frais la force motrice aux domiciles de travailleurs isolés, les industries domestiques pourront refleurir, et toutes les conditions économiques de nos sociétés se trouveront transformées. Seulement, les efforts tentés en ce sens ne paraissent pas bien près d'aboutir, quoique les statistiques les plus récentes montrent la persistance et à certains égards le développement de la petite industrie.

VI

Le problème de la répartition, sous sa forme la plus générale, la seule que doive connaître la sociologie, se pose à son tour. Etant donné qu'une société dispose d'une quantité déterminée de richesses, à qui ces richesses vont-elles revenir ?

Les sociétés primitives semblent très généralement, à quelque région du globe qu'elles appartiennent, l'avoir résolu comme suit. Les richesses sont la propriété commune du groupe social. Si elles constituent un bien durable et susceptible d'une utilisation continue, — terre cultivée ou pâturée, troupeaux, maisons, barques, etc..., — elles ne sont pas partagées entre les individus, mais exploitées par eux en commun. Si au contraire elles ne sont susceptibles que d'une consommation immédiate, si elles sont de celles qui se détruisent par le premier usage qu'on en fait, — fruits spontanés du sol, produits de la chasse et de la pêche, moissons, etc..., — elles sont attribuées aux individus d'après des règles qui tiennent compte à la fois, et suivant des proportions variables avec les espèces : du principe d'égalité absolue et mathématique, du droit du premier occupant ou du créateur du produit, du droit du chef du groupe s'il y en a un, du droit des plus forts le plus fréquemment, du droit des plus faibles en quelques rencontres.

A ce régime de propriété collective, se substitue plus tard un régime de propriété individuelle. Les biens de toute nature se divisent entre les personnes. Et cette division est trop souvent l'œuvre, non d'un accord des divers intéressés, mais de la violence ou de la ruse. Les plus forts ou les plus habiles s'emparent de ce qui leur convient. Il semble que le principe de la propriété individuelle ait pu s'établir assez aisément pour les biens mobiliers, puisque dès les temps primitifs l'usage en était personnel, et qu'ensuite il se soit étendu, mais en rencontrant plus de résistance, aux immeubles. Dans le droit romain, nous trouvons dès le début de la période historique l'affirmation la plus énergique du droit de propriété des individus sur les meubles, et ce droit s'étend jusque sur des êtres humains, les esclaves, et dans une certaine mesure, les enfants *in potestate* et les femmes *in manu* ; mais les domaines immobiliers de l'Etat sont très considérables. Plus tard, par une série de distributions et surtout d'usurpations, les particuliers mettent la main sur ces domaines. A l'époque dite classique du droit romain, cette appropriation est un fait accompli, et l'ancien état de choses ne se manifeste plus que par des survivances. Mais la décadence de l'empire et l'invasion barbare amènent la ruine de la propriété privée et, comme corollaire, la reconstitution de la propriété publique, soit aux mains du trésor, soit en celles des églises. Avec le rétablissement de la paix publique et la reprise du travail, la propriété privée mobilière se développe de nouveau dans les villes ; peu à peu, dans les campagnes aussi, le régime de l'appropriation individuelle prévaut à son tour une seconde fois. De nos jours, plus des neuf dixièmes du sol de la France lui sont soumis.

Seulement, cette propriété privée, qui en sera le maître ? On se la dispute ardemment, et c'est elle qui soulève les plus aigus de tous les conflits. Dans nos sociétés contemporaines, les économistes distinguent quatre catégories d'hommes qui se partagent les richesses : les propriétaires fonciers, les propriétaires mobiliers ou capitalistes, les entrepreneurs, les ouvriers. Les gains qui leur reviennent s'appellent respectivement, en langage technique : la rente du sol, le revenu, le profit, le salaire. La rente et le revenu dérivent du fait de la propriété, de la richesse consolidée ; le profit et le salaire sortent du travail, de la richesse en formation. Nous n'entendons ici, ni évaluer le montant de ces diverses sortes de gains, ni discuter leur légitimité. C'est affaire, pour la première question, à la science, pour la seconde, à l'art économique. Constatons seulement le conflit permanent qui règne entre les séries de copartageants. Nous l'avons déjà vu se produire, dans le monde industriel, entre les détenteurs du capital et les représentants du travail, auxquels les chefs d'entreprise ne peuvent plus autant qu'autrefois servir d'intermédiaires et de conciliateurs. Mais il existe aussi dans le monde agricole, où le propriétaire foncier est souvent le débiteur du capitaliste urbain ; où souvent il afferme son bien, ce qui n'est pas sans faire naître des difficultés entre le titulaire de la propriété et le fermier, chef de l'entreprise culturale ; où l'entreprise elle-même doit compter avec les exigences du travail salarié. Il y a donc partout prétentions contraires et conflits. Tant que les débats restent pacifiques, c'est par le jeu de la loi de l'offre et de la demande qu'ils se résolvent. Les services de chaque partie s'apprécient d'après l'état du marché, suivant la facilité que trouve à se les procurer celui qui en a besoin. Mais c'est là un critérium tout empirique, donnant les résultats les plus variables suivant les lieux et les moments. Il semble qu'il en faille chercher un plus rationnel et plus équitable, dans la valeur intrinsèque des services rendus par les divers copartageants. Seulement alors, ce n'est plus uniquement sur le taux de la rémunération de certains services, c'est sur le principe même de sa légitimité qu'on discute. Les travailleurs disent qu'eux seuls créent les produits et seuls par suite devraient en bénéficier. Les propriétaires répondent que, s'ils ne mettaient pas leurs capitaux à la disposition des ouvriers, ceux-ci ne pourraient rien produire. Sans doute, répondent les ouvriers, mais d'où vient ce privilège, que détiennent les propriétaires, de posséder seuls le capital ? N'est-ce pas une spoliation de tous au profit de quelques-uns ? Non, leur réplique-t-on : les propriétaires tiennent leur avoir des titres les plus légitimes : l'achat, l'héritage, l'épargne. Mais, disent les travailleurs, pourquoi ne sommes-nous pas mis, nous, par les conditions sociales courantes, en mesure d'épargner ? Pourquoi la loi reconnaît-elle, sous la forme de l'héritage, un avantage au seul fait de la naissance ? Pourquoi la propriété, usurpée par un individu sur la collectivité, devient-elle licite entre les mains de son ayant-cause, par la vertu de l'achat? On voit tout ce qu'il y a là de revendications aiguës et de combats imminents.

Qui trouvera la règle de justice et de paix sociale apte à prévenir ceux-ci et à calmer celles-là ? Des doctrines nouvelles croient pouvoir la donner. Et comme elles comptent parmi les faits sociaux les plus considérables du temps présent, il nous faut nous y arrêter un moment, non pour les juger, mais au moins pour en donner les principes.

VII

De toutes les doctrines auxquelles nous venons de faire allusion, la principale, celle qui peut être considérée comme la plus importante à l'heure présente, est le collectivisme. Il y a bien des manières d'entendre et d'interpréter le collectivisme. Mais, pour tous ses adeptes, il implique certaines propositions capitales, dont voici l'indication aussi résumée que possible.

La société actuelle se divise en classes, caractérisées par leurs rapports différents avec la richesse. Les unes possèdent, les autres ne possèdent pas. Il y a plusieurs catégories de possesseurs (aristocratie ; haute, moyenne, petite bourgeoisie urbaine ; grands et moyens propriétaires fonciers) et plusieurs catégories de non possesseurs (travailleurs intellectuels, travailleurs manuels, à la ville et à la campagne). Ces classes sont toutes en un état de lutte permanente les unes contre les autres. La première réforme à opérer est celle qui supprimera la cause fondamentale de leur antagonisme. Pour cela, il faut porter résolument atteinte au principe de la propriété privée. Celle-ci n'est légitime qu'en tant qu'elle est la consécration et la récompense du travail personnel. Elle est abusive en tout autre cas, et elle devient même oppressive lorsqu'elle constitue, pour celui qui la détient, une main-mise sur les objets nécessaires à la production ; car alors, il lui suffit de placer ceux-ci à la disposition des travailleurs pour en retirer lui-même, sans aucun effort, une rétribution prélevée sur le produit de leur activité. Veut-on couper court à cet abus ? on doit socialiser les instruments de production : sol, mines, usines, outillage mécanique. Suivant les divers théoriciens, l'expropriation des possesseurs actuels sera plus ou moins complète, elle se fera en plus ou moins de temps, elle comportera ou non une indemnité, elle s'opèrera au profit de la commune ou de l'État. Mais, pour tous, les choses sur lesquelles elle portera seront désormais la propriété inaliénable d'une collectivité représentant les intérêts généraux, laquelle les mettra gratuitement à la disposition des travailleurs. Chacun de ceux-ci sera admis à en user dans la mesure de ses capacités et des besoins sociaux, et il recevra en récompense de sa peine et du service rendu à tous le produit intégral de son travail ou son équivalent en satisfactions de toute sorte. Il pourra économiser ses produits et même les léguer à ses enfants, mais des précautions seront prises pour que jamais cette propriété légitime des produits ne puisse se transformer en une propriété oppressive des moyens de production. Par cette solution, le collectivisme croit pouvoir concilier ce qu'il y a d'utile dans le principe de la propriété sociale, garantie de l'égalité entre concitoyens, et ce qu'il y a d'avantageux dans le principe de la propriété individuelle, garantie du travail et de l'effort de chacun.

La socialisation des moyens de production aura encore, aux yeux de ses défenseurs, un autre avantage que sa portée égalitaire. Elle permettra l'adaptation de la production à la consommation, à la demande des produits. L'autorité publique, renseignée par la statistique sur les besoins des consommateurs, fera mettre en mouvement l'outillage national aussi complètement que cela sera nécessaire pour satisfaire ces besoins, et juste dans cette mesure. Il n'y aura donc plus ni manque de produits, ni surproduction. Ainsi seront évitées les crises économiques, si fréquentes dans l'ordre de choses actuel. Cette même autorité publique présidera aussi à la répartition des richesses. Elle fixera la valeur de chaque travail d'après sa productivité sociale, et elle veillera à ce qu'un juste équivalent soit fourni à l'auteur de ce travail. En principe, chacun restera maître de choisir sa carrière. Mais, si les nécessités publiques l'exigent, tout citoyen pourra être réquisitionné temporairement pour accomplir une tâche socialement indispensable. Ainsi la vie économique de la société se trouve organisée administrativement. L'exercice des professions qui en relèvent, agriculture, industrie, transport, commerce, devient une véritable fonction publique. On introduit en ces matières la rigoureuse coordination qui existe aujourd'hui dans les corps officiels. Mais cela n'a rien de contraire, disent les collectivistes, à la vraie liberté. L'autorité publique est armée de pouvoirs considérables, sans doute ; seulement elle est l'émanation directe de la nation ; elle est entièrement issue de l'élection ; tous ceux qui l'exercent doivent leurs pouvoirs au peuple, et ces pouvoirs, qui d'ailleurs se limitent et se contrôlent les uns les autres, sont temporaires et révocables ; il n'y a donc pas à craindre qu'ils en abusent.

Malgré ces affirmations, une telle organisation paraît oppressive à un certain nombre d'autres réformateurs, partisans également d'une refonte de la vie économique, mais en un autre sens : les communistes anarchistes. Ceux-ci demandent aussi la suppression de la propriété privée, mais d'une façon plus radicale ; ils veulent la socialisation des moyens de production, mais ils réclament en outre la socialisation des produits. Toutes les richesses de tout genre appartiendront à un groupe social, mais ce sera un groupe restreint, la commune. Chacun puisera dans cette masse au gré de ses besoins ; s'il se produit des abus, la commune fera un règlement, en rationnant chacun, mais en ménageant surtout les droits des plus faibles. Quant au travail, il s'exécutera librement, sans contrainte, sans autorité, par l'effet de l'utilité sociale comprise et voulue par tous. Comme il n'y aura plus ni exploiteurs ni exploités, chacun travaillera volontiers à son profit et au profit de tous ses coassociés. L'ensemble des besoins factices qui tiennent au désir de la supériorité ayant disparu, chacun aussi modérera sans effort ses souhaits, et la vie économique, en devenant plus simple, deviendra plus rationnelle.

Discuterons-nous ici ces thèses ? Ce ne serait pas notre rôle. Car une semblable discussion relèverait de l'art, et nous ne devons point sortir du domaine de la science. La seule chose que la science ait le droit de faire, en ce qui concerne l'avenir, ce n'est point de chercher quel il devrait être, c'est de prévoir quel il sera vraisemblablement, d'après les indications fournies par l'état présent. La prévision à longue échéance est certainement interdite en ces matières, car nul ne peut raisonnablement parler de ce qui arrivera dans cent ans, vu l'extraordinaire rapidité des transformations économiques accomplies au cours du XIXe siècle. Reste la prévision à court terme. Eh bien, il ne nous semble pas que le collectivisme, et encore moins le communisme, soient près de triompher. Dans aucun des grands pays d'Europe et d'Amérique, les élections aux Parlements ne leur ont donné la majorité ; le second même n'a aucune organisation politique et s'interdit d'en avoir. Or, comme ce n'est qu'en mettant pacifiquement la main sur les pouvoirs publics qu'ils pourraient espérer un succès durable, on voit que leur victoire semble encore loin. Toutefois, dès à présent, le collectivisme a des adeptes nombreux, ardents, quelques-uns pleins de talent ; c'est une minorité avec laquelle il faut partout compter. Sous sa pression ont déjà été votées de nombreuses lois, qui eurent pour but et pour effet d'améliorer le sort des ouvriers. Et les idées qu'elle met en avant sont de nature, en passant progressivement dans la législation, en perdant leur exagération par la résistance des partis adverses, à y introduire plus de justice pour les humbles et plus de pitié pour les déshérités de la fortune.

CHAPITRE VIII

LA VIE FAMILIALE

I. *Différents types de familles.* — II. *Organisation et transformations de la famille monogame.*— III. *Rapports de la vie familiale avec les autres faits sociaux.*

I

La fonction de reproduction tient, dans la vie individuelle, la place intermédiaire entre la fonction de nutrition et la fonction de relation. Par suite, dans la vie sociale, les phénomènes d'ordre génésique, qui procèdent de la fonction de reproduction, viennent entre les phénomènes économiques, issus de la fonction de nutrition, et les phénomènes multiples qui dérivent de la fonction de relation, les mœurs, la religion, la science, l'art, le droit, la politique. Mais tout, dans la vie sociale, est infiniment plus complexe que dans la vie individuelle. Le phénomène génésique proprement dit y est entouré d'une foule d'autres faits connexes. La reproduction a comme antécédent normal l'amour, elle a comme corollaire naturel la vie en commun prolongée du couple et l'éducation des rejetons qui en sont issus.

Du moins il en est ainsi dans notre civilisation présente ; mais ce sont des faits qui n'ont pas toujours eu entre eux cette liaison. Nous devons les étudier tour à tour.

Le fait saillant, celui qui domine les autres en ces matières, est, si l'on peut ainsi dire, d'ordre quantitatif. Les indications numériques servent souvent à fixer les idées, en résumant des données complexes ; c'est l'avantage courant des statistiques. Ici il y a plus : elles sont vraiment révélatrices, car elles atteignent le point central de toute la question. Combien un homme, combien une femme peuvent-ils, dans un état donné de civilisation, contracter d'unions *légitimes* ? En d'autres termes, d'après la législation ou (si l'on est en un de ces pays où la législation est purement coutumière, mais non moins impérative pour cela) d'après la coutume, combien un même homme peut-il avoir à la fois d'épouses, et combien une même femme peut-elle avoir simultanément de maris ? Là est le problème fondamental. L'on voit immédiatement, par sa position même, combien le fait social envisagé est différent du fait physiologique correspondant. La nature ne permet à l'homme l'union physiologique, à un moment donné, qu'avec une seule femme ; mais elle la lui permet, à des moments successifs, avec un nombre de femmes indéfini. La société, elle, permet ou non l'union légale simultanée avec une pluralité de femmes qui n'est jamais indéfinie ; mais, si elle la défend, elle interdit du même coup l'union successive, hors le cas de veuvage ou de divorce.

Il est impossible de dire, dans l'état actuel de la science, et peut-être sera-t-il toujours impossible de préciser quelle a été la solution primitive adoptée par l'humanité sur le problème que nous venons de poser. De même, on ne peut pas établir avec certitude la façon dont les réponses ultérieures se sont succédé les unes aux autres. Suivant certains auteurs, il y aurait un enchaînement, toujours le même, de formes par lesquelles l'évolution, en ces matières, aurait partout passé. Suivant d'autres, dont l'opinion nous paraît plus vraisemblable, les divers groupes humains auraient fait des expériences variées : toutes les combinaisons possibles auraient été essayées, adoptées et conservées ici, adoptées puis modifiées ailleurs, rejetées décidément en d'autres endroits, etc... ; l'histoire des institutions matrimoniales et domestiques serait, de la sorte, essentiellement multiforme. Nous ne prétendrons donc pas donner le schéma général des transformations de la famille. Nous voudrions seulement indiquer les grands types d'organisation qu'elle a connus au cours des siècles.

Il paraît vraisemblable qu'il n'y eut à l'origine aucune règle fixe en ce qui concerne les unions sexuelles. C'est cette période qu'on a appelée celle de la « promiscuité primitive ». Mais ensuite on vit, sous l'empire de facteurs qui ne sont pas pleinement élucidés, se dessiner un mouvement en faveur de la réglementation. Il aboutit, suivant les circonstances, à faire adopter des principes qui rentrent, à prendre les choses dans l'ensemble, en l'un ou l'autre des quatre types suivants :

1º *Le mariage par classes*. — Dans ce système, la tribu est divisée en deux, quatre ou huit classes d'hommes et en autant de classes de femmes. Chaque classe d'hommes correspond à une classe de femmes. L'homme d'une classe peut prendre pour épouses toutes les femmes de la classe correspondante, et même il les a toutes pour épouses, au moins virtuellement, en ce sens qu'aucune d'elles ne doit lui refuser les services conjugaux. En revanche, toute union même passagère lui est sévèrement interdite avec les femmes des autres classes. Dans le détail, cette organisation est extrêmement complexe. Il faut notamment tenir compte de ce que cette division matrimoniale de la tribu en classes doit se combiner avec une autre division, celle-là économique et politique, de la même tribu en clans. Mais nous ne saurions entrer ici dans l'examen de tous les aspects particuliers que revêt ce type matrimonial. Contentons-nous de dire que, avec lui, les enfants se rattachent, tout naturellement, beaucoup plus à leur mère qu'à leur père. Le plus souvent même, le père n'est pas connu : étant l'époux collectif de toutes les femmes de la classe, il n'est l'époux individuel d'aucune d'entre elles. Les enfants des femmes de cette classe donnent donc le nom de père, indistinctement, à tous les hommes de la classe qui correspond à celle de leur mère. Ils donnent aussi le nom de mère à toutes les femmes de la classe à laquelle appartient leur mère. Naturellement ils savent distinguer leur mère véritable, puisque celle-ci les a élevés. La mère est ainsi, en un certain sens, le centre de la famille. Pourtant il ne faudrait pas croire qu'elle y exerce l'autorité. On l'avait pensé tout d'abord, et Bachofen, qui le premier mit en lumière cette organisation, l'avait désignée par le terme de *Mutterrecht*, que ses émules français remplacèrent par celui de matriarcat. Mais c'était une vue inexacte. Dans les stades de culture inférieurs plus encore que dans tous les autres — et ceux auxquels correspond ce type de mariage sont parmi les moins élevés — l'homme seul détient le pouvoir, de par la supériorité de sa force physique. Ici donc, l'autorité sur les enfants n'est pas exercée par la mère. Elle ne l'est pas non plus, évidemment, par le père véritable, puisqu'il demeure inconnu. Elle l'est par l'oncle maternel. Il y a en effet dans la tribu, pour chaque classe de femmes, une classe d'hommes, qui lui est unie par un lien de fraternité. C'est un lien inverse du lien de mariage, en ce sens qu'aucun homme de cette classe-ci ne peut épouser une femme de cette classe-là. Et les rapports individuels entre membres des classes unies par la fraternité sont plus précis et plus reconnus par la coutume légale que les rapports individuels entre membres des classes unies par le mariage. La femme n'a pas de mari propre, puisque tous les hommes d'une classe ont sur elle des droits conjugaux. Mais elle a des frères propres (parmi tous les hommes qui portent vis-à-vis d'elle le nom de frère, étant de la classe fraternelle à la sienne) : ce sont ceux qui sont issus de la même mère et qui ont grandi auprès d'elle. Ceux-là habitent d'ordinaire la même hutte qu'elle. Ils sont associés à toute sa vie domestique. Il est donc tout naturel qu'ils exercent sur ses enfants — lesquels, encore une fois, ignorent leur père véritable — une autorité qu'on peut qualifier de paternelle. Et sur elle-même, vraisemblablement, vu la rudesse des mœurs propres à ce type, ils ont aussi une autorité qui, à la seule exception du droit d'union sexuelle, embrasse tous les droits.

2° *La polyandrie.* — Dans ce type matrimonial, dont l'Hindoustan ancien et même actuel offre plusieurs exemples, il y a encore union collective, mais dans une mesure plus restreinte. Une même femme a légalement plusieurs époux, le plus souvent frères ou parents l'un de l'autre. Ce type s'est développé surtout chez les peuples où les femmes sont moins nombreuses que les hommes, non pas par l'effet d'une cause biologique — l'excédent des naissances masculines n'étant nulle part très considérable — mais par suite de la pratique de l'infanticide des filles. Cette barbare coutume paraît tenir souvent à la pauvreté du milieu et au peu de ressources qu'il fournit aux groupes humains. Quoi qu'il en soit, dans ce régime, la mère est encore, forcément, le centre de la famille ; ses enfants vivent groupés autour d'elle, sans savoir d'ordinaire quel est leur père véritable. Ils donnent le nom de père à tous les époux de leur mère. Mais ce cercle est bien plus restreint que dans le type précédent. Les quelques époux d'une même femme peuvent ici vivre avec elle et exercer l'autorité sur elle et sur ses enfants, mais une autorité que nécessairement ils se partagent entre eux. Parfois des présomptions légales servent à déterminer auquel d'entre eux chacun des enfants de cette femme sera rattaché.

3° *La polygamie.* — C'est le régime inverse de celui de la polyandrie. Ici un même homme a légalement plusieurs femmes. Cette pratique, fréquente dans les sociétés dites sémitiques, ne serait pas normalement possible dans la population tout entière d'un vaste État. Mais elle l'est dans un cercle restreint d'individus. D'ordinaire elle est réservée à une aristocratie, sinon en droit, du moins en fait. L'époux exerce une pleine autorité sur ses diverses femmes, qui sont souvent de rangs inégaux. Il en a une semblable sur les enfants issus d'elles toutes. Seulement ceux-ci sont le plus souvent élevés, non pas en commun, mais chacun par sa mère. Il en résulte que, dans l'ensemble des fils d'un même homme, il y a plusieurs groupes à distinguer ; on ne se sent frères que dans l'intérieur d'un de ces groupes, on se hait souvent de l'un à l'autre. La mère est encore le centre de chacun de ces groupes, et c'est toujours autour d'elle, comme dans les types matrimoniaux précédents, que les enfants se pressent. Mais elle n'est plus, évidemment, le centre de la famille. Ce rôle revient toujours au père qui est le chef commun des divers groupes formés par ses différentes femmes et leurs enfants. Son autorité s'exerce sur tous ces groupes, et souvent de la façon la plus despotique.

4° *La monogamie.* — Ce régime matrimonial est celui qui prévaut dans les civilisations les plus élevées. Ici, légalement, chaque homme ne peut avoir qu'une épouse, et chaque femme qu'un mari. Les enfants se rattachent par un lien égal à leurs deux auteurs. Le pouvoir familial est, ici encore, entre les mains du père. Mais la situation morale de la mère est souvent très grande. — Nous allons, dans les explications qui vont suivre, nous confiner dans l'examen de sociétés où prévaut la monogamie. Ce sont elles qui constituent ce principal noyau des peuples civilisés que nous avons défini précédemment et auquel se sont appliqués la plupart de nos développements antérieurs. Nous chercherons ce que sont chez lui la composition du groupe familial, son étendue, le principe de sa cohésion, la nature du lien qui unit les époux entre eux et qui les rattache à leurs enfants.

II

Quand on considère l'évolution qu'a subie la famille dans le monde aryen occidental depuis vingt-cinq siècles, on y relève assez vite trois phénomènes caractéristiques : l'un est d'ordre quantitatif, les deux autres sont d'ordre qualitatif.

Le premier et le plus sensible extérieurement, c'est la réduction progressive du nombre des unités composant le groupe familial. Le γένος des Grecs, la *gens* des Romains, comptent beaucoup plus de membres que la famille moderne. Ce n'est pas, évidemment, qu'un homme ait aujourd'hui, biologiquement parlant, moins de parents qu'autrefois. Mais il en a moins, psychologiquement et socialement parlant. En d'autres termes, le lien qui dérive de la naissance s'étend moins loin, aux yeux tout à la fois du sentiment et de la loi. L'*agnatio* romaine ne reliait entre eux que les descendants par les mâles d'un même homme, elle laissait hors de ses prises les descendants par les femmes. Mais ces descendants par les mâles, elle les embrassait tous, quelque éloigné que fût leur degré de parenté en ligne directe ou collatérale. Sans doute, au sein de la *gens* ainsi constituée, on distinguait des maisons particulières ; mais l'unité de l'ensemble n'en était pas brisée. Aujourd'hui, au contraire, cette unité a presque disparu. Ces maisons particulières, dont nous venons de parler, sont devenues les familles véritables ; ce sont elles qui constituent les groupes sociaux primaires. Le couple uni par le mariage, ses enfants et petits-enfants, voilà tout le contenu de la famille moderne. Au-delà ne s'étend plus qu'une parenté assez vague, dont la loi et les coutumes (surtout les coutumes cérémonielles) tiennent encore un certain compte, mais qui tend chaque jour davantage à s'effacer dans l'ombre et à passer au rang de simple souvenir.

Un second phénomène se rattache très intimement à cette diminution numérique de la famille à travers les âges, et peut-être, bien qu'il ne s'aperçoive qu'à travers elle, en est-il la cause véritable. Nous voulons parler de l'affaiblissement de la solidarité entre les membres de la famille. Cet affaiblissement se marque de toutes les manières. Economiquement, la famille antique a longtemps formé une unité se suffisant à elle-même, produisant presque tout ce dont elle avait besoin, et, si elle échangeait ses produits avec un autre groupe, le faisant pour son compte collectif. Aujourd'hui, au contraire, chaque membre de la famille est à soi seul, bien souvent, une unité économique ; les divers parents ont des métiers différents, ne se reliant en rien les uns aux autres, mais reliés chacun à des métiers exercés par des étrangers ; les gains que ces parents font ainsi sont acquis à chacun d'eux individuellement, et ils ne les mettent en commun que s'ils le veulent bien ; enfin, si l'habitude de consommer ensemble s'est souvent maintenue, elle s'est aussi perdue sur bien des points. Religieusement, la famille antique avait ses dieux privés, les mânes des ancêtres, les lares protecteurs du foyer domestique ; rien de semblable n'existe plus aujourd'hui, et les membres d'une même famille appartiennent parfois à des confessions religieuses différentes. Juridiquement, dans les coutumes des anciennes cités grecques et italiques, dans celles des tribus germaniques et des royaumes barbares, une étroite solidarité unit tous les membres de la famille lors des procès criminels (pour la répression des outrages) ou civils (pour l'acquittement des dettes) ; actuellement, les conséquences des délits et celles des engagements pécuniaires ne frappent que leur auteur même, sauf le cas où il serait mineur. Politiquement, enfin, la cité antique était faite de familles : c'était la famille qui figurait dans les assemblées populaires et qui y votait collectivement ; l'Etat moderne est, au contraire, composé d'individus ; c'est l'homme isolé qui est le sujet, le titulaire des droits civiques et politiques, c'est lui qui est électeur et par son bulletin de vote détermine l'orientation de l'Etat. Ainsi l'ancienne unité de la famille s'est rompue à tous les points de vue. Naturellement l'effet de cette désagrégation a été de détacher d'abord du tronc familial les branches les plus éloignées. Les collatéraux se sont séparés ; seul les ascendants et descendants sont demeurés liés. C'est le phénomène que nous constations tout à l'heure, quand nous parlions de la diminution du nombre des individus composant la famille. Mais ce n'est pas la seule conséquence de ce recul de la solidarité familiale. Même entre parents en ligne directe, il s'est fait sentir. Les descendants sont aujourd'hui moins étroitement rivés à leurs ascendants qu'autrefois. Les transformations économiques, religieuses, juridiques, politiques, que nous signalions il y a un instant, ont opéré pour eux aussi. Même moralement et intellectuellement, ils sont plus autonomes que jadis. Chaque génération a maintenant son esprit à elle, tandis que dans l'antiquité c'était chaque famille qui l'avait. Cet esprit de la génération est dû à l'éducation en partie commune que reçoit toute la jeunesse de la nation et à la diffusion aujourd'hui rapide des mêmes impressions à travers tout le corps social. Sa formation a pour effet de rapprocher les contemporains, membres des diverses familles, mais aussi d'éloigner les unes des autres les générations successives d'une même famille. Celle-ci se voit de la sorte, même dans le cercle étroit des proches parents auquel elle se réduit désormais, atteinte jusqu'aux principes profonds de sa cohésion.

Enfin, il est un troisième caractère que manifeste cette évolution de la famille occidentale. Cette cohésion, que nous venons de voir diminuer, prenait aux temps antiques une expression concrète, se matérialisait en quelque sorte dans le pouvoir que les mœurs et la loi attribuaient au chef de la famille, dans l'autorité paternelle. Après ce que nous avons dit, on peut s'attendre à ce que cette autorité se soit singulièrement restreinte avec le temps. C'est ce qui s'est produit en effet. Rien n'est plus instructif à cet égard que de comparer la situation faite au *pater familias*, dans les premiers siècles de la république romaine, avec la situation faite au père de la famille dans le droit français contemporain. Le premier est souverain dans sa maison, et souverain à peu près absolu. Son autorité s'étend sur tous ceux qui sont issus de lui, sauf s'ils sont sortis de la famille par le mariage. Elle embrasse les petits-enfants et les arrière-petits-enfants tout comme les enfants immédiats. L'âge n'en exempte personne. Elle porte d'ailleurs aussi sur l'épouse même du chef de famille, sur la femme *in manu*. Sous sa double forme de puissance paternelle et de puissance maritale, elle est à fort peu de choses près égale à la puissance dominicale, à celle que le chef de famille exerce sur ses esclaves. Elle comprend le droit de commandement dans son sens le plus large, le droit de correction, le droit de vente, le droit de mort. Au cours des temps, ces pouvoirs s'amoindrirent. La cité agit sur la famille pour lui imposer son contrôle. L'autorité publique grandissante réfrène l'autorité domestique. Sous l'empire romain, bien des décisions du souverain restreignent les prérogatives du père. La philosophie antique leur avait porté certains coups. Le christianisme leur en porta quelques autres. Les coutumes barbares étaient également plus favorables que le vieux droit romain à l'indépendance individuelle; aussi, dans le nord de la France, pays de coutumes, l'autorité paternelle se vit limitée plus que dans le midi, pays de droit écrit. Toutefois le moyen âge la connut partout dure et oppressive. Mais, avec le progrès de la royauté et son triomphe sur la féodalité, elle fut mise en échec une seconde fois. L'Etat, à nouveau, voulut contrôler la famille. Et, de même qu'aux temps de l'empire romain, la philosophie vint, au xviiie siècle, élever la voix en faveur des assujettis. Elle triompha avec la Révolution française. Le code civil de Napoléon fut, il est vrai, un retour partiel aux anciennes idées, une transaction entre elles et les principes émancipateurs. Mais ceux-ci reprirent le dessus au cours du xixe siècle. De nos jours, la loi et les mœurs leur ont décidément donné raison. Leur succès va s'affirmant sans cesse dans les dispositions que le Parlement édicte tour à tour. Aujourd'hui, la puissance paternelle ne s'étend jamais que sur les descendants au premier degré, et elle cesse quand ils ont atteint vingt et un ans. Le père n'est pas entièrement maître de l'éducation de son enfant : la loi l'oblige à lui faire donner au moins l'enseignement primaire complet. Il n'est pas entièrement maître non plus de lui imposer telle ou telle tâche : la loi limite la durée du travail pour les enfants, elle prend des précautions contre leur emploi dans certaines professions physiquement ou moralement dangereuses. Il est contrôlé par les pouvoirs publics dans l'exercice de son droit de correction. S'il abuse de son autorité ou s'il s'en montre indigne, les tribunaux peuvent la lui retirer, l'en déclarer déchu, pour confier l'enfant à des mains plus recommandables. Des mesures sont prises aussi pour sauvegarder le patrimoine qui peut être propre à l'enfant. De la sorte, la puissance paternelle cesse d'être un droit inhérent à la personne du père et établi dans son intérêt. Elle apparaît de plus en plus comme établie dans l'intérêt de l'enfant, comme un corollaire du devoir d'éducation qu'a le père envers lui, comme un simple moyen de le remplir, comme une autorité purement protectrice et tutélaire. — De même, la puissance maritale s'est restreinte. De très nombreuses professions se sont ouvertes aux femmes. Leur instruction s'est fort accrue. Leur capacité légale a grandi. Le divorce leur a été rendu accessible dans les mêmes conditions qu'aux hommes. De plus en plus, la conscience publique met l'épouse sur le même rang que l'époux. La jurisprudence, suivant à son tour cette évolution, sera amenée à concevoir l'autorité du mari comme ne reposant, elle aussi, que sur une nécessité de protection pour celle sur qui elle s'exerce. — Ainsi, de toutes parts, l'antique droit du père de famille est battu en brèche. La vraie base de la cohésion familiale, bientôt, ne sera plus l'autorité paternelle, mais l'affection réciproque des époux, des ascendants et des descendants les uns pour les autres. De plus en plus on comprend que les êtres humains doivent avoir en principe un droit égal. Les plus faibles selon la nature sont les plus respectables et les plus dignes d'intérêt selon le cœur et la raison. C'est surtout à leur profit que doit être constituée l'organisation familiale. Au lieu de reposer sur le culte des ancêtres, comme dans l'antiquité, elle reposera sur la préparation de générations futures plus fortes et meilleures. Elle ne s'orientera plus vers le passé, mais vers l'avenir. L'autorité n'y existera plus qu'au service de cet idéal nouveau, et dans la mesure seulement où elle est nécessaire pour aider à l'atteindre. Le chef de famille n'exigera plus des siens la soumission, mais il obtiendra tout naturellement leur reconnaissance. Nul n'y parlera plus de ses droits, mais tous y sentiront leurs devoirs et se plairont à les accomplir. Telle est la conception nouvelle de la vie domestique que notre temps a élaborée et qu'il s'efforce de réaliser progressivement.

III

Nous venons d'indiquer comment a évolué, suivant nous, le type familial dans le monde occidental. A cet égard, nous devons encore présenter deux remarques, relatives aux rapports de cette évolution avec celles de plusieurs autres grands ordres de faits sociaux : l'ordre politique et l'ordre économique. Pour l'ordre politique, nous avons déjà fait entrevoir qu'il présente une frappante opposition avec l'ordre familial. La famille est forte dans les sociétés où l'Etat est faible, où le gouvernement n'existe, si l'on peut ainsi dire, que sous la forme embryonnaire. Inversement, la famille s'affaiblit quand l'Etat est fort : le gouvernement ne peut tolérer en face de lui un pouvoir domestique qui soit son rival et il tâche de toutes les manières de le réduire et de se le subordonner.— Plaçons, maintenant, l'ordre familial vis-à-vis de l'ordre économique. Leurs évolutions présentent, non pas tout à fait (comme celles de l'ordre familial et de l'ordre politique) une opposition, mais du moins une inversion curieuse. Le cercle familial, nous venons de le voir, se réduit au cours des siècles. Mais, pendant le même temps, le cercle économique s'agrandit. Le nombre des membres de la famille diminue, pendant que le nombre des co-échangistes s'accroît. Cela aussi est assez logique. La famille sert tout d'abord d'unité économique, aussi bien que d'unité religieuse, juridique et politique : la production, la circulation, la répartition, la consommation des richesses s'opèrent à cette date uniquement en son sein. Plus tard, elle entre en relations d'affaires constantes avec d'autres groupes, elle apprend à échanger tous les jours ses produits contre les leurs. Du moment où elle leur emprunte quelque chose, elle perd son autonomie, elle vit pour partie d'apports étrangers, et, dans cette mesure, elle introduit en elle un principe de désagrégation. Le marché, puis la corporation, ne s'établissent qu'en prenant à la famille quelques-uns de ses éléments. Ils forment un pôle d'attraction opposé au sien. Elle cède donc sous leur action. Et voilà pourquoi elle diminue à mesure qu'ils grandissent. —L'individu y perd-il? Bien au contraire, il y gagne. Appartenant désormais à plusieurs sortes de groupements, le groupe familial, le groupe d'acheteurs, le groupe de producteurs, il puise dans chacun d'eux des idées, des principes d'action ; il enrichit ses facultés de plusieurs côtés à la fois ; et il devient plus indépendant de chaque groupe à mesure qu'il fait partie d'un plus grand nombre de groupes. Plus tard, d'autres collectivités encore se le disputeront : associations politiques, religieuses, artistiques, amicales, etc..., etc... Chacune d'elles le soustraira un peu à l'influence de sa famille, mais le fera un peu plus lui-même, accusera un peu plus son originalité et son individualité. Il sera, en quelque sorte, le produit de toutes les réunions diverses auxquelles il appartiendra et ce produit sera d'autant plus remarquable que plus d'éléments s'y rencontreront. Echappé aux prises exclusives de la famille, l'homme pourra porter en lui-même l'empreinte de tout ce qu'ont réalisé les groupements sociaux les plus différents.

CHAPITRE IX

LES MŒURS

I. *Le problème de la solidarité.* — II. *L'intelligence, principe de la moralité.* — III. *Les obstacles à vaincre.* — IV. *Les résultats obtenus.* — V. *Vues sur l'avenir de la moralité.*

I

Après les faits économiques et les faits domestiques, on trouve dans la société, nous l'avons montré antérieurement, les faits de relation proprement dits. Ceux-ci peuvent être divisés en deux groupes, suivant que la spontanéité y domine ou que la contrainte en fait le fond. Les phénomènes de relation spontanés sont les mœurs, la religion, la science, l'art. L'existence d'une contrainte légale caractérise le droit, et la tendance à une domination coercitive est l'essence de la politique.

Mais pourquoi ranger les phénomènes de relation spontanés dans l'ordre que nous venons d'indiquer ? Nous avouons que cet ordre n'a rien d'absolu, et que tout autre serait parfaitement défendable. Ainsi, on place souvent la religion en tête de leur liste, parce qu'on considère que, dans les sociétés humaines rudimentaires, elle a été le premier lien — après celui du sang — qui ait sérieusement, profondément rattaché les hommes les uns aux autres. M. E. de Roberty met la science en première ligne, en raison de ce qu'aucune activité n'est possible sans un certain savoir qui la guide. M. Guillaume De Greef attribue aux phénomènes d'art un caractère de généralité plus haute et d'antériorité. Nous préférons, pour notre part, traiter d'abord des phénomènes moraux. Ce n'est pas que nous les croyions plus anciens en date ni plus répandus que les autres. Mais il nous semble que, logiquement, le problème moral est celui qui se pose immédiatement après le problème domestique. En effet — nous plaçant ici, bien entendu, au point de vue purement scientifique — nous nous trouvons, une fois expliquée la vie familiale, en présence de la question suivante. Comment, de cette vie purement familiale, l'humanité a-t-elle passé à la vie nationale, et même dans une certaine mesure, aujourd'hui, à la vie internationale ? Comment les hommes en sont-ils arrivés à se sentir concitoyens d'abord, et ensuite frères sans distinction de patrie ? Comment, en un mot, des mœurs humaines ont-elles pu s'établir parmi eux ?

En d'autres termes, comment la solidarité, d'abord limitée au cercle de la famille, s'est-elle étendue au cercle de l'Etat pour rayonner actuellement sur le globe tout entier ? Car une question de solidarité est au fond de toute question morale. Les mœurs sont toujours, en effet, la relation affectueuse ou haineuse de deux ou plusieurs individus, c'est-à-dire un acte de solidarité ou son contraire, une marque de solidarité positive ou négative. La notion de solidarité est à l'éthique ce que la notion de valeur est à l'économique ; elle est le terme d'où tout part et auquel tout aboutit. L'art des mœurs donnera les moyens d'accroître la solidarité existante ; la science des mœurs indiquera, au préalable, comment celle-ci s'est établie.

II

Il serait puéril de nier que la contrainte ait été pour quelque chose dans l'élargissement de la solidarité originaire. Pour que l'homme ait appris à se sentir solidaire, non plus seulement des membres de sa famille, mais des autres membres de sa nation, il faut naturellement qu'une nation ait existé. Or, une nation suppose un Etat, et l'Etat est issu d'une contrainte. Les familles, les tribus, n'ont généralement été amenées à se grouper en nations que sous l'empire de la force. La victoire est d'ordinaire à l'origine des Etats, et c'est elle aussi qui le plus souvent explique leurs agrandissements. La force a donc — ici comme ailleurs — ouvert les voies.

Mais personne ne saurait admettre qu'elle a suffi. Au contraire, son emploi devait avoir pour effet de rendre les vainqueurs odieux aux vaincus, et par là de retarder l'œuvre de l'unification morale. C'est donc à un autre facteur que devait être dévolu le principal rôle dans l'accomplissement de cette œuvre.

Ce facteur, ce fut l'intelligence humaine. L'une des propriétés capitales de l'intelligence est d'apercevoir les similitudes. On sait qu'elle le fait spontanément, avant toute réflexion : tel est le principe des associations d'idées par ressemblance. L'homme, même primitif, n'a pu manquer de reconnaître chez les autres hommes « des semblables ». Il l'avait déjà reconnu pour ceux qui faisaient partie de son entourage immédiat, pour les membres de sa famille. Quand plusieurs familles vinrent en contact, il le reconnut forcément pour les membres des familles voisines de la sienne. Lors même qu'elles étaient en conflit, ces similitudes ne pouvaient point ne pas le frapper. Et, si l'une assujettissait l'autre, elles persistaient encore : il y avait trop d'analogies effectives dans leurs organismes et leurs mentalités pour que la haine même pût s'y méprendre.

C'est sur cette base que s'éleva l'imitation des groupes humains, des individus humains les uns par les autres. Elle ne fit que continuer l'œuvre de la nature. Se reconnaissant faits sur le même modèle, les hommes tendirent à le devenir davantage, en se copiant les uns les autres. Toute image, on le sait, enveloppe une tendance à l'action : se voir semblables, c'est se vouloir plus semblables encore. Tarde a fort bien analysé la marche de cette imitation dans le cas de deux groupes superposés — un groupe vainqueur et un groupe vaincu. Il a montré que celui-ci copie d'abord l'autre, qui ne le lui rend que plus tard. L'imitation est unilatérale au début, ensuite réciproque. C'est ainsi que naît peu à peu le sentiment de solidarité civique. Il se trouve tout à fait établi le jour où cette réciprocité dans l'imitation est complète. De ce moment on peut dire qu'il existe des mœurs véritablement nationales.

Nécessairement, ce jour est très long à venir. Bien des facteurs pourtant contribuent à en hâter l'arrivée Citons-en les principaux. La constitution d'une armée, où tous les membres de la nation fusionnent contre l'ennemi commun ; l'établissement d'un droit, qui les plie tous à une même règle, au moins sur certains points fondamentaux ; l'organisation d'une religion commune, avec un ou des dieux qui sont censés protéger toute la nation contre les fléaux naturels et les nations voisines ; la création de fêtes auxquelles tous participent, d'un art dont tous bénéficient ; la diffusion d'une même culture par l'enseignement et la conversation ; la coopération économique de tous à des tâches agricoles ou industrielles semblables, ou tout au moins l'échange continu des produits entre concitoyens par l'effet du commerce ; enfin le mélange des sangs par l'abaissement et la suppression des barrières matrimoniales ; tels sont, là où ils peuvent s'établir, les principaux adjuvants de la solidarité morale, les phénomènes qui contribuent à unifier les cœurs, à établir une fraternité réelle, une réciprocité de bons vouloirs et de bons offices, entre êtres pensants et agissants.

III

Il s'en faut, on le sait, que cette réciprocité soit parfaite. Les obstacles qui s'y opposent sont trop nombreux et trop forts pour cela. Il est possible de montrer ici les plus redoutables d'entre eux.

En première ligne, il faut placer l'égoïsme, c'est-à-dire l'exagération chez l'individu de ses fins propres, laquelle le trompe sur leur véritable importance, sur la vraie manière de les réaliser, et les oppose ainsi aux fins collectives. Trop aisément, l'individu se croit le centre du monde. Il est amené par là à vouloir tout subordonner à ses désirs et à ses intérêts immédiats, sans s'apercevoir que le plus grand de ses intérêts véritables serait d'adopter une ligne de conduite qui le mit d'accord avec la généralité de ses semblables. Tous les torts de l'égoïste viennent, au fond, de l'étroitesse de ses vues. Il ne sait pas se mettre mentalement à la place d'autrui, et par suite les fins d'autrui ne lui paraissent pas aussi respectables que ses fins propres, lors même que, objectivement, elles le seraient davantage. Il peut parfois voir ses calculs personnels couronnés par le succès immédiat. Mais il ne saurait prétendre à cette haute satisfaction, la plus complète qu'un homme puisse connaître, d'avoir concouru par sa conduite, et au besoin par son effacement, à assurer l'ordre universel, à servir la cause du progrès humain.

En second lieu, parmi les obstacles à la solidarité générale, se trouve ce qu'on a nommé l'égoïsme collectif. L'homme, en effet, n'est pas seulement exclusif en sa propre faveur. Il l'est aussi en faveur de ceux qui le touchent de près, au détriment de tous les autres. Volontiers il soutient, même dans leurs prétentions peu justifiées, les membres de sa famille ou de sa race, les habitants de son village ou de sa cité, les travailleurs de sa profession, les gens de sa classe sociale, de sa confession religieuse ou de son parti politique, voire ceux qui font partie du même cercle mondain ou de la même association amicale que lui. Cet égoïsme collectif est parfois poussé plus loin que l'égoïsme individuel, tant les liens de ces groupes sont forts. D'ailleurs, on hésite moins à se l'avouer à soi-même et à l'avouer à autrui, car il revêt lui-même les apparences de la solidarité. Et c'est bien en effet une forme de la solidarité que l'esprit de famille, l'esprit de corps, l'esprit de classe, l'esprit de parti, l'esprit de clan. Seulement, c'en est une forme inférieure, et qui ne devrait jamais prévaloir contre les formes plus hautes, c'est-à-dire plus larges. Ces solidarités entre petits groupes devraient seulement préparer les voies à la solidarité humaine. En se dressant contre elle et en retardant son avènement, elles ne prouvent, elles aussi — tout comme l'égoïsme individuel — qu'un manque de largeur d'esprit chez ceux qui s'en tiennent à elles et qui ne savent pas atteindre aux points de vue élevés d'où l'intelligence embrasse des horizons indéfinis et continus.

Enfin, entre ces égoïsmes collectifs, il faut faire une place à part à l'égoïsme national. Celui-ci est évidemment moins choquant et moins condamnable, parce que dans l'état présent l'humanité est divisée en nations, dont l'indépendance s'affirme hautement dans le domaine économique et dans le domaine intellectuel comme dans le domaine politique. On ne saurait donc faire un crime à la plupart des hommes de limiter en pratique leur solidarité aux frontières de leur patrie, et de considérer qu'il n'y a pas d'idéal plus élevé que de servir leur propre pays. Mais on peut espérer toutefois que les individualités supérieures des divers pays reconnaîtront bientôt que ces frontières-là sont provisoires, et que peu à peu ils entraîneront le monde à leur suite. Dès maintenant, les sciences, les arts, les techniques de tous genres, tendent à s'universaliser. Ne doit-on pas penser que pareillement le sentiment de la fraternité saura encore s'élargir, et que, de plus en plus, le bien se fera — comme le disait un de nos grands écrivains du XVIIe siècle, reprenant une locution de la sagesse antique — « pour l'amour de l'humanité » ? Ne faut-il pas croire que le plus grand obstacle à ce qu'il en soit ainsi tombera avec la diffusion du savoir ? car n'est-il pas vrai qu'il réside dans l'ignorance où chaque peuple est de la langue et des coutumes de tous les autres, laquelle, l'empêchant de les comprendre, ne lui permet pas de les aimer ?

IV

En dépit de toutes les entraves, la solidarité humaine s'établit progressivement. Dès maintenant, elle a atteint dans le plus grand nombre des sociétés un niveau général qu'on peut dire assez élevé. En prenant comme exemple ce noyau occidental auquel nous nous référons presque toujours, nous pouvons essayer de dégager brièvement les traits fondamentaux qui caractérisent cette moralité commune.

D'abord, il y a toute une série de règles prohibitives qui sont entrées dans les mœurs. Ce sont celles qui interdisent à l'individu de porter atteinte à la vie, aux biens, à la liberté d'autrui. Elles se sont fait reconnaître par le législateur et elles ont inspiré les règles du droit pénal, inscrites dans les codes des diverses nations. Mais, qui mieux est, elles se sont fait accepter par l'opinion et aujourd'hui la conscience publique flétrit sévèrement quiconque y contrevient. Ce dernier point marque un incontestable progrès, qui est plus récent qu'on ne le croit souvent. Car, par exemple, l'homicide était puni dès l'antiquité des peines les plus graves ; il l'était encore, cela va sans dire, aux XVIᵉ, XVIIᵉ et XVIIIᵉ siècles, et il était même frappé à ce moment d'une manière plus cruelle que de nos jours. Et pourtant il n'excitait pas alors la même réprobation générale qu'aujourd'hui. Le prix attaché à la vie humaine s'est certainement accru depuis lors dans la conscience de tous. Une preuve curieuse en est même le mouvement actuel en vue de la suppression de la peine de mort. D'autre part, le nombre des actes condamnés unanimement par l'opinion publique va en s'accroissant, ce qui prouve qu'elle a un sentiment plus précis des devoirs de l'homme envers ses semblables. Ainsi tout ce qui tend à asservir le travailleur à son maître ou à le frustrer d'une rétribution adéquate à son labeur, encourt le blâme de tous dans les pays civilisés. Un peu partout la loi intervient pour empêcher de semblables pratiques ; jusqu'ici, il est vrai, elle a été moins sévère sur ce point que la conscience des gens éclairés. Inversement, en d'autres circonstances, les rigueurs de la loi sont plus grandes que celles du jugement populaire : c'est le cas pour les délits politiques, et aussi pour les délits contre le trésor public. Pour les premiers, on dit souvent que ce sont là de simples divergences d'opinion ; pour les seconds, que voler l'Etat, c'est ne voler personne. Sur le premier point, il est possible que la loi s'adoucisse ; sur le second, il nous paraîtrait désirable que la conscience collective se fît plus sévère. Mais nous n'avons pas à entrer ici dans le détail de semblables questions.

Elles constituent ce qu'on a coutume d'appeler la partie négative de la morale. Reste à envisager sa partie positive. L'homme n'a pas seulement, en effet, à respecter son semblable ; il a aussi à l'aider. Il ne suffit pas, évidemment, pour qu'il agisse solidairement avec lui, qu'il le laisse faire sans l'entraver ; il faut aussi qu'il lui porte secours, qu'il lui donne une assistance effective. C'est sur ce point que se révèlent les divergences entre nations. Tandis que les choses prohibées sont à peu près les mêmes partout, les choses prescrites varient avec les sociétés. En Extrême-Orient, en Chine notamment, ces prescriptions positives ne créent guère aux hommes, les uns vis-à-vis des autres, que ce que nous appellerions des devoirs de politesse : elles règlent des attitudes à prendre et, sauf dans le cercle de la famille ou de l'association, presque rien de plus. L'Occident est plus exigeant : ses moralistes veulent atteindre, toucher les cœurs et, par là, améliorer les actes. Deux règles générales se disputent leurs préférences : la règle de justice et la règle de charité. Chacune a ses avantages et ses infériorités. Ce n'est pas ici le lieu de trancher ce grand débat, puisque nous n'avons à traiter que de la science des mœurs et non pas de l'art des mœurs. Disons seulement que, en fait, ces deux règles se sont pénétrées l'une l'autre, et que c'est leur mélange qui a imprégné l'âme occidentale, mélange où elles entrent à des doses différentes suivant les temps et les lieux. Elles se servent, dans tous les esprits éclairés d'aujourd'hui, de complément et de correctif l'une à l'autre : la charité vient atténuer ce qu'a d'un peu sec la stricte application des principes de la justice ; la justice vient contenir et rectifier les élans parfois peu éclairés de la charité. — Naturellement, il arrive qu'elles soient, de temps en temps, en opposition l'une avec l'autre, car il n'est pas possible de faire tout ce que l'on souhaiterait en faveur de ceux que l'on préfère, et en même temps d'accorder aux autres tout ce à quoi ils peuvent légitimement prétendre. Mais des difficultés analogues se posent même dans des cas où il n'y a pas conflit entre ces deux sources d'inspirations. A ne consulter que la justice seule, on est souvent pris dans des conflits de devoirs tout aussi embarrassants. Par exemple le juge doit, d'une part, se faire une règle de conduite applicable en principe à tous les individus, ne point faire acception de personne ; et d'autre part il n'est pas moins étroitement tenu d'examiner scrupuleusement toutes les circonstances spéciales à la cause, afin de résoudre chaque « espèce » suivant les particularités qu'elle présente. Pour se mouvoir entre ces deux règles également justifiées et impératives, il lui faut un tact tout particulier, et il n'est pas étonnant qu'on le dise souvent en défaut. Le désir d'être impartial ne lui suffit pas ; il doit avoir en outre des connaissances fort étendues ; la conscience, ici encore, a besoin d'être guidée par la science.

V

Peut-on émettre quelques conjectures sur l'avenir de la moralité ? Nous ne sortirions point, en le faisant, du cadre que nous nous sommes tracé. Mais nous nous interdisons de nous y arrêter longuement, parce qu'on ne peut arriver sur ce point qu'à des hypothèses plus ou moins plausibles. Pour notre part, nous croyons fermement que le progrès moral doit aller en s'accentuant d'une manière très nette dans le siècle qui vient de s'ouvrir et dans ceux qui le suivront immédiatement. Voici sur quoi nous fondons cette espérance. Nous avons vu précédemment que le développement de l'esprit de solidarité, base de toute moralité, a toujours été lié à un développement de l'intelligence. Or, la culture générale paraît devoir faire à brève échéance des pas considérables, grâce à la diffusion de l'enseignement à tous ses degrés et à l'esprit de plus en plus scientifique qui y préside. Il y a donc tout lieu d'attendre une progression parallèle de la moralité. A cette façon de voir optimiste, nous savons que diverses objections ont été présentées. Nous voudrions examiner ici celles qui passent, à bon droit, pour les plus graves.

En premier lieu, dit-on, la culture ne moralise pas vraiment l'individu. Elle n'agit pas sur le fond de son être, mais seulement sur sa surface. Elle ne change pas ses fins, elle lui donne uniquement de nouveaux moyens, qui se substituent aux anciens, pour atteindre ses fins antérieures, lesquelles restent les mêmes. La preuve en est fournie, pense-t-on, par les statistiques de la criminalité. Elles ne prouvent point que la criminalité aille en se réduisant, mais bien qu'elle va en se transformant. Il y a moins de crimes de violence, il y a plus de crimes d'astuce. Si l'on compte moins d'assassins, on a bien plus d'escrocs qu'autrefois. Une foule de délits nouveaux sont apparus, correspondant à toutes les variétés de l'art de tromper, dans les transactions civiles, commerciales, financières, dans la vie publique et jusque dans la vie de famille. L'instruction est responsable de ces catégories de méfaits, car c'est elle qui en fait germer l'idée et donne la possibilité d'y recourir. L'homme veut, comme jadis, la fortune et la domination ; seulement il cherche aujourd'hui plus habilement à les conquérir.

Les statistiques sur lesquelles ces raisonnements se fondent, répondrons-nous, pourraient être discutées. L'exactitude de leurs chiffres n'est pas absolue. A coup sûr, ils prêtent à des rectifications multiples. Mais tenons-les, par hypothèse, pour hors de contestation. Il n'y a point à en tirer de conclusions décourageantes. Car, d'abord, la loi qu'on en a induite marquerait elle-même un progrès. S'il est vrai que la criminalité astucieuse remplace la criminalité violente, ce n'est pas un fait indifférent, c'est un fait dont il y a lieu de se féliciter. Car le tort ainsi causé est presque toujours moins grave. On doit remarquer en effet que cette transformation de la criminalité s'opère, non seulement par un changement de moyens, mais aussi par un changement d'objets. Les crimes et délits contre les personnes diminuent, si les délits contre les biens augmentent. Or, les premiers étaient beaucoup plus graves ; ils faisaient bien plus souvent des torts irréparables ; les codes les frappaient à bon droit de peines plus sévères.
— Puis, ne voit-on pas que, si le développement de l'intelligence a causé ici un mal, il a en même temps préparé le remède ? On lui doit, sans doute, le développement des fraudes. Mais, quand la masse des hommes sera plus instruite, les fraudes de tous genres seront plus difficiles à commettre. On les connaîtra plus complètement, on les blâmera davantage, on sera plus

en éveil contre elles, on se trouvera mieux armé pour les déjouer. Les fraudeurs échoueront donc plus souvent, et sans doute ils en viendront à reconnaître l'ordinaire inutilité de leurs tentatives, ce qui les détournera de continuer leurs coupables pratiques. Quand il y aura moins de naïfs, il y aura moins de dupeurs. Les progrès de l'instruction générale auront donc eu une répercussion heureuse sur les progrès de la moralité publique.

Une seconde objection est quelquefois faite à notre thèse. On la tire d'une théorie qu'a exposée M. Durkheim dans son livre intitulé *Règles de la méthode sociologique*, théorie qu'on résume plus ou moins heureusement en cette formule : « le crime est un phénomène normal ». De ce qu'il est un fait normal, on conclut qu'il ne faut pas s'attendre à le voir disparaître. Mais l'est-il vraiment ? Si par cette formule on entend que le crime se trouve dans toutes les sociétés, nous n'y contredisons pas. Seulement, la maladie se trouve aussi dans tous les organismes, et on ne prétend pas pour cela qu'elle soit un fait normal ; car c'est justement pour la désigner qu'on a inventé l'expression de fait pathologique, qui s'oppose à celle de fait normal. De ce que le crime est très répandu, on ne saurait conclure qu'il ne faut pas songer à réagir contre lui, à le circonscrire, à le combattre. D'ailleurs, hâtons-nous de le dire, telle n'est pas la pensée de M. Durkheim. Le crime, pour lui, appelle la peine, et celle-ci exerce une action salutaire en maintenant, par son effet direct et par son exemple, la société dans les voies droites. Ce qui est normal, ce n'est pas seulement qu'il y ait des crimes, c'est surtout que ces crimes soient suivis de châtiments. Le vrai fait normal, c'est le couple du crime et de la peine. Il est vrai que, suivant le même auteur, la délinquence ne saurait jamais tout à fait disparaître. Car, si l'on suppose un progrès moral amenant la cessation de la criminalité actuelle, la conscience publique devenue plus exigeante taxera sévèrement les moindres infractions, qu'aujourd'hui elle néglige ou absout, elle qualifiera délit ce qui est actuellement simple peccadille. Cela est exact, répondrons-nous, mais de cela l'on ne peut tirer argument contre notre thèse. Il nous suffit, en effet, que les crimes et les délits les plus graves du temps présent viennent à disparaître, pour que nous jugions les mœurs beaucoup meilleures. A supposer que la somme d'indignation subjective que la conscience publique dépense annuellement reste constante, la somme objective de lésions faites au corps social aura extrêmement diminué, et cela seul nous paraît vraiment important. Le public, d'ailleurs, probablement ne s'y trompera pas : il ne réagira pas contre un mot malsonnant, dans cet avenir heureux, à la façon dont aujourd'hui il réagit contre un assassinat. L'intelligence, si elle arrive à supprimer les crimes vrais, arrivera aussi à supprimer les peines irréparables. S'il n'y a plus de meurtriers, il faut bien espérer qu'il n'y aura plus de bourreaux. Donc, de ce côté encore, on peut bannir les vaines craintes ; la voie reste ouverte au progrès.

Il nous semble, en résumé, que rien n'empêche d'attendre, du progrès des lumières, un progrès correspondant dans la moralité. Déjà, sous l'action du premier, on a vu naître des qualités morales nouvelles, que les temps antérieurs avaient presque ignorées : telle la sincérité, telle la tolérance, vertus d'ailleurs liées l'une à l'autre, puisque la sincérité amène le respect de toutes les opinions sincères et que la tolérance évite la dissimulation ; et vertus d'une haute portée sociale, vu que la première éliminera de la société tous les mensonges conventionnels dont on souffre et que la seconde nous épargne les hideuses persécutions du passé. Déjà aussi, grâce au progrès intellectuel, se sont apaisées les controverses sur les bases métaphysiques de la morale, sources de tant de vaines discordes : de plus en plus, l'accord se fait entre les honnêtes gens sur les préceptes d'une morale positive, fondée sur les seules nécessités sociales et acceptable pour tous sans distinction. Le principe de cette morale, c'est l'idée de solidarité. Nous avons montré ailleurs comment il concilie et résume les autres grands principes moraux (1). Disons seulement ici que nous espérons voir, s'il pénètre l'enseignement des jeunes générations, leur éducation civique ne pas demeurer inférieure à leur instruction scientifique, et les règles de la justice et de la fraternité s'incorporer aussi pleinement à leur esprit que celles de la grammaire ou de l'arithmétique se sont incorporées de nos jours à tous les esprits cultivés.

(1) Notamment dans une communication faite à la Société de Sociologie de Paris, sur les bases sociologiques de la morale. *Revue Internationale de Sociologie*, mai 1904.

CHAPITRE X

LA RELIGION (1)

I. *Sociologie et religion.* — II. *Effets sociaux de la religion.* — III. *Forme sociale de la religion.* — IV. *Origine sociale de la religion.* — V. *Régression de la religion.*

I

Quelle attitude le sociologue doit-il prendre en face de la religion ?

Ce ne peut être celle d'un fidèle. Le sociologue est un homme de science. Or, la science et la foi ne sauraient se confondre. La raison, d'où la première procède, et le cœur, d'où vient la seconde, sont deux facultés distinctes. Chacune d'elles a ses exigences. Le sociologue n'a à se soumettre qu'à celles de la raison.

Mais qui dit différence, ne dit pas forcément hosti-

---

(1) Conférence faite le 18 juin 1905 à la clôture des travaux de l'Ecole Russe des Hautes Etudes Sociales pour l'année scolaire 1904-1905 et publiée dans le numéro d'octobre 1905 de la *Revue Internationale de Sociologie*.

lité. Il se peut que la raison et la foi, tout en ayant des procédés distincts, arrivent à s'harmoniser. Du moins, il n'en faut pas nier *a priori* la possibilité. Le sociologue, par suite, n'est pas nécessairement un athée. S'il n'a pas à se poser en fidèle, il n'a pas à se poser non plus en adversaire de la religion.

La vérité est qu'il n'est point tenu de prendre parti sur le bien ou le mal fondé des dogmes religieux. Le problème qu'il doit résoudre n'est pas celui sur lequel s'exercent avec tant d'acharnement amis et ennemis des cultes. Il ne lui appartient pas de se prononcer sur la valeur de la religion. Il se borne à chercher ce qu'elle a été et ce qu'elle est. Il la prend comme un fait, sans en discuter le mérite. En elle, c'est le phénomène religieux seul qui l'intéresse ; et cela, en quelque temps et en quelque lieu qu'il se produise. Ce qu'il cherche à instituer, c'est une histoire méthodique et comparative des religions. Il entend rattacher chacune d'elles à l'ensemble des autres manifestations de la vie sociale que présente la nation où elle fleurit ; il entend aussi les rattacher toutes entre elles, en montrant leurs points de contact et parfois de filiation, leurs points également de contraste et d'opposition. Cela lui suffit : il explique la religion et ne la juge pas. — En d'autres termes, il existe entre la sociologie religieuse et la religion proprement dite la différence, bien souvent déjà caractérisée par nous, qui sépare la science de l'art. La religion est un art, en ce sens qu'elle se propose des fins pratiques : elle veut guider la société, la conduire à une certaine forme de perfection. La sociologie est, au contraire, une science, car elle n'aspire qu'à connaître la réalité, sans se préoccuper de l'idéal, qu'à pénétrer le passé et le présent, sans prétendre organiser l'avenir. La religion veut agir ; la sociologie religieuse veut savoir.

Seulement la différence de la science et de l'art n'exclut pas leurs relations. D'un côté, la science peut être utile à l'art. En lui apprenant ce qui se fait ailleurs, elle l'aide à concevoir ce qu'il doit vouloir faire à son tour. Le progrès de la sociologie religieuse est de nature, en gagnant l'esprit du public et celui des ministres des différents cultes, à nous valoir — à tout le moins — des religions plus éclairées, plus dégagées des superstitions ataviques, plus rationalisées, plus tolérantes.

D'un autre côté, l'art sert à la science. D'abord, il lui fournit sa matière même. La sociologie religieuse étudie les phénomènes de religiosité. Ceux d'aujourd'hui ne sont pas pour elle moins intéressants que ceux d'hier. Les religions qui se pratiquent sous nos yeux et celles qui sont en formation peuvent prêter aux observations les plus fructueuses. Quand la religion élabore un dogme, organise un rite, crée une institution quelconque, immédiatement la sociologie s'empare de cette institution pour la décrire, en relever la portée, en pénétrer l'essence, la relier à tout l'ensemble dont elle découle, l'éclairer par celui-ci, et s'en servir pour mieux expliquer cet ensemble complexe lui-même.

Il y a plus. La religion ne donne pas seulement à la sociologie un matériel, elle lui donne aussi l'esprit nécessaire pour en faire usage. Ce ne sont point des documents qu'elle lui transmet à déchiffrer ; avec eux, elle livre volontiers leur clef, la pensée vivante et agissante qui les inspire. Si le sociologue appartient à un culte, ou si seulement il lui a appartenu, si à un moment quelconque de son existence il a cru en un dogme et pratiqué des rites, il aura l'expérience directe de ce qu'est une religion moderne, de ce qu'elle veut, de ce qu'elle peut ; il sera dès lors à même d'atteindre le fond des phénomènes religieux, de saisir le principe dont ils dérivent. Placé en présence de la vie religieuse d'autrui, il fera mieux que la constater, il la comprendra. Sans doute, il lui faudra se dire qu'autrui n'est point entièrement semblable à lui-même ; surtout s'il étudie les religions des peuples anciens ou arriérés, il devra se méfier des interprétations tirées de sa mentalité propre, et l'on ne saurait trop lui recommander la réserve dans de semblables inférences. Mais, au fond, nous ne comprenons jamais « nos semblables » que par analogie avec nous-même. Comment donc nous représenter leur religion, si nous sommes étranger à toute religion ? Un historien véritable des religions qui n'aurait jamais vécu d'aucune vie religieuse serait aussi inconcevable qu'un historien des beaux-arts qui n'aurait jamais éprouvé la moindre émotion esthétique.

Une école pourtant rejette cette façon de voir. C'est l'école objectiviste, qui a son centre dans *L'Année Sociologique*. A coup sûr, cette école ne se désintéresse point des faits religieux. Elle leur attribue, au contraire, dans la vie sociale, une sorte de primauté que, pour notre part, nous croirions plutôt exagérée. Mais elle professe que le sociologue peut et doit les regarder purement « du dehors ». Suivant elle, il est apte à comprendre parfaitement des faits auxquels il reste entièrement étranger. Il n'y a rien de commun entre le sentiment religieux et l'intelligence des phénomènes religieux. — Voilà ce que nous contestons. Sans doute, le sociologue n'a aucunement à donner son adhésion aux idées, aux pratiques et aux organisations religieuses qu'il constate et décrit, qu'elles soient actuelles ou passées. Mais simplement pour en saisir le sens, il faut qu'il sache se mettre, au moins pour un instant, dans l'état d'esprit de ceux qui les adoptent. Il est nécessaire qu'il sympathise avec eux. Or, comment le pourrait-il faire, si les appels de la religion n'éveillaient aucun écho, même lointain, dans sa conscience personnelle ? Ce que nous lui demandons, bien entendu, ce n'est point de s'intéresser de préférence à telle ou telle forme religieuse ; c'est de se dire qu'elles répondent toutes à un besoin de l'esprit humain et que, par là même, elles méritent toutes d'être respectées et d'être connues. Elles ont cela de commun, d'ailleurs, avec les autres institutions humaines, à chacune desquelles la sociologie doit être attentive et équitable. En face de la religion, l'attitude qui convient au sociologue, c'est une indépendance qui n'exclue pas nécessairement la sympathie.

II

De nos jours, la religion tend de plus en plus à s'individualiser. Chacun se fait *sa* religion à soi. On choisit dans l'ensemble des idées et des règles traditionnelles, on en invente de nouvelles. Pour les esprits les plus élevés, la religion est un commerce tout personnel avec le divin.

Mais ces faits ne peuvent nous cacher le caractère profond de la religion, qui est essentiellement social. La religion est un phénomène collectif, et c'est sous cet aspect surtout qu'elle relève des études de sociologie. Nous allons chercher à le démontrer, et pour cela nous envisagerons tour à tour, y pénétrant du dehors au dedans, ses conséquences, sa forme, son origine.

Les effets sociaux de la religion sont considérables. Elle exerce une action importante sur tous les ordres de phénomènes sociaux. La croissance de la population est sous l'influence directe des conceptions religieuses. L'activité de la vie économique s'est vue fort entravée, au moyen âge, par des préjugés d'ordre religieux (interdiction du prêt à intérêt); aujourd'hui encore, la réglementation du travail, et notamment l'obligation du repos hebdomadaire, sont souvent réclamées au nom des principes du christianisme. La vie familiale subit aussi l'effet de la religion : l'union de la famille en est le plus souvent renforcée. Les mœurs publiques peuvent gagner en douceur à la prédication d'une religion favorable à la charité et à la fraternité. Le développement des sciences doit à certains égards beaucoup à la religion, mais le libre essor de certaines a été retardé par elle. Les beaux-arts se sont mis et se mettent encore au service de buts religieux, mais là aussi la religion exerce, à plus d'un point de vue, une action « inhibitoire ». Le droit, chez toutes les nations dites sémitiques, est purement religieux, et on sait l'importance que dans l'Europe occidentale eut et partiellement a encore le droit canon. La politique enfin a toujours fait une place aux considérations confessionnelles, et il suffit de jeter un coup d'œil sur la France d'aujourd'hui pour voir que ses divisions politiques ont en grande partie comme cause des divergences religieuses.

Mais si l'action de la religion sur tous les domaines sociaux est, de nos jours, fort importante, on est autorisé à penser qu'elle fut, dans l'antiquité, bien plus considérable encore. C'est un fait qui semble général dans la race blanche : la religion y a dominé, à l'origine, toutes les fonctions mentales. Toutes ont eu primitivement une forme religieuse, et par là on est amené à dire que toutes sont, en un sens tout au moins, sorties de la religion. Au début des sociétés formées par les hommes de race blanche — Egypte, Judée, Arabie, Perse, Inde, Grèce, Italie, Gaule ou Germanie — nous trouvons, en effet, concentré entre les mains du prêtre tout ce qui concerne l'élaboration et l'enseignement de la morale et de la science ; nous voyons les beaux-arts s'employer surtout à la décoration des temples et à la célébration des fêtes religieuses ; nous constatons, sauf une exception importante, mais d'ailleurs contestée, à Rome, que le sacerdoce est aussi le gardien et l'interprète du droit. La même chose se produit à nouveau dans les « recommencements » de ces sociétés, par exemple aux premiers siècles du moyen âge. Quant aux arts utiles, quant aux techniques, on y sent l'action prépondérante à l'origine, non pas sans doute de la religion proprement dite, mais de la magie, qui lui est apparentée. Les opérations s'y font suivant des rites consacrés, les instruments eux-mêmes y ont une forme définie et un usage limité par des règles sacro-saintes. Des faits entièrement analogues se retrouvent d'ailleurs chez les primitifs d'aujourd'hui, chez les nègres d'Afrique et d'Océanie, et même dans les tribus plus policées appartenant aux races jaunes et rouges. C'en est assez pour conclure que l'action du facteur religieux a toujours été grande sur la vie sociale dans son ensemble, et que ce qui se passe sous nos yeux à cet égard n'est même qu'un reste atténué du passé.

III

La religion ne se révèle pas comme un fait social seulement par son action sur les autres faits sociaux. Elle se montre telle aussi par elle-même, par ce qu'elle contient et organise directement. Toutes ses créations ont une forme sociale ; tout ce qui vient d'elle a une portée collective.

Que renferme, en effet, une religion ? D'abord des dogmes, c'est-à-dire des principes métaphysiques sur le ou les dieux ; ou, si l'on veut, des mythes, étant donné que chacun qualifie mythes les dogmes des religions auxquelles il ne croit pas. Puis, des rites, c'est-à-dire des pratiques destinées à rendre ce ou ces dieux propices à l'homme ; nous plaçons dans cette énumération les rites après les dogmes, parce que, pour une religion avancée, les dogmes commandent logiquement les rites ; mais nous n'ignorons pas que, dans beaucoup de cas, les rites ont historiquement précédé les mythes ou tout au moins leur développement. En troisième lieu, des institutions sacerdotales, c'est-à-dire l'organisation de tout un personnel destiné à garder ces dogmes et à les répandre, ainsi qu'à accomplir ces rites, et de tout un matériel utile à l'exercice de ces fonctions. En quatrième lieu, une morale rattachée à ces dogmes et à ces rites et enseignée par ce sacerdoce. Mais celle-ci peut déjà être considérée comme un phénomène d'ordre différent, quoique connexe aux précédents. Et les trois premiers seuls sont proprement essentiels à la religion.

Eh bien ! ces trois ordres de faits religieux sont éminemment sociaux. Un dogme, ou un mythe, c'est un récit qui tend à s'imposer à tous les esprits ; c'est une croyance, et l'on sait que toute croyance est expansive, suggestive, que chaque croyant veut faire des prosélytes. Un rite, c'est une pratique conçue comme devant se répéter à des milliers d'exemplaires, parce que celui qui l'observe doit vouloir, non seulement y rester fidèle dans toute la durée de sa vie, mais aussi la faire accepter dans toute l'étendue du groupe social auquel il appartient. Un sacerdoce, enfin, c'est un organe de la société, se différenciant de l'ensemble de l'organisme social en vue de se consacrer spécialement à la fonction religieuse, mais tenant aussi à cet ensemble par le fait qu'il assure cette fonction pour la société tout entière. Et si l'on voulait considérer la morale religieuse comme incluse dans la religion elle-même, il est bien évident que le caractère social de cette dernière ne pourrait qu'en être renforcé, puisque la morale est une règle d'action collective proposée à tous les membres du groupe social.

La religion nous apparaît ainsi comme constituant, par tous les éléments dont elle se compose, un lien entre les hommes. N'est-ce pas déjà ce qu'indique son nom même ? Le substantif *religio* ne se rattache-t-il pas au verbe *religare*, relier ? Quoi qu'il en soit d'ailleurs de cette étymologie, la parenté des deux notions est certaine. — Il y a même plus. La religion ne rapproche pas simplement les hommes les uns des autres. Elle entend aussi les rapprocher d'autres êtres. La religion des morts veut créer une société entre ceux-ci et les vivants. La religion des forces naturelles cherche à mettre celles-ci en relation avec les vivants, afin d'assurer sur elles une certaine action à ces derniers. Les religions spiritualistes aspirent à relier les esprits humains à l'esprit divin. Toutes tendent donc à élargir, en un certain sens, le cercle social, en y faisant entrer des puissances supra-sensibles. Au centre même de la religion se trouve, si l'on a le droit de parler ainsi, une idée « socialisatrice ».

IV

Si la religion impose ainsi une forme sociale à ses créations, c'est qu'elle-même tire son origine de la société et en a reçu l'empreinte. Elle agit pour renforcer le lien social ; mais c'est de ce lien social qu'elle est tout d'abord issue. Par une réciprocité fréquente dans l'histoire humaine, elle a primitivement été l'effet, et ensuite elle est devenue partiellement la cause d'un autre phénomène considérable : la solidarité du groupe ethnique.

Une vue scientifique des choses montre, en effet, à la naissance de toute religion, des phénomènes d'activité collective. Trois sortes de conceptions ont été tour à tour produites pour rendre compte de cette origine. On a invoqué, primitivement, la révélation, c'est-à-dire la transmission directe des principes religieux faite à un prophète par un dieu. Mais ce n'était là qu'une hypothèse invérifiable, dont la raison ne pouvait pas se contenter. En outre, il y avait plusieurs religions qui se disaient également révélées, et qui se niaient les unes les autres ; l'opposition existant entre ces révélations les rendaient toutes suspectes. — Aussi en vint-on à penser que la religion pouvait bien être d'origine purement humaine, que c'étaient les prophètes eux-mêmes qui en étaient les auteurs. Chacun d'eux aurait été l'inventeur de la sienne. C'est ce qu'on peut appeler la théorie de la création individuelle des religions. Le xviii° siècle français l'a vue fleurir. Suivant les écrivains rationalistes de cette époque, si les prophètes étaient des esprits puissants, c'étaient en même temps des imposteurs, puisqu'ils attribuaient à des entretiens avec la divinité les idées maîtresses de la religion qu'ils avaient eux-mêmes formées. — La science positive du xix° siècle ne s'est pas plus contentée de cette explication simpliste qu'elle n'a adopté l'hypothèse de la révélation. Elle a vu, elle aussi, dans l'institution de la religion un fait tout humain ; seulement elle nous a conduits à y voir un fait, non plus individuel, mais collectif. Pour elle, il n'y a pas eu, à proprement parler, d'inventeur de la religion. Chaque peuple s'est fait spontanément la religion qui convenait à son tempérament national. Chacun a mis dans sa religion son âme collective, a projeté en quelque sorte hors de lui-même ses facultés propres en les sublimant, en les prêtant à un être ou à des êtres qu'il imaginait et dont il faisait son ou ses dieux. Chacun a attribué à son idéal une réalité, et l'a honoré sous une forme divine. Comme l'œuvre d'art figurée par le statuaire est l'objectivation de son rêve individuel, ainsi le dieu adoré par une nation est l'objectivation de son rêve collectif.

Que peut-on invoquer en faveur de cette dernière

théorie ? C'est d'abord la diversité même des religions et la correspondance de chacune d'elles avec le caractère du peuple qui l'a adoptée. Les dieux sont guerriers chez les peuples conquérants, pacifiques chez les peuples à humeur plus douce. La Grèce a donné comme principal attribut à ses divinités la beauté et l'intelligence ; Israël a conçu un dieu juste ; le christianisme, un dieu bon. — C'est ensuite la façon dont une même religion se modifie dans le temps et l'espace. Elle s'élargit avec la conscience nationale : la *Roma quadrata* des origines n'a connu, ainsi que les autres cités italiotes, que les dieux minuscules des *indigitamenta* ; la Rome impériale connaît de grandes divinités auxquelles elle attribue l'empire universel. Le christianisme se diffuse dans toute l'Europe ; mais il y prend trois formes principales, correspondant à trois tempéraments ethniques différents : la forme grecque ou orthodoxe, la forme romaine ou catholique, la forme germanique ou protestante ; et dans chacun de ces groupes les esprits nationaux inspirent encore leur cachet particulier à la foi et au culte : la religiosité du Russe n'est pas la même que celle de l'Hellène, celle du Français diffère de celle de l'Espagnol, celle de l'Anglais de celle de l'Allemand (1). — C'est encore la persistance du caractère national sous le changement des formes religieuses. L'Armorique adopte le christianisme, et les Bretons en viennent à passer pour des catholiques intransigeants ; mais dans leurs pratiques contemporaines on retrouve celles qu'ils connaissaient au temps du druidisme, et leurs saints d'aujourd'hui sont d'anciens

---

(1) Sous les rois absolus je trouve un dieu despote ;
On nous parle aujourd'hui d'un dieu républicain.
(Alfred de Musset, *l'Espoir en Dieu*.)

dieux celtiques locaux. Créations spontanées du génie de ce peuple original et tenace, ceux-ci n'ont admis l'introduction du dieu étranger parmi eux qu'à condition de ne lui reconnaître qu'une primauté honorifique, en gardant pour eux toute la ferveur des fidèles.

Un autre ordre de considérations peut encore être présenté à l'appui de la même théorie. Aux temps anciens, on voit la notion de dieu unie étroitement à celle de la cité. Chaque Etat a son dieu, qui le protège et combat pour lui. Les Hébreux considèrent que Jahveh a conclu avec eux un pacte spécial d'alliance et ils emmènent dans leurs expéditions l'arche sainte. Athènes voit l'origine de sa puissance dans la protection de la Glaucopide, et elle en met le symbole dans la statue de celle-ci. Les Romains de la République localisent Jupiter au Capitole ; ceux de l'Empire dressent partout des autels et en font dresser par leurs sujets au génie de la Ville éternelle et à son représentant humain, « *Romæ et Augusto* ». C'est Rome même qui est ainsi divinisée avec le premier de ses enfants. — Cette façon de voir ne change pas avec le christianisme. Comme les héros grecs d'Homère attribuaient leurs victoires à l'intervention des dieux, ainsi les preux du moyen âge voient dans leurs propres exploits les coups du Très-Haut : ils les appellent « *gesta Dei per Francos* ». Depuis lors, chaque nation se dit à l'envi l'objet d'une protection spéciale du ciel. L'une s'intitule « le Saint-Empire » ; l'autre, « la Sainte Russie » ; les nations coalisées se nomment « la Sainte Alliance ». Nos monnaies portent, jusqu'à une date récente, la devise : « Dieu protège la France ». Les armes d'Angleterre disent: « Dieu et mon droit ». Et comme les Romains combattaient « *pro aris et focis* », les Allemands d'aujourd'hui sont préparés à la bataille « *für Gott und Vaterland* ». — Sans doute, les grandes religions modernes sont universalistes » et parlent d'un Dieu commun au monde entier ; mais cela prouve simplement peut-être que leur esprit national aspire à s'imposer à l'univers. — En somme, Dieu, c'est la société elle-même, apparaissant à ses membres comme un être transcendant et protecteur. On comprend dans une large mesure ce phénomène de projection collective, si l'on songe que la vie individuelle n'est possible que grâce au concours du groupe entier. Ce fut donc un sentiment très naturel chez les primitifs que celui qui les porta à voir une unité toute puissante et toute bonne dans la collectivité dont ils faisaient partie, à la diviniser et à l'adorer. Les Athéniens avaient fait de leur cité la Providence, en lui donnant un nom de déesse. Nos contemporains n'attendent-ils pas, au fond, bien souvent les mêmes services de leur patrie ? ne parle-t-on pas chez nous de l'Etat-Providence ? et n'est-on pas arrivé à figurer, sous les traits d'une déesse, la République ? Ne nous étonnons donc pas que les dieux, dans toute l'histoire, aient des caractères sociaux, lors même qu'il s'agit d'un dieu unique et tout spirituel, avec le monothéisme, ou encore, avec le panthéisme, d'une substance divine partout répandue, dont les êtres humains ne sont que les modes, « vivant et se mouvant en elle », suivant la parole de saint Paul qui a inspiré Spinosa.

Quelle est, dans une semblable conception, la part qui revient aux individus dans la création de la religion ? Si elle ne fait que traduire des sentiments collectifs, elle ne saurait avoir d'inventeurs individuels. Il peut seulement y avoir place, à son origine, pour des

personnalités éminentes qui auront ressenti avec une
intensité particulière et exprimé avec bonheur les aspirations de tout un peuple. C'est sous cet aspect qu'apparaissent à la science ceux qu'on nomme les fonda-
teurs des religions. Encore relève-t-on, dans leurs bio-
graphies traditionnelles, bien des légendes, bien des
faits ajoutés après coup par l'imagination pieuse des
générations postérieures. Nombre d'idées leur ont été
prêtées, qui n'ont pu être formulées que depuis leur
mort. Leur rôle s'est ainsi grossi de multiples apports
de leurs successeurs. Pour ceux d'entre eux qui appartiennent aux temps antiques, la science en est venue à
douter même des événements caractérisques de leur
carrière, et jusque de leur existence. Mais quoi ! Si
leur figure ne fut pas ce que la légende rapporte, elle
est pour nous ce que les siècles l'ont faite. Elle incarne
l'aspiration de tout un peuple vers le divin. Et c'est
pour elle surtout qu'il est exact de dire que la légende
est souvent plus vraie, plus importante du moins,
socialement parlant, que l'histoire elle-même.

V

Nous venons d'essayer de démontrer que la religion
est un phénomène social par ses conséquences, par sa
forme, par ses origines. Mais, entre tous les phénomènes sociaux, elle présente aujourd'hui un caractère
particulier : elle est un ordre de faits en régression,
elle voit sans cesse diminuer son importance relative

dans les grandes sociétés qui marchent à la tête de l'humanité. C'est un point sur lequel nous devons nous expliquer.

Il n'est aucunement douteux qu'actuellement tous les ordres de faits mentaux qui à l'origine étaient liés à la religion, tendent à se différencier d'elle et à s'en émanciper. La science s'est affranchie de sa tutelle, elle a constitué ses règles propres et son corps de doctrines indépendant. Les beaux-arts l'ont fait aussi. La morale à son tour marche dans la même voie. Par une conséquence logique, le droit s'est laïcisé, la politique s'est dans une large mesure sécularisée. La vie économique, dominée par ses nécessités propres, a conquis son autonomie depuis longtemps, et la vie domestique elle-même fait moins appel aux inspirations religieuses. Ce qu'on nomme la crise actuelle de la religion n'est pas autre chose que cette séparation progressive qui s'opère entre elle et tous ces ordres de faits sociaux. Notons, en passant, que cette constatation viendrait à l'appui de la théorie de ceux qui voient dans ces divers ordres des réalités distinctes, bien qu'elle pût à la rigueur être interprétée, par ceux qui croient au contraire à l'unité du fait social, comme un simple déplacement d'importance relative entre les aspects de ce fait.

Mais cette dissociation, que nous venons de constater, ira-t-elle en s'accentuant, et amènera-t-elle la disparition de la religion ? Ce problème, nous avons le droit et le devoir de l'aborder, car il relève bien de la sociologie. Si celle-ci n'a pas à agir sur l'avenir, il lui appartient de le prévoir et à ce titre elle doit se demander si l'un des ordres de faits sociaux actuellement existants peut cesser d'être. — En logique, à coup sûr, cette disparition est concevable. Il est possible que, dans l'avenir, la science et la morale positives remplacent entièrement la religion, la première dans sa fonction d'instruction, la seconde dans sa fonction de direction. Ce sera problablement plus facile pour la première que pour la seconde. — Mais il nous paraît que, en fait, la religion a des moyens de se maintenir qui sont de première importance. D'abord, elle a son refuge dans l'intimité de la conscience. Nous avons dit déjà qu'elle tend chez nous à prendre de plus en plus la forme individuelle. Elle répond ainsi à ce besoin qu'a la personnalité humaine de se sentir en contact avec l'infini. Il est vrai que les sciences, les beaux-arts et la morale saisissent chacun l'infini sous un de ses aspects : vérité, beauté, bonté. Mais il est des esprits qui veulent embrasser ces trois aspects à la fois, et la religion paraît propre justement à les réunir. Tandis que ces trois disciplines vivent d'analyse et de clarté, elle opère une synthèse un peu obscure, mais dont le mystère même charme bien des cœurs. De la sorte, elle pourra subsister, comme une sorte de dialogue de l'homme avec le divin. — En second lieu, elle garde une certaine valeur comme institution collective. Une religion nationale, si discutable qu'elle soit par ailleurs, sert à exalter les sentiments patriotiques d'un peuple, en promettant à sa durée et à sa grandeur l'appui du ciel. Ses cérémonies sont un lien permanent entre les citoyens. Y participer ensemble, chez eux ou surtout quand ils se trouvent à l'étranger, c'est un moyen de fraterniser. La religion pourra donc subsister, en second lieu, comme affirmation de l'unité du groupe social. — Et enfin, si elle devient franchement universaliste dans son esprit (ce qui pourra se concilier avec le maintien des diversités nationales dans la célébration des rites), elle formera les hommes au sentiment de leurs devoirs envers tous leurs semblables, voire même envers tous les êtres vivants et envers la nature entière. Elle pourra encore subsister, à ce troisième titre, comme école de la solidarité universelle. — On voit par là qu'il demeure pour la religion, dans l'avenir, une belle tâche à remplir, une large place à occuper dans la vie sociale. Ses destinées sont sans doute entre les mains de ceux qui la représentent. Si le sacerdoce sait comprendre l'esprit moderne et s'y associer résolument, il peut conserver à la religion son importance, en rendant du même coup service à l'humanité.

CHAPITRE XI

LA SCIENCE

I. *Science et religion. Science et savoir.* — II. *Science et art.* — III. *Classification des sciences.* — IV. *Caractères sociaux de la science.*

I

Pour définir la science, en tant que phénomène social, il importe de la distinguer d'autres ordres de faits qui s'en rapprochent.

Et tout d'abord, il faut dire ce qui la sépare de la religion. Suivant une idée qui vient du positivisme, leur différence consisterait, non dans leurs objets, mais dans leurs méthodes. Elles auraient un même but, elles emploieraient des voies différentes pour l'atteindre. L'esprit humain aurait passé tour à tour par trois phases, appelées par Auguste Comte théologique, métaphysique et positive. Dans la première, il fait appel à des puissances imaginaires, qu'il déifie. Dans la seconde, qui n'est qu'une phase de transition, il croit encore à des substances transcendantes, tout en renonçant à les adorer. Dans la troisième enfin, il se contente d'observer les phénomènes, de constater leur liaison, d'en induire leurs lois. Cette vue, géniale à son heure, a jeté une vraie lumière sur tout le développement de la pensée humaine, et la première leçon du *Cours de Philosophie Positive*, qui la développe, reste une des grandes pages de la littérature philosophique, non seulement française, mais universelle. Mais, depuis lors, bien des recherches nouvelles ont été faites, et, si elles n'ont pas ébranlé l'idée maîtresse d'Auguste Comte, elles en ont précisé et par là même délimité la portée. Il y a peut-être eu, dans tous les domaines, succession de l'esprit théologique et de l'esprit positif, bien que ce fait même soit contesté. Mais cela ne permet pas de dire qu'il y a eu ou qu'il doit y avoir remplacement intégral de la religion par la science. Car, à vrai dire, la religion et la science n'ont pas les mêmes domaines. Celui de la science est moins vaste que celui de la religion. Celle-ci, née dans les âges primitifs, répondait à des besoins multiples : au besoin de connaissance, au besoin de poésie, au besoin de direction ; elle était tout ensemble une science, un art, une morale, voire même un droit et une politique rudimentaires. On peut dire qu'elle représentait, à elle seule, toutes les fonctions sociales de relation. Le premier progrès accompli a consisté dans une différenciation de ses parties, dans une séparation de ses diverses fonctions. Chacune d'elles s'est érigée en un tout distinct, ayant ses méthodes spéciales. C'est même ce qui fait qu'aujourd'hui, ce processus étant presque à son terme, il devient difficile de trouver pour la religion un domaine particulier, un objet spécifique. Dans tout ce vaste empire, qui fut originairement celui de la religion, la science n'a entendu prendre pour elle-même qu'une seule province : elle n'a cherché à répondre qu'au besoin de connaissance. Aussi, si l'on peut dire qu'elle est un succédané de la religion, doit-on immédiatement ajouter qu'elle ne lui a succédé que partiellement. Elle est l'organisation méthodique du savoir, dont la religion avait été l'organisation rudimentaire.

Par là, nous sommes amené à poser une seconde distinction, non moins importante : celle de la science et du savoir. Le savoir est quelque chose de plus vaste que la science; il l'a précédée chronologiquement, il la dépasse en étendue. Il y a eu du savoir dès les débuts de l'humanité ; il n'y a de science que depuis un temps relativement court. Il se mêle du savoir à toutes les opérations sociales ; la science au contraire est une opération particulière. Justifions, s'il se peut, ces deux propositions.— Tout acte humain implique, à sa base, une certaine connaissance. Car on ne peut agir que si l'on a quelque notion du but à atteindre et des moyens de réalisation. Prenons comme exemple le fait économique le plus rudimentaire : la cueillette. Ce n'est même pas un acte de production, c'est la simple récolte des produits que la nature donne spontanément. Eh bien ! elle suppose au moins la notion de la valeur de ces produits, la distinction de ceux qui sont comestibles et de ceux qui sont vénéneux, et quelque idée de leur mode d'emploi. De même, prenons le fait le plus rudimentaire de la vie domestique, l'amour maternel. Il suppose la connaissance, non seulement du lien de l'enfant avec la mère, mais aussi des besoins immédiats de cet enfant et des moyens de les satisfaire. Naturellement, tous les actes plus compliqués de la vie économique et de la vie familiale, tels que la production industrielle et l'éducation des adolescents, exigent la possession de notions bien plus étendues. Il en est de même pour les actes qui s'accomplissent dans les autres domaines sociaux : l'homme qui prêche la morale, celui qui rend la justice, celui qui gouverne l'Etat, doivent connaître les faces multiples de la vie privée et publique. Il faut donc du savoir dès le début de l'existence sociale, et il en faut de plus en plus dans les diverses manifestations de celle-ci à mesure qu'elles vont en se perfectionnant. Mais tout cela n'est pas la science proprement dite. La science n'existe pas dès qu'il y a du savoir : ni la cueillette ni l'amour maternel ne l'impliquent. Et elle n'existe pas partout où il y a du savoir : le talent du prédicateur, du juge et de l'homme d'Etat, tout en exigeant des connaissances, n'implique pas non plus une science proprement dite. La science est un savoir abstrait et systématisé qui est conçu comme ayant sa fin en lui-même.

II

Nous arrivons ainsi à une notion de la science qu'il nous faut préciser encore. Pour le faire, nous n'avons qu'à distinguer la science de quelque chose qu'on confond trop souvent avec elle, à savoir l'art.

Par ce dernier terme, nous n'entendons pas les beaux-arts; de ces derniers, il est traité, du reste, dans le chapitre qui suit immédiatement celui-ci. Nous voulons parler des arts utiles. On peut dire qu'à chaque science particulière correspond un de ces arts, qui en emploie les données en vue de l'application immédiate. Ainsi, dans le domaine physique, à la mécanique rationnelle, qui est une science, répond la mécanique appliquée, qui est un art. Dans le domaine biologique, en face de la zoologie, science des animaux, on trouve la zootechnie, art de l'élevage. Dans le domaine social, on rangera d'un côté la science des mœurs, de l'autre la morale proprement dite, ou art des mœurs.

Nous nous sommes longuement étendu ailleurs sur cette distinction, préliminaire à toute définition des études sociales ou autres (1), en cherchant à l'analyser plus complètement qu'on ne l'avait fait jusque-là. Aussi pensons-nous avoir le droit de nous borner ici à indiquer les traits caractéristiques en lesquels elle nous paraît pouvoir se résumer.

Entre la science et l'art, il existe d'abord une différence de fins. La science vise à connaître ; l'art vise à agir. L'une veut savoir ce que fut et ce qu'est le monde ; l'autre veut dire ce qu'il devrait être. La première envisage donc le passé et le présent ; le second cherche à organiser l'avenir. La science s'occupe du réel, pour l'étudier ; l'art s'inquiète de l'idéal, pour le réaliser.

Entre eux aussi, il doit exister, par suite, une différence de méthode. La science part de l'observation des faits particuliers, à laquelle elle joint, lorsque cela est nécessaire et possible, l'expérimentation proprement dite. Elle s'élève ensuite progressivement aux généralités, par la classification, la découverte des causes, l'induction, et c'est seulement sur la base d'inductions

---

(1) Voir notamment notre mémoire sur *La science et l'art en matière sociale*, dans le tome I des *Annales de l'Institut international de sociologie* ; notre livre intitulé *La science et l'art en économie politique* ; et le chapitre IX de notre volume sur l'*Objet des sciences sociales*.

solides qu'elle pose des déductions. Elle suit donc une marche ascendante. L'art, au contraire, suit une marche descendante. Des principes, il passe aux applications. Sur la double base des vérités générales découvertes par la science, et des besoins généraux ressentis par l'homme, il dresse des plans destinés à améliorer la condition de ce dernier, soit en lui asservissant la matière (arts physiques) ou la vie (arts biologiques), soit en réglant mieux sa propre activité (arts sociaux). Par déduction, il arrive à des formules de plus en plus particulières, dont il vérifie le bien-fondé par des expérimentations aussi répétées et aussi variées que possible.

Ainsi, la science aboutit à des formules générales, et l'art part de formules générales. Tous deux sont donc, en un sens, abstraits et systématiques. Mais la première tire ses abstractions et ses systèmes des faits, et le second cherche à faire entrer les siens dans les faits. La science est la théorie de la nature. L'art est la théorie de l'action.

La distinction que nous avons établie dans le précédent paragraphe entre le savoir et la science va nous permettre maintenant de compléter sur un point cette comparaison de la science et de l'art. On se pose assez souvent la question de savoir si la science est antérieure à l'art, ou l'art antérieur à la science. Presque toujours on se prononce pour l'antériorité de l'art. Mais c'est qu'on part, d'ordinaire, d'une fausse définition de l'art. On donne ce nom, abusivement, à l'action, à la pratique proprement dite, tandis que l'art est lui-même une théorie. Et alors, la théorie de l'action restant sans nom, on l'appelle, par un autre abus, la science (1). Avec cette terminologie, il est trop clair que l'art serait antérieur à la science, puisqu'évidemment l'humanité a agi avant de formuler en maximes les principes de son action. Mais, si l'on emploie les expressions exactes, si l'on prend les termes de science et d'art dans les acceptions que nous avons définies, le problème devient plus complexe. M. E. de Roberty a soutenu l'antériorité de la science sur l'art, en raison de ce que des connaissances effectives ont été nécessaires à l'élaboration de toute théorie de l'action. Nous même avons penché un moment pour cette vue ; tout au moins inclinions-nous à admettre la naissance et le développement simultané de la science et de l'art. Aujourd'hui nous parlerions un peu autrement. Nous admettrions qu'un certain savoir rudimentaire a dû être acquis pour que l'art se constituât. Car il a fallu quelques données positives pour qu'on pût spéculer sur elles. Mais ces premières spéculations nous paraissent antérieures à la naissance de la science proprement dite. En effet, l'humanité a pris son essor vers l'action avant d'organiser rationnellement ses connaissances. La morale, par exemple, a précédé de bien des siècles la science des mœurs. Nous reviendrions donc, d'une certaine manière, à l'idée courante, mais par une autre voie et avec une distinction. Nous conclurions que l'art est antérieur à la science, bien qu'il soit précédé lui-même par le savoir.

(1) Nous avons décelé cette grave erreur de terminologie dans le chapitre premier de *La science et l'art en économie politique.*

III

En disant que toute science est un savoir abstrait et systématique, que voulions-nous indiquer ? C'est, d'une part, que, dans la masse des données fournies par l'expérience, la science en choisit — par abstraction — quelques-unes, qui lui semblent les plus topiques, les plus importantes, les plus propres à résumer ce qu'il y a de caractéristique en toutes. C'est, d'autre part, que de ces données éparses elle forme — par systématisation — un tout cohérent et ordonné. Cette ordonnance s'obtient par l'emploi de la classification et de l'induction. Toutes les sciences ont passé par là, ou y passent encore. Seulement il en est certaines qui, favorisées par la simplicité relative de leurs objets, ont effectué ces opérations plus vite que les autres. Leurs tâches inductives une fois achevées, elles ont pu se livrer en sécurité à des travaux de déduction. Aussi affectent-elles aujourd'hui un aspect purement déductif. C'est le cas des sciences proprement mathématiques. Mais il ne faut pas que leur forme actuelle fasse illusion sur leur passé. Elles sont, elles aussi, nées de l'observation. La géométrie a commencé par mesurer des longueurs sur le sol, avant de savoir les déterminer par le calcul. Aujourd'hui encore, ses bases, ses postulats, sont donnés par l'expérience seule. Ainsi toutes les sciences ont débuté par des constatations de fait, par des observations, pour s'élever plus ou moins vite, grâce à l'emploi de la méthode inductive, vers l'usage de la déduction.

Peut-on dresser, de tout cet ensemble de sciences, une liste rationnelle ? On cherchait autrefois et on cherche encore parfois aujourd'hui à le faire en partant des facultés que l'esprit emploie pour constituer ces sciences. Auguste Comte a montré qu'il était beaucoup plus logique de fonder la classification des sciences sur la nature même de leurs objets. Il a ainsi distingué six sciences fondamentales, dont les objets sont de plus en plus spéciaux et complexes à mesure qu'on va du début de la série vers la fin. Ce sont : la mathématique, l'astronomie, la physique, la chimie, la biologie, la sociologie. Toutes ces sciences traitent de phénomènes envisagés d'une façon générale dans la totalité des êtres qui les présentent. Il en est d'autres, qu'Auguste Comte appelait les sciences dérivées, qui étudient ces phénomènes d'une manière plus particulière, en distinguant les multiples espèces d'êtres qui les manifestent, et en notant la variété de leurs propriétés. C'est le cas de la minéralogie en face de la chimie, de la botanique et de la zoologie en face de la biologie.

Insistant sur cette distinction de deux catégories de sciences, M. L. Manouvrier a dressé un tableau où il place, d'un côté, les sciences de phénomnes, qui sont à peu près les sciences fondamentales d'Auguste Comte ; d'un autre côté, les sciences d'êtres, qui sont à peu près ses sciences dérivées. Il a ajouté que chaque catégorie de phénomènes se retrouve dans les êtres les plus complexes, et qu'ainsi les sciences de ces êtres reconstituent la synthèse de ce dont les sciences de phénomènes faisaient l'analyse.

Adoptant ces vues, nous croyons devoir répartir la totalité des sciences en trois grands domaines, cosmique, biologique et social, dont chacun présente une extension moindre et une compréhension (c'est-à-dire un ensemble de propriétés) plus riche que celui qui le précède. La classification des sciences devient ainsi la suivante. Au domaine cosmique s'appliquent, comme sciences de phénomènes : la géométrie (dont l'arithmétique et l'algèbre sont des préfaces abstraites), la mécanique, l'astronomie, le physique et la chimie ; et, comme sciences d'êtres : la cosmographie, la géographie, la géologie, la minéralogie. Au domaine biologique correspondent, comme sciences de phénomènes : l'astronomie et la physiologie ; et, comme sciences d'êtres : la botanique et la zoologie (dont on pourrait, si l'on voulait subdiviser, distinguer la microbiologie, l'embryologie, la paléontologie). Au domaine social enfin s'attachent, comme sciences de phénomènes : la géographie sociale, l'ethnographie, la démographie, ce que nous avons appelé l'histologie sociale (1), la science économique, les sciences de la vie familiale, des mœurs, de la religion, des beaux-arts, des institutions juridiques et politiques ; et, comme science d'êtres : l'histoire particulière des nations, des cités, des groupes humains de tous genres et des individus eux-mêmes. Nous nous sommes expliqué longuement ailleurs (2) sur cette division des sciences sociales, et les principes que nous avons adoptés pour elle nous paraissent valoir pour la classification de toutes les sciences sans distinction.

(1) Voir ci-dessus, chapitre IV.
(2) *Objet des sciences sociales*, chapitres X et XI.

IV

Cherchons enfin par quels liens la science se rattache à la vie sociale en général, comme nous l'avons cherché précédemment pour la religion.

La science, tout d'abord, révèle son caractère social par son mode de constitution. Car elle est œuvre collective. L'immense domaine qu'elle embrasse ne saurait être exploré que grâce au concours de très multiples travailleurs, opérant, les uns simultanément, les autres successivement. C'est ainsi que l'astronome établit ses calculs sur la base d'observations que viennent de recueillir ses confrères dispersés sur tous les points du globe, et sur la base aussi des théories formulées par ses prédécesseurs depuis des siècles, en remontant jusqu'aux systèmes des Chaldéens. C'est ainsi encore que le sociologue édifie ses synthèses sur les recherches des voyageurs qui analysent à l'heure présente la vie des peuplades sauvages, comme sur les travaux des historiens grecs qui nous ont raconté l'existence et les institutions de leurs cités, en tenant compte également des vues théoriques émises par ses propres devanciers. De plus, l'un et l'autre attendent la discussion de leurs idées par leurs confrères étrangers et comptent bien sur les études des chercheurs de l'avenir pour continuer les leurs propres, les compléter et au besoin les rectifier. De tels exemples montrent à la fois le caractère international de la science, qui doit s'alimenter de faits et d'idées partout où elle en trouve, et sa continuité, qui lui permet de braver les effets du temps et même d'attendre de lui, au lieu de la caducité, un apport sans cesse renouvelé et une vigueur toujours croissante.

La science, en second lieu, marque son caractère social par sa destination. En effet, bien qu'elle forme un tout complet par lui-même, elle a des rapports étroits et incessants avec cet autre ensemble voisin qui constitue l'art. A chaque science correspond un art qui applique les principes par elle formulés et qui les fait tourner au profit du bien-être humain. Chaque découverte des sciences physiques peut ainsi amener, dans l'ordre pratique, une invention utile. Chaque découverte des sciences sociales peut permettre un progrès économique, moral, juridique ou politique. La science apparaît, de la sorte, comme étant, par l'intermédiaire de l'art, le guide de la vie sociale. D'autre part, si l'on veut la prendre en elle-même, en dehors de ses rapports avec l'art et la pratique, elle est l'une des occupations les plus hautes auxquelles puisse se livrer un homme cultivé. La recherche scientifique a passionné les plus grands esprits ; ils ont toujours dit que cette passion, si pure et si désintéressée, était celle, de toutes, à laquelle ils regrettaient le moins de s'être livrés ; la joie de la découverte leur a paru la plus pénétrante des satisfactions, et lorsqu'ils ont eu à se consoler des tristesses de l'existence journalière, c'est au labeur scientifique qu'ils ont demandé l'apaisement. La science se révèle à nous, dès lors, comme étant, par elle-même, le charme et le réconfort de la vie.

Il y a plus. La science est, peut-on dire, sociale par son essence même. Le fait de connaître est un acte éminemment social. Car, connaître un objet, c'est s'associer à lui, c'est à la fois pénétrer en lui et le faire pénétrer en soi, c'est établir entre soi et lui une relation aussi étroite qu'il est donné à un esprit de le faire. Plus l'objet embrassé dans la pensée qui connaît est vaste, plus l'association ainsi réalisée est large et élevée. Au sommet de la science, quand le penseur saisit dans une intuition profonde le lien de son être avec les individus qui l'entourent et qui l'ont précédé, avec l'humanité, la vie et la matière, quand il se saisit lui-même comme un simple mode passager de cet univers toujours en évolution, on peut dire qu'il a accompli l'acte de « socialité » le plus complet qui se puisse réaliser. Car il a reconstitué — il a créé peut-être — l'unité du monde, en la concevant.

CHAPITRE XII

L'ART

I. *Origine sociale de l'art.* — II. *Caractères sociaux actuels de l'art.* — III. *Caractère individuel de l'art.*

I

Les arts dont nous comptons traiter dans ce chapitre ne sont pas les arts utiles, ceux qui s'appuient directement sur les sciences, ainsi qu'il a été établi dans le chapitre précédent. Ce sont ceux auxquels le langage courant donne l'appellation de beaux-arts, et auxquels il convient de joindre, en raison d'une évidente affinité de nature, ce qu'il dénomme les belles-lettres. Ces deux groupes réunis comprennent : la poésie, le roman, le théâtre ; la musique, le chant, la danse ; le dessin, la peinture, la sculpture, la gravure, l'architecture ; les arts décoratifs et les arts de la parure.

Il n'y a, du reste, aucune opposition entre ces beaux-arts et les arts utiles. Les uns comme les autres peuvent rentrer dans la même définition générale : car ils ont également pour objet de « réaliser l'idéal ». Voilà pourquoi le nom d'arts leur convient à tous deux. Si on les range — avec raison — en deux catégories différentes, c'est que la préoccupation esthétique domine dans les premiers, tandis que la préoccupation utilitaire l'emporte dans les seconds. Ces derniers relèvent donc surtout de l'économique, dont nous avons traité précédemment; aussi pouvons-nous ici concentrer nos explications sur l'esthétique.

Ce n'est pas pourtant que les beaux-arts eux-mêmes soient sans relation avec des besoins économiques. Certains d'entre eux ont eu une origine utilitaire. On peut le dire, notamment, pour l'architecture, qui est née du besoin d'abri. Il est vrai que l'homme a éprouvé très vite le désir de parer sa demeure, comme de parer son corps, et ce désir est d'ordre esthétique. Un autre des beaux-arts, la musique, paraît aussi avoir eu une raison d'être utilitaire à ses débuts. Car elle semble bien avoir joué, dans la primitive humanité, un rôle surtout magique (1). Le sorcier se sert d'elle pour ses incantations, qui ont pour but d'enchaîner ou de déchaîner les forces naturelles, de faire pousser la récolte ou de guérir les animaux, de toucher le cœur des hommes ou des femmes, ou inversement de frapper de maladie les arbres ou les animaux de l'ennemi, de jeter sur lui un mauvais sort. Orphée est le type des magiciens bienfaisants. Amphion fait s'élever les murs de Thèbes par le seul son de sa lyre. Josué fait écrouler ceux de Jéricho par le seul son de ses trompettes. La musique, comme l'architec-

(1) Voir les articles de M. Jules Combarieu, intitulés *La Musique et la Magie*, dans *La Revue Musicale*, 1905.

ture, a donc, à ses origines, un caractère très marqué d'utilité. Et c'est de l'utilité collective qu'elles relèvent surtout. Car les premières constructions qui aient eu un caractère vraiment architectural ont été des temples, des théâtres, des palais ; les premières applications importantes de la musique ont été faites au profit de la collectivité, sous la forme d'incantations destinées à assurer à la tribu des succès à la chasse ou à la guerre. La raison d'être sociale de ces arts se marque ainsi dès leur début.

Elle n'est pas moins certaine, au reste, pour les autres arts. Bien qu'ils semblent issus de modes d'activité désintéressée, ils n'en sont pas moins les produits d'une activité qui n'a pu être que collective. Expliquons-nous. Sur l'origine de ces arts en général, il existe diverses théories. Mais la plus plausible de toutes et celle qui s'est fait le plus généralement accepter, est celle qu'a formulée Herbert Spencer. Selon cet éminent sociologue, l'art dérive du jeu. Quand l'homme a satisfait les besoins vitaux les plus impérieux, comme il lui reste quelque vigueur en excès, il veut l'employer. Il l'exerce donc « pour l'exercer », et c'est cette activité désintéressée, se prenant elle-même pour but, qui constitue le jeu. Or, chez tous les primitifs, les jeux sont collectifs. Pour les peuples de l'antiquité, nous le savons par les écrits qu'ils nous ont légués. Pour les sauvages contemporains, les récits des voyageurs nous l'apprennent. Pour les enfants, qui sont des primitifs à leur manière, l'observation de tous les jours nous le montre. L'homme ne s'amuse pleinement qu'en la compagnie de ses semblables. Le mouvement en commun crée une excitation réciproque qui décuple le plaisir du jeu.

Un sociologue français, Charles Letourneau, a essayé de préciser la nature des jeux primitifs. Pour lui, le type le plus achevé que nous en connaissions se trouve dans les *corroboris* des Australiens. Ce sont des pantomimes auxquelles toute la tribu prend part, et qu'accompagnent les voix humaines et les instruments. Il les compare à nos opéras-ballets, et il estime que c'est de ce genre d'exercices que sont sortis, par différenciation, la danse, la musique et le chant. Nous serions assez porté à admettre qu'il y a une grande part de vérité dans ces vues. Nous les complèterions seulement sur un point. Ces pantomimes des primitifs ne sont peut-être pas de purs jeux. Qu'on remarque, en effet, leur contenu. Ce sont, le plus souvent, des danses de chasse ou de guerre. On y imite, soit les mouvements du chasseur et de l'animal qu'il poursuit, soit les mouvements de deux troupes humaines ennemies. Eh bien ! il nous paraît probable que, en le faisant, on a un but utilitaire autant qu'un but esthétique, et que le but utilitaire a dû apparaître le premier. Ce but, ce fut et c'est encore aujourd'hui d'acquérir l'agilité dans la course et l'adresse dans le combat. Qui mieux est : les idées des sauvages sur la magie sympathique nous permettent peut-être de pousser plus avant l'explication. Les primitifs, on le sait, attribuent à l'homme un pouvoir magique sur les êtres dont il possède un élément ou dont il sait reproduire certains traits. Pour eux donc, celui qui parvient à imiter les mouvements d'autrui acquiert ainsi sur lui un véritable empire. En reproduisant dans ses danses les démarches de l'animal qu'il songera bientôt à capturer ou de la tribu hostile contre laquelle il est perpétuellement en guerre, le sauvage croit s'assurer vis-à-vis d'eux une supériorité

« prodigieuse ». Ainsi un nouvel élément social — fait d'un but utilitaire et d'un moyen magique — entre dans ses jeux, d'où plusieurs de nos arts naîtront.

Cette explication pourrait peut-être même s'étendre aux arts du dessin. On sait que les premiers spécimens de ceux-ci sont des gravures sur os et sur pierre qui remontent aux âges préhistoriques, et dont les plus remarquables représentent des rennes et d'autres animaux. N'est-il pas concevable que, en dessinant leur image, l'homme primitif ait voulu se procurer une partie d'eux-mêmes, se faire une sorte de talisman qui lui donnât pouvoir sur eux ? Cette idée devient très vraisemblable quand on songe que, au moyen âge, toute l'Europe croyait à la possibilité d'envoûter un homme, grâce à une figurine ayant ses traits, et qu'aujourd'hui encore, nombre de sauvages se refusent obstinément, sous l'empire d'une crainte provenant de la même croyance, à laisser prendre leur photographie ? Et, si elle est exacte, on voit tout ce que l'art originaire a dû à des conceptions magiques et utilitaires à la fois.

II

Si l'art est, ainsi, tout imprégné d'éléments sociaux à ses débuts, on ne saurait trouver qu'il en est moins pénétré aujourd'hui. Certes, au cours des siècles, il a tendu constamment vers « l'individualisation », et nous serons amené à insister nous-même bientôt sur ce caractère. Mais il n'en reste pas moins vrai qu'à un grand nombre d'égards il demeure une manifestation de la vie et de la pensée collectives.

Cela apparaît déjà quand on le considère de l'extérieur. Il ne peut s'exercer qu'avec l'aide d'une foule de moyens d'action, d'un matériel très développé, qui varie naturellement avec la forme d'art considérée : scènes, costumes et décors pour le théâtre ; instruments et partitions pour la musique ; toiles, couleurs et pinceaux pour la peinture, etc..., etc... Or, tout cela est le produit d'un travail social, du travail accumulé d'une série de générations. Tout cela suppose une activité économique intense, et par là, une fois de plus, l'esthétique se relie à l'économique. — Trouve-t-on que ce soient là des considérations trop « matérielles » ? Eh bien ! l'art ne se fait pas seulement avec des instruments ; il se fait aussi avec des procédés, suivant des méthodes définies. Or, ces procédés et ces méthodes ne sont pas, sauf exceptionnellement, spéciaux à l'artiste qui les emploie. Ils sont en grande partie un legs des devanciers, ils dérivent d'une tradition. Sans doute, le présent rejette souvent cette tradition du passé. Mais alors, c'est pour dresser école contre école, pour opposer en bloc sa façon de voir et de faire à celle qui prévalait antérieurement. En ce cas, l'artiste n'est plus solidaire de ses « anciens » ; mais il l'est de ses contemporains. Dans une hypothèse comme dans l'autre, il fait corps avec une grande quantité d'autres artistes. Sa « manière » ne lui est pas toute personnelle ; elle ressemble à celle de ses confrères, d'hier ou d'aujourd'hui ; elle le range dans une collectivité, elle a quelque chose de social.

Tout ce dont nous venons de parler — matériaux, procédés — n'est encore que l'extérieur de l'art. L'intérieur, c'est l'inspiration. Or, l'inspiration constitue, semble-t-il, le don individuel par excellence ; elle est le « feu sacré » qui communique à l'âme de l'artiste sa chaleur et sa lumière :

Est deus in nobis, agitante calescimus illo ;
et ce « démon », dont l'homme est possédé, le distingue de tous les autres et à ses yeux l'élève au-dessus de tous. — Voyons pourtant. Où donc l'artiste prend-il ses sujets, sinon dans la réalité ambiante ? Qu'est-ce que le romancier décrit, si ce n'est le milieu social où il vit ? Qu'est-ce que le dramaturge met à la scène, hors les passions qu'il a observées ? Et le dessinateur, le peintre, le sculpteur, que figurent-ils, si ce n'est les choses ou les hommes qu'ils ont sous les yeux ? On dira qu'ils peuvent chercher leurs sujets dans l'histoire, ou dans des pays éloignés. Mais, même dans ces cas, c'est toujours de l'observation que, par voie indirecte, ils les tirent. On dira encore qu'ils peuvent forger des personnages de pure fantaisie. C'est oublier que l'imagination, même la plus riche, ne fait que combiner des éléments empruntés à la sensation ou au souvenir. La matière dont tous ces personnages sont tirés est objective et sociale, si la forme que l'artiste leur donne est, dans une certaine mesure, subjective et individuelle. Ce qui le prouve bien, c'est que tous portent l'empreinte du siècle où vivait l'artiste qui les a conçus. Même quand il leur a attribué le nom de personnages antiques, ou de figures célestes, c'est à ses contemporains à lui qu'ils ressemblent. Le théâtre français du xviie et du xviiie siècles, la peinture italienne et la peinture flamande sont là pour le prouver. — Peut-être encore dira-t-on qu'il n'y a rien de semblable pour la musique, et que les éléments en sont entièrement créés par

l'artiste. Mais, répondrons-nous, s'il est rare en effet qu'il entende dans la nature les sons mêmes qu'il reproduit, il est plus fréquent qu'il les ait entendus dans les œuvres d'autres musiciens, antérieurs ou contemporains. Certes, il ne les copie point volontairement. Mais ces sons, quand ils l'ont frappé, restent dans son oreille. Ils s'y détachent de ceux qui les accompagnaient primitivement. Ainsi dissociés, ils sont tout prêts à entrer dans des associations nouvelles. Ils se combinent, en effet, avec d'autres sons que le musicien a entendus ailleurs. Ils constituent ainsi des ensembles qui ont toute l'apparence de la nouveauté. L'artiste qui écrit ceux-ci « d'inspiration » croit de très bonne foi être original. Il n'a fait pourtant, lui aussi, que donner un aspect nouveau — quelquefois — à des éléments déjà anciens, revêtir d'une forme individuelle ce qui faisait partie du fonds collectif.

L'art sort donc de la vie sociale. Et l'on peut dire aussi qu'il retourne vers elle. Car, s'il s'inspire de son milieu, il veut d'autre part agir sur ce milieu. L'artiste cherche à émouvoir, à séduire, à passionner ses contemporains. Il voudrait leur inspirer sa façon de comprendre le monde et l'existence, leur communiquer l'idéal qui l'anime et qui l'inspire. Tout au moins, il voudrait obtenir pour son œuvre leur attention et leur sympathie. Or, il sait bien qu'il ne peut atteindre ces buts, même le plus modeste, le dernier, qu'en acceptant un certain nombre d'idées et de principes répandus dans cette société. Pour lui plaire, il faut d'abord qu'il se pénètre d'elle. Pour la conquérir, il faut qu'il la connaisse à fond et qu'il lui concède beaucoup. Le goût public sert ainsi de limite et de guide au talent, ou même au génie de l'artiste. Celui-ci ne produit au jour que ce qu'il sait pouvoir faire accepter, au moins par une élite. Il ne laisse de la sorte à la postérité, comme trace de lui-même, que ce qui est, dans une certaine mesure, conforme aux vues générales de son époque. C'est pour toutes ces raisons réunies que l'œuvre de l'artiste reflète si exactement les conditions de l'existence matérielle et mentale que son milieu naturel et surtout social lui imposait.

Veut-on une démonstration, une « illustration » de ces idées ? Nous nous garderions de la donner nous-même, car elle a été fournie par un maître. On la trouvera, avec une ampleur de documentation, une précision dans le savoir, et un talent d'écrivain admirables, dans la *Philosophie de l'Art* de Taine. Par l'exemple de la statuaire antique et de la peinture de la Renaissance, il fait toucher du doigt la vérité des principes que nous venons d'exposer. C'est une bonne fortune pour nous de pouvoir renvoyer sur ce point à une aussi magistrale étude le lecteur justement soucieux de trouver la preuve concrète de vues que nous ne pouvons présenter ici que dans leur abstraite généralité.

III

Nous venons de dire par combien de côtés l'art se rattache à la vie collective. Mais cela ne peut pas nous faire oublier l'autre aspect qu'il présente. Nul phénomène peut-être n'a plus que lui de caractères individuels. Il serait puéril de le contester. Quelques indications sommaires vont suffire pour le faire comprendre.

D'abord, il n'est aucune œuvre d'art qui n'émane d'un individu. Sans doute, il y en a qui ont été composées en collaboration, par deux personnes, trois quelquefois. Mais alors chacune d'elles y a apporté sa part définie, et son action propre s'y retrouve et s'y démêle. A-t-on jamais vu une œuvre d'art due à une collectivité nombreuse ? On le prétend quelquefois. Seulement on n'en a jamais pu donner d'exemples démonstratifs. On songe à citer des airs ou des chants populaires. Or, d'une part, le caractère vraiment artistique de ces manifestations est plus que douteux. Et, d'autre part, dire que leur auteur est la collectivité, c'est simplement dire qu'on ignore leur auteur. Il y a toujours eu quelqu'un qui en a eu le premier l'idée, qui en a le premier composé le thème. A coup sûr, bien d'autres ont pu, après lui, broder sur celui-ci. Mais c'étaient, eux aussi, des individus ayant une certaine personnalité artistique, et parmi eux, ceux-là seuls qui possédaient quelque talent ont pu incorporer leurs innovations au thème original. — Il vaut mieux, d'ailleurs, raisonner sur des œuvres d'art véritables, plutôt que sur ces morceaux contestés. Certaines de ces grandes œuvres sont anonymes, à ce qu'on dit. Telles l'*Iliade* et l'*Odyssée*, pour lesquelles le nom d'Homère n'est qu'une sorte de mythe. Telles encore d'importantes parties de la *Bible*, les livres formant le *Pentateuque*, envers lesquels Moïse joue le même rôle. Mais quoi ! L'*Iliade* et même l'*Odyssée*, bien que cette dernière semble avoir plus d'unité, ont bien pu être formées de poèmes composés à différentes époques et par des auteurs variés ; il n'en est pas moins vrai que chacun de ces écrits est une œuvre individuelle, et que leur assemblage en a constitué une dernière. La même chose est vraie pour la *Bible*. Il y eut divers fragments rédigés au cours des siècles et cousus ensuite plus ou moins habilement en livres sacrés. Les auteurs de chacun d'eux accomplirent une besogne personnelle, et ceux qui les fusionnèrent en firent une de leur côté. On n'a pas, il est vrai, les noms de ces ouvriers d'un monument impérissable. Mais c'est probablement qu'ils crurent que leur personnalité devait disparaître devant leur œuvre. Nous n'avons pas non plus le nom du prophète de la captivité, qu'on appelle le Second Isaïe, pas plus que celui du stoïcien qu'on désigne sous le vocable d'Epictète. Ces exemples de modestie n'ôtent rien à la personnalité de ces auteurs illustres, ils la grandiraient plutôt. Derrière le voile de l'anonyme, il ne peut point ne pas y avoir un individu.

Naturellement, la personnalité de l'auteur marque sur l'œuvre l'empreinte de sa force et de son élévation. C'est ainsi que, lorsqu'elle est géniale, elle paraît échapper plus complètement qu'en tout autre cas à la domination du milieu. Souvent il arrive que deux ou plusieurs auteurs, vivant en un même temps et un même lieu, traitent le même sujet. S'il se trouve qu'ils sont supérieurs, leurs productions seront très dissemblables. Eschyle, Sophocle et Euripide ont pu mettre tous trois *Oreste* à la scène ; Corneille et Racine, y traiter de *Psyché* l'un et l'autre ; chacun a imprimé à son poème la marque distinctive de son grand esprit. Plus près de nous, les représentants les plus glorieux du romantisme ont tous ressenti l'impression profonde et douloureuse de l'indifférence de la nature devant les douleurs humaines ; Lamartine l'a traduite dans *Le Lac*, Musset dans *Souvenir*, Vigny dans *La Maison du Berger*, Hugo dans *La Tristesse d'Olympio* ; aucun de ces morceaux admirables ne ressemble aux trois autres. C'est que dans l'expression d'un sentiment commun, que toute leur génération éprouvait avec eux, chacun de ces poètes avait mis le tour particulier de sa forme et — ce qui compte davantage encore – la note qui vibrait le plus haut dans son cœur.

Pourtant, de ces écrivains si personnels, si subjectifs, quelque chose d'impersonnel et d'objectif est sorti. Certains sentiments, qu'on n'avait pas exprimés avant eux d'une façon puissante, ont trouvé dans leurs œuvres leurs traductions définitives. Tels, chez Vigny, le sentiment de l'isolement de l'homme de génie parmi ses semblables; chez Musset, le sentiment du bonheur incomparable attaché à une certaine forme de la souffrance d'aimer. Il semble qu'ils les aient rendus si magistralement que le cœur humain se soit, grâce à eux, enrichi d'une fibre nouvelle. Ils n'ont fait pourtant que dire mieux ce que bien d'autres pensaient confusément. Mais ils l'ont dit de telle façon qu'on a pu les en croire inventeurs. Par là, ils ont ajouté quelque chose au patrimoine commun de tous les poètes, et ils ont découvert une source d'inspiration qui n'est point tarie.

Ces exemples sont de nature, peut-être, à montrer comment des individualités puissantes, tout en devant beaucoup à la collectivité, peuvent lui apporter beaucoup à leur tour. Ils font saisir la nécessité qu'il y a, dans l'examen de ce troublant problème des rapports du collectif et de l'individuel, à ne jamais prétendre réduire l'un des facteurs à l'autre, et à toujours tenir des deux un compte équitable.

CHAPITRE XIII

LE DROIT

I. *Caractère formel et général du droit.* — II. *Extension progressive du droit.* — III. *Nature de la justice.*

I

Qu'est-ce que le droit ? Un ensemble de règles dont l'exécution doit assurer le fonctionnement normal de la société. Cette définition peut être acceptée par tous, car elle résume toutes celles qui ont généralement cours. Et elle nous permet d'apercevoir ce qui constitue, en effet, le caractère spécial du droit.

Cette originalité, qui met le droit à part dans la série des faits sociaux, réside, nous semble-t-il, en ceci. Le droit n'est pas un ordre de phénomènes particuliers, tels que sont les phénomènes économiques, domestiques, moraux, religieux, scientifiques, etc... Il est la manière dont tous ces phénomènes doivent s'accomplir, pour rester dans les limites de la correction légale. Il n'a pas de matière propre, mais il donne une forme déterminée à des actes innombrables, car il n'est guère d'actes sociaux qui ne tombent à certains égards sous ses prises. — On pourrait bien songer à citer certains faits spécifiquement juridiques, tels que le fonctionnement des tribunaux et les actes de procédure. Mais leur but est toujours de faire régler diverses situations économiques, domestiques, morales, etc…, car les procès ne peuvent trancher que des questions rentrant dans l'un ou l'autre de ces domaines. Leur forme seule, à eux aussi, est réglée par la loi. Ce qu'on peut dire, c'est qu'elle l'est plus étroitement que celle de tous les autres phénomènes sociaux. En eux, la structure juridique devient prédominante. Leur cas prouve même, mieux que tout autre, que c'est sur des formes que porte essentiellement le droit.

Deux conséquences résultent de là, l'une d'ordre objectif, l'autre d'ordre subjectif. Objectivement, le droit donne aux phénomènes sociaux une fixité plus grande qu'ils n'en auraient sans lui. Les fonctions sociales qui s'y soumettent perdent une partie de leur naturelle mobilité. On les voit devenir rigides, sinon dans leur contenu, du moins dans leurs cadres. Que le droit soit coutumier ou qu'il soit écrit, il oppose une égale résistance aux modifications, car il est toujours difficile d'amener l'esprit public ou le législateur à le transformer. C'est pourquoi Karl Marx avait observé avec justesse que la vie économique change plus vite que les lois destinées à la régir, ce qui est vrai d'ailleurs aussi pour la vie familiale et la vie morale.

Subjectivement, d'autre part, cette fixité que le droit communique aux faits sociaux permet à l'observateur de les saisir plus aisément. Les cadres dans lesquels il les enserre ont au moins le mérite d'en délimiter les contours et d'en marquer les grandes lignes aux yeux de qui veut les examiner. De la sorte, si son intervention diminue à certains égards la rapidité de la vie, elle réduit aussi la lenteur de l'étude. Inconvénient d'un côté, elle est un avantage de l'autre. C'est pourquoi les sociologues s'attachent si volontiers — par exemple dans leurs investigations sur les sociétés anciennes ou les sociétés sauvages — aux formes juridiques. Elles ont, sur tout le reste de l'organisation sociale, la supériorité de la précision, de la netteté. Quand on peut découvrir un document juridique, on se sent sur un terrain solide, résistant, on sort de l'indéterminé et du vague.

Le droit nous apparaît, au total, comme dérivant d'une force coercitive qui oblige les individus à n'exercer leur activité que dans des directions déterminées. L'origine de cette force et son but nous échappent pour le moment. Nous nous en rendrons mieux compte lorsque nous étudierons les phénomènes politiques. Le droit lui-même n'envisage que l'œuvre de cette force, les règles qu'elle impose à la société.

Nous avons dit que le droit a un caractère original qui le classe en dehors de tous les autres faits sociaux, et que cette originalité réside dans la généralité de son extension. Cette manière de voir ne pourrait-elle être contestée ? D'autres ordres de faits n'ont-ils pas une généralité analogue ? Tous même n'y prétendent-ils pas ? L'ordre économique n'est-il pas, selon Marx, la base de tous les autres, et n'en détermine-t-il pas le contenu ? La famille n'est-elle pas, d'après Le Play, la cellule sociale, dont le bien-être ou le malaise font ceux de la société tout entière ? La religion ne fut-elle point appelée, dès l'antiquité, la mère de tous les arts ? Mais nous avons montré ailleurs ce que ces prétentions ont d'excessif, en ce qui concerne l'ordre économique (1) et

---

(1) *Objet des sciences sociales,* chap. VII.

l'ordre domestique (1). Et quant à la religion, il est clair que « tous les arts » n'ont progressé qu'en s'en différenciant. L'ordre juridique garde donc bien son privilège de généralité. Ce qu'on peut dire, toutefois, c'est que chaque ordre de faits rayonne, d'une certaine manière, sur la société tout entière, car chacun est impliqué dans tout phénomène social quelconque. On en pourrait conclure que ces divers ordres n'ont qu'une existence subjective, ne sont que des points de vue auxquels l'esprit se place successivement pour étudier le monde social. Et nous-même avons reconnu que cette théorie est parfaitement admissible. Mais, si on la rejette, et si on attribue une valeur objective à la distinction de ces ordres, il nous semble que, entre tous, c'est l'ordre juridique qui a le rayonnement le plus large.

II

Nous avons dit que le droit est une forme qui s'applique à tous les phénomènes sociaux. Il est remarquable cependant qu'il ne se soit pas appliqué à tous dès l'origine et qu'il semble ne les avoir embrassés que progressivement. Précisons ce que nous entendons par là. On peut concevoir des objets qu'aucune loi — écrite ou coutumière — ne règle, et qui soient ainsi laissés à la libre action des individus. Parmi ces objets, il est

---

(1) *Organisme et société*, chap. V.

possible qu'à un certain moment on éprouve le besoin d'en réglementer étroitement quelques-uns, en les faisant entrer dans le domaine de la législation. C'est ce qui a eu lieu en effet. Pour nous en convaincre, nous n'avons qu'à suivre l'extension du droit en France, depuis la conquête franque. Les lois barbares règlent surtout le droit pénal ; elles traitent des châtiments qu'amèneront les meurtres et les vols, ou des compensations que leurs auteurs seront obligés de fournir. Plus tard, ce que nous nommons les questions civiles commence à être réglé par les ordonnances ou capitulaires des souverains. On fixe d'abord la procédure à suivre dans les procès qui portent sur ces questions. Passant ensuite au fond même du droit, on détermine peu à peu la condition des terres, à laquelle, suivant les idées de ce temps, la condition des personnes est attachée. Puis on pose des principes en matière d'héritage. Quand les échanges se développent, on règle ce qui concerne les contrats. Ceux-ci deviennent surtout très nombreux entre commerçants : de là la naissance du droit commercial, tant terrestre que maritime. C'est surtout à partir du xvi° siècle que ce droit contractuel grandit, lorsque les anciens principes qui entravaient les échanges — telle la prohibition canonique du prêt à intérêt — perdent de leur autorité. Par suite de phénomènes analogues, de l'affaiblissement de la foi, les règles canoniques sur la famille se voient aussi peu à peu rejetées. A partir de la fin du xviii° siècle, la législation civile va donc s'appliquer encore aux questions familiales. Au xix° siècle enfin, on s'aperçoit qu'il importe de faire une législation professionnelle, surtout dans l'intérêt des classes laborieuses : le droit industriel et le droit rural apparaissent alors. Enfin la pensée et l'invention elles-mêmes font reconnaître leurs droits, et la loi vient établir et protéger la propriété intellectuelle de l'écrivain et de l'artiste.

Est-il possible d'expliquer ce processus d'élargissement graduel ? On peut d'abord remarquer que, dans certains cas, la législation en présence de laquelle nous nous trouvons aujourd'hui n'a fait qu'en remplacer une autre. C'est ainsi que la matière du mariage était réglée par les canons avant de l'être par le droit civil. C'est ainsi encore que l'organisation industrielle était dominée par les principes posés, dès le moyen âge, dans des règlements corporatifs, et plus tard dans des ordonnances royales, textes qui furent tous abrogés par la Révolution, mais qui durent être remplacés peu d'années après. Seulement, il n'y a pas eu simple substitution d'un texte à un autre. D'une part, les textes nouveaux diffèrent beaucoup des textes anciens : le mariage est considéré en droit civil comme un contrat, il l'était en droit canonique comme un sacrement ; le droit industriel était établi par les corporations surtout dans l'intérêt des maîtres, il l'est à l'époque contemporaine surtout dans l'intérêt des ouvriers. D'autre part, les textes nouveaux s'appliquent à une quantité de points que ne réglaient pas les textes anciens : ainsi le législateur moderne a créé, en matière familiale, l'adoption, le divorce, la déchéance de la puissance paternelle, toutes choses qu'ignorait, que réprouvait même le droit canonique ; de même, il a, en matière industrielle, prescrit des mesures d'hygiène et de sécurité en faveur des ouvriers, limité la durée de la journée de travail, réglé le contrat d'apprentissage, choses dont ne parlait qu'à peine le législateur de l'ancien régime. La raison en est simple. C'est que son attention s'est trouvée appelée sur des situations fréquentes, mais qui, ou bien n'existaient pas autrefois — celle des travailleurs de la grande industrie, par exemple — ou bien n'avaient pas le don d'y émouvoir l'opinion politique — celle des époux malheureux en ménage ou des enfants victimes des abus du pouvoir de leurs auteurs, par exemple. Il a alors compris qu'on ne pouvait pas plus longtemps laisser aux individus le soin de résoudre les difficultés de telles situations, l'expérience ayant prouvé que les plus forts (patrons, maris, parents) y abusaient de leurs avantages au détriment des plus faibles (ouvriers, femmes, enfants). Il lui a paru équitable d'intervenir, pour rétablir par un texte l'équilibre troublé et pour sauvegarder les justes intérêts de ceux qui se trouvaient lésés. Des prescriptions ont été édictées par lui dans ce sens, et la matière a passé du domaine des mœurs dans celui de la loi. Bien entendu, elle n'y a point passé tout entière. Nombre de points restent abandonnés à l'action des individus. Dans une large limite, il peut y avoir des actes qui engendrent un certain mécontentement à l'atelier ou dans la famille, sans qu'on se trouve dans les hypothèses où le recours au texte légal est possible. Mais enfin, pour les cas les plus graves, il offre des solutions. — Par ces exemples, nous sommes amené à comprendre comment se produit, d'une manière générale, l'intervention du législateur. Elle a lieu d'habitude, lorsque des abus sont constatés, auxquels il faut mettre un terme. Ce sont des procès retentissants qui en sont l'occasion. Le juge se trouve dans l'impossibilité de frapper des gens que chacun sent en faute, parce qu'il n'a pas de texte qui le lui permette. Le législateur vient alors lui en donner un. Voilà pourquoi le premier droit constitué a été le droit pénal : c'est qu'il a réprimé les offenses faites à la personne humaine. Puis le droit civil s'est formé, en englobant peu à peu les divers objets dont la valeur et l'intérêt ont successivement apparu : terres, biens mobiliers et argent, force de travail, et aujourd'hui produits immatériels. On peut dire qu'il est allé des choses les plus pondérables aux choses les moins pondérables ; et c'est tout naturel, puisque les premières ont dû être les plus vite discernées et appréciées. Toute intervention du législateur a constitué une détermination, ou parfois une rectification des usages antérieurement suivis ; elle a assis des principes auparavant admis sans précision, par routine, et qu'on sentait contestables ; elle a consolidé, comme nous l'indiquions, une matière qui jusque-là demeurait à l'état fluide.

Nous aurions pu trouver des faits analogues si, au lieu de l'évolution du droit privé, nous avions suivi celle du droit public en France. Nous y aurions constaté que les premières règles posées concernaient certaines branches du droit administratif, telles que la police, les impôts ou les routes. Puis nous aurions vu, avec la Révolution, apparaître le droit constitutionnel. Enfin, de nos jours, nous aurions assisté au développement de ce qu'on nomme le droit public général, autrement dit la théorie des libertés publiques, dont certaines n'ont été que depuis peu d'années réglées par le législateur (libertés de la presse et d'association). Parallèlement d'ailleurs, le droit administratif voyait son domaine s'étendre et ses principes se réformer dans un sens toujours plus favorable aux intérêts des faibles, aux droits des particuliers en face de l'Etat. En somme, on a suivi ici la même marche qu'en droit privé, du pondérable à l'impondérable, du matériel à l'immatériel.

Fait plus curieux ! Une évolution analogue se retrouverait, si, au lieu d'envisager le droit français, on examinait le droit romain. Là aussi le droit pénal est né le premier. Là aussi on voit apparaître tour à tour la procédure civile, le droit des biens, le droit des contrats, le droit commercial. Là aussi le législateur n'intervient que tardivement dans le droit de famille, après avoir longtemps abandonné aux seules mœurs cette matière, où la religion du foyer était intéressée. Quant au droit industriel, il apparaît plus tardivement encore : le principe de propriété interdisait à l'Etat de s'y trop mêler en ce qui concerne le travail servile, et, quant aux corporations d'hommes libres, bien que des textes anciens s'en soient occupés, c'est surtout au Bas Empire qu'elles seront réglementées. Pour les droits intellectuels, ils n'ont pas eu le temps de se faire reconnaître. C'est, on le voit, une succession de phases analogue, dans l'ensemble, à celle des temps modernes. Voilà une confirmation, entre autres, de l'idée générale par nous émise au début de ce livre (1) : que le monde occidental a évolué deux fois dans le même sens, avant et après l'invasion des Barbares, mais sans avoir pu, la première fois, atteindre des types d'organisation aussi élevés que la seconde.

Une dernière remarque. Nous venons de constater que de nombreux phénomènes entrent tour à tour dans le domaine du droit. Il convient de noter que, inversement, il y en a certains autres qui en sortent. Ainsi, en France, lorsque la noblesse a été abolie comme

(1) Considérations préliminaires.

ordre, à la Révolution, tout le droit nobiliaire s'est écroulé. Une reconstitution a bien été tentée par l'Empire et la Restauration, mais, sous la République actuelle, il n'en reste plus que des vestiges. De même, depuis la séparation toute récente de l'Eglise et de l'Etat, la législation ecclésiastique a disparu de notre droit public (1). D'elles aussi, d'ailleurs, il restera quelque chose : les textes votés par le Parlement sur la police des cultes. Mais, en somme, noblesse et religion ont cessé d'être des « affaires d'Etat », pour devenir des « affaires privées ». Elles sont sorties, en principe, du domaine de la loi pour rentrer dans celui des mœurs. Cela ne veut pas dire que la loi ne puisse plus trouver à s'y appliquer ; mais cela ne se produira plus que dans des cas exceptionnels, pour punir et empêcher les abus les plus graves, non pour organiser un état normal. Les pouvoirs publics n'interviendront guère que pour réprimer. Apparus les premiers, les textes pénaux disparaissent les derniers.

II

Au nom de quel principe supérieur sont édictées les règles législatives, c'est ce qu'il nous reste à rechercher.

(1) Depuis longtemps avaient disparu des lois pénales les dispositions portées, sous l'influence de l'Eglise, contre le suicide, le sacrilège, l'apostasie, etc... Nous avons dit plus haut comment le droit civil s'en était aussi émancipé.

Deux théories opposées ont été émises sur ce point. Pour les uns, le droit s'inspire d'un principe abstrait et trascendant de justice. Il a pour but de faire régner dans la société un ordre aussi voisin que possible d'un idéal supra-sensible d'ordre et de paix. Pour les autres, à l'inverse, le droit n'est que la consécration de la force. Il est le nom dont les plus forts décorent leurs commandements, afin de les imposer aux plus faibles, non plus seulement par la crainte, mais par le prestige de l'autorité morale. C'est ce que disait déjà Pascal : « Ne pouvant faire que la justice fût force, les hommes ont fait que la force fût justice. » De ces deux théories, laquelle faut-il adopter ?

Si l'on se place sur le terrain des faits, il n'est pas possible de nier qu'il y ait une part de vérité incluse dans la seconde. Le droit a été institué par l'Etat, et à l'origine des Etats se trouve la force. Un groupe humain en a assujetti d'autres, par la conquête, et, pour asseoir sa domination sur eux, il a établi des lois qui l'ont consacrée. Même dans l'intérieur du groupe dominateur, elles ont consacré également la supériorité de l'adulte sur l'enfant, de l'homme sur la femme, du chef sur ses compagnons. Les lois ont donc été, au début, la mise en forme de l'inégalité, la proclamation des privilèges de la force.

Mais, au cours des siècles, les choses ont changé. Les faibles ont peu à peu songé à secouer leurs chaînes et ils ont su, en maint endroit, y réussir partiellement. Ils ont été aidés, dans leurs efforts, par l'apparition d'un idéal de justice nouveau, fondé sur la notion de l'égalité des droits entre tous les êtres humains. Il n'est pas besoin, pour expliquer cette apparition, d'invoquer une révélation surnaturelle. Il n'y a pas lieu, non plus, d'admettre — ce qui serait revenir d'une autre manière au mysticisme — qu'il est né spontanément dans la conscience populaire : pas plus ici qu'en matière d'art (1), il n'y a d'invention collective. Quelques esprits plus élevés que les autres se sont formé les premiers cette idée nouvelle, peu clairement sans doute, et plutôt encore comme un sentiment, un désir, une aspiration que comme un principe rationnel. Peu à peu, leurs successeurs l'ont précisée, en ont fait une notion intellectuelle, l'ont conçue comme dominant ou du moins devant dominer la société et la nature humaine. En même temps, elle se répandait, elle se faisait généralement recevoir, chez les dominés, aux besoins et aux espérances desquels elle répondait, et chez les dominateurs eux-mêmes, auxquels elle inspirait des doutes sur la valeur morale de leurs privilèges. C'est ainsi qu'on s'explique que presque toujours la révolte des opprimés ait trouvé des sympathies dans les rangs des oppresseurs. Grâce à ces concours, les idées de réforme triomphèrent. Un droit nouveau fut élaboré, plus équitable, c'est-à-dire plus égal, tendant à mettre tous les êtres humains sur le même plan. La justice se résuma alors dans la notion de l'égalité de tous devant la loi.

Mais voici que de nos jours un autre idéal apparaît. On ne veut plus seulement « la justice » toute simple, on veut ce qu'on appelle « la justice sociale ». Qu'est-ce à dire ? On entend que la justice, non seulement ne reconnaisse plus de privilèges, mais lutte contre les privilèges existants, qu'elle rétablisse l'équilibre au profit des déshérités en face des privilégiés. Les supériorités phy-

---

(1) Voir plus haut, chapitre XII, § III.

siques, les supériorités dans la fortune, doivent être, suivant cette doctrine, rachetées par des charges légales : devoirs de l'homme envers la femme, des parents envers les enfants, devoirs particuliers des riches, d'ordre fiscal envers l'Etat, d'ordre patronal envers les travailleurs, voilà ce que demande la nouvelle école. Nous n'avons pas à juger longuement — dans une étude de pure science — sa tentative, qui nous paraît généreuse, quoique non exempte d'exagérations. Nous constatons seulement sa constitution. Et de la sorte, nous arrivons à conclure que la justice a passé par trois phases successives. Au début, elle consacre les privilèges ; ensuite, elle ne veut plus les connaître ; enfin, elle aspire à les contrebalancer. En somme, la justice a tenté d'organiser la société au profit de la force, puis indépendamment de la force, et elle songe aujourd'hui à l'organiser contre la force.

CHAPITRE XIV

LA POLITIQUE

I. *Nature de l'Etat. Sa tendance vers la démocratie.* — II. *Comparaison de l'Etat antique et de l'Etat moderne.* — III. *Politique extérieure ; la guerre.* — IV. *Politique intérieure.* — V. *De la nécessité d'un gouvernement.*

I

La société, dans les grands pays modernes, est constituée sous la forme d'Etat : c'est-à-dire que, au-dessus de tous les organes dont le fonctionnement produit sa vie spontanée, existe un gouvernement qui y assure l'ordre et y fait régner le droit. Les phénomènes tenant à l'existence et à l'action de ce gouvernement sont dits phénomènes politiques.

Mais tout d'abord, pourquoi y a-t-il un gouvernement ? Quel besoin les sociétés éprouvent-elles de s'en donner un ? Comment expliquer qu'il vienne ainsi se superposer à tout le reste de leur organisme ? La vie économique, la vie familiale, la vie morale et intellectuelle ne pourraient-elles donc pas s'exercer par elles-mêmes, sans son intervention ? Ne pourraient-elles pas aussi se coordonner entre elles, par leur simple rapprochement, sans avoir recours à ce pouvoir nouveau, à cette force étrangère, qui peut-être va entraver leur mouvement plus que le soutenir ?

A la rigueur, on concevrait qu'elles fissent tout cela. Et, si l'on cherche la raison de la genèse du gouvernement, ce n'est pas dans leur insuffisance à elles qu'on la trouvera. Il n'a point été établi par des considérations rationnelles, en vertu d'un accord des hommes pour assurer le bien général. Il s'est établi de lui-même, par des raisons de fait, sur la base de la violence, et au profit d'un nombre restreint d'individus.

Le fait ne paraît guère contestable : l'Etat est né de la conquête, de l'asservissement d'une tribu par une tribu voisine. Aussi a-t-il été, tout d'abord, l'organisation de la victoire ; ses premières règles ont été les prescriptions imposées par les vainqueurs aux vaincus. Issu de la violence, l'Etat s'est accru par la violence ; des conquêtes successives ont étendu son territoire et développé sa population. Il s'est donné une constitution — toute coutumière d'abord, puis écrite — qui favorisait exclusivement la tribu conquérante et particulièrement, dans son sein, le chef de guerre avec sa famille et ses plus proches fidèles. Il a donc été aristocratique ou monarchique, et le plus souvent aristocratique et monarchique à la fois. Il a reposé sur l'esclavage, le régime des castes, l'inégalité des sexes et des âges. Il a été l'exploitation des faibles par les forts.

A la longue, cependant, ce régime d'oppression s'est vu ébranlé. Cela est arrivé dans le monde antique, tant à Athènes qu'à Rome. Depuis lors, dans les temps modernes, cela s'est fait une seconde fois : après la reconstitution d'Etats despotiques à la suite de l'invasion des Barbares, on a vu s'opérer à partir du xɪᵉ siècle un nouveau soulèvement progressif des masses, qui a réduit ces dominations. Une fois de plus, nous constatons le parallélisme des mouvements sociaux antiques et modernes, et aussi l'ampleur beaucoup plus grande et le caractère bien plus accentué de ces derniers. A l'une et l'autre époque, ces mouvements ont tendu à établir un régime nouveau, la démocratie. La caractéristique de ce régime, par opposition à ceux qui le précèdent, c'est l'égalisation des hommes, c'est le nivellement des unités sociales, c'est — au moins en droit — la participation de tous au gouvernement.

Comment put se faire cette transformation ? Elle était appelée probablement par les vœux de tous les opprimés. Mais il est à croire qu'ils n'auraient pas réussi s'ils n'avaient trouvé des appuis et des chefs parmi leurs oppresseurs eux-mêmes. Ceux qui les servirent ainsi ne le firent sans doute point par philanthropie. Ils voulurent se venger de quelque tort que leur avaient fait leurs congénères, ou bien ils voulurent s'élever au-dessus de ceux-ci. C'est ainsi qu'il se trouva à Rome des patriciens pour favoriser le succès des revendications plébéiennes ; que dans les cités grecques des eupatrides combattirent pour le peuple, avec l'espoir d'être portés par lui à la tyrannie ; qu'en France les rois ont beaucoup fait pour combler le fossé qui séparait de l'aristocratie le tiers-état. Ajoutons à cela le progressif rapprochement des esprits et des caractères, dont nous avons montré le mécanisme en traitant des mœurs. Ajoutons-y encore la diffusion des idées de justice égalitaire, signalée dans notre dernier chapitre, relatif au droit (1). Et nous comprendrons sous quelles influences les principes démocratiques ont pu s'établir et se développer.

Comment leur triomphe s'est-il marqué ? Dans l'antiquité, les citoyens obtinrent de participer tous au vote des lois et d'être tous éligibles aux divers emplois publics — voire même, à Athènes, d'être appelés à rendre la justice par voie de roulement ou de tirage au sort. Dans les temps modernes, où le pays est plus vaste et où les connaissances nécessaires pour l'exercice des fonctions publiques sont plus complexes et plus rares, l'on accorde du moins à tous les citoyens le droit de voter pour l'élection des législateurs, la vocation éventuelle aux divers emplois dont l'Etat dispose, quand ils justifient de certaines aptitudes définies par la loi, enfin diverses garanties contre l'arbitraire possible des détenteurs du pouvoir.

Sans doute, c'est loin d'être tout ce que réclame le parti démocratique avancé. Il demande encore l'égalité dans l'instruction, ou tout au moins d'égales facilités données à tous pour s'instruire. Il demande aussi, sinon l'égalité des fortunes, du moins une limite à leur inégalité, et surtout « l'égalité du point de départ », par la suppression ou le nivellement des héritages. Il fait observer que ce sont là les corollaires naturels de l'égalité politique. Il proteste aussi contre les nombreuses exceptions que souffre encore celle-ci, contre l'oppression qui pèse encore, suivant lui, sur la femme, l'enfant, le soldat, l'indigène des colonies, etc... On n'aura

---

(1) Tenons compte également des conditions de préparation du milieu social, indiquées par M. Bouglé dans son livre sur *Les idées égalitaires*.

rien fait, déclare-t-il, tant qu'on n'aura pas mis fin à tous ces abus.

D'autres estiment, au contraire, qu'on est déjà allé trop loin. Ils se plaignent de l'invasion croissante de ce qu'ils appellent « la démagogie ». Ils prétendent qu'elle fait table rase de toutes les supériorités naturelles, qu'elle détruit la hiérarchie nécessaire à une société et la subordination logique des aptitudes moindres aux talents supérieurs.

Nous n'avons pas à nous prononcer entre ces thèses contraires. Disons seulement que les efforts tentés par ceux qui souhaitent un retour en arrière nous paraissent assez vains — au moins en notre patrie, où nous sommes le mieux en mesure de les apprécier. La France et, autant que nous pouvons en juger, le monde civilisé tout entier, semblent résolument attachés au principe fondamental de la démocratie.

II

C'est une idée fort répandue qu'il y a une opposition radicale entre la conception antique et la conception moderne de l'Etat. On enseigne couramment (1) que l'Etat antique se subordonnait l'individu, tandis que l'Etat moderne se subordonne à l'individu. En d'autres termes, l'Etat antique aurait eu ses fins propres et les aurait imposées à ses membres, tandis que l'Etat moderne

(1) Voir Henry Michel, *L'idée de l'Etat*.

se mettrait au service des fins individuelles. Le premier aurait comme idéal la force et la grandeur de la collectivité ; le second, le bonheur propre de chaque être humain.

Tout le monde pourtant n'accepte point cette définition. Même, un sociologue notoire, M. L. Gumplowicz, l'a traitée un jour fort rudement (1). Car il n'admet pas que l'Etat puisse changer sa nature, qui est, selon lui, la domination d'un groupe sur le reste de la société.

Ce qui nous paraît, quant à nous, c'est que la conception courante manque de clarté. Nous ne comprenons pas bien, en effet, l'opposition qu'on veut établir entre les fins sociales et les fins individuelles. L'Etat ne peut vouloir sa force et sa grandeur propres sans penser qu'elles feront le bonheur de ses membres. Réciproquement, il ne peut songer à assurer leur bonheur, sans croire que sa force et sa grandeur en résulteront. Mais ces façons de parler ont quelque chose de mystique et d'inintelligible. Car elles supposent à l'Etat des idées et des intentions. Or l'Etat n'a point de pensée ni de volonté à lui. Il y a seulement des idées et des intentions chez ceux qui le gouvernent. Si l'on considère ceux-ci, l'on pourra dire, avec une certaine raison, que les uns — dans l'antiquité surtout — n'ont pensé qu'à leur puissance personnelle, tandis que les autres — dans les temps modernes principalement — songent aussi à l'intérêt des gouvernés. Mais il faut préciser davantage. Dans l'antiquité, en effet, s'était déjà produite cette évolution vers la démocratie que nous avons signalée tout à l'heure ; un Périclès, un Démosthène,

(1) *Un programme de sociologie*, mémoire inséré dans le tome I des *Annales de l'Institut International de sociologie*.

un Cicéron, un Marc-Aurèle, avaient bien le sentiment qu'ils travaillaient pour tous leurs concitoyens, et le dernier même, tout au moins, qu'il travaillait pour l'humanité. Dans les temps modernes, en revanche, la conception égoïste du pouvoir a longtemps régné chez les gouvernants et elle n'est sans doute pas abolie chez tous, même à l'heure présente. Il n'y a donc pas lieu d'opposer en bloc l'antiquité aux temps modernes, mais plutôt le début de l'antiquité à sa fin, les premiers siècles de l'âge moderne aux temps contemporains. Sous cette réserve, il faut reconnaitre la réalité de l'évolution qui s'est produite. Elle a été une transformation graduelle, continue, incomplète probablement et inachevée. Mais enfin elle a existé, et dans cette mesure il est juste de dire que l'Etat a changé — et même deux fois — de caractère au cours des siècles.

Comment résumer ce changement? On peut indiquer, d'une part, que le pouvoir va en se rationalisant. Car aux conceptions théologiques et métaphysiques il préfère de plus en plus les conceptions positives. Dominé tout d'abord par le désir de plaire aux dieux, il en arrive à ne plus chercher que la satisfaction des hommes et de leurs besoins véritables. Mais on doit ajouter, d'autre part, que ce même pouvoir va surtout en se diffusant. Un nombre croissant d'individus est admis à y participer. Par là même, le gouvernement est amené à prendre en considération les désirs d'une quantité croissante de personnes. Organisé d'abord dans l'intérêt d'une minorité, il tend à l'être dans l'intérêt de la majorité, et on doit espérer qu'il finira par l'être dans l'intérêt de la totalité de la nation.

III

Nous venons de traiter du but que poursuit le gouvernement. Il nous faut parler maintenant des moyens qu'il emploie. Envisageons tour à tour, pour ce faire, la politique extérieure et la politique intérieure.

Vis-à-vis des Etats étrangers, le moyen d'action qui a tenu la plus grande place dans l'histoire, ce fut la guerre. Car c'est par elle surtout que les Etats ont pu s'étendre, ce qui a toujours été le vif désir de leurs chefs, avides de commander au plus grand nombre d'hommes possible. La guerre, dit-on volontiers aujourd'hui, est un phénomène anti-social. C'est là une condamnation un peu trop sommaire. Il ne nous paraît pas douteux que, malgré tous ses résultats désastreux, sur lesquels nous reviendrons dans un instant, la guerre soit elle-même un phénomène social, et des plus importants. Elle l'est par ses origines : car elle résulte souvent d'antipathies collectives des groupes les uns contre les autres, et non pas seulement d'ambitions individuelles. Elle l'est par son processus : car elle resserre le lien des concitoyens, en les dressant tous contre l'étranger ; elle fait appel à leur courage, à leur dévouement, à leur savoir, toutes qualités éminemment sociales. Elle l'est enfin par ses résultats : car beaucoup de guerres, en amenant l'absorption des vaincus par l'Etat vainqueur, ont accru le volume des sociétés conquérantes, et déterminé la formation d'unités sociales plus vastes, plus complexes et plus hautes. Nombre de sociologues insistent sur ces côtés bienfaisants de la guerre (1). Mais, si ses avantages ont pu être réels dans le passé, il n'est pas douteux qu'à l'heure présente on doive être surtout frappé de ses inconvénients, disons plus, des horreurs qu'elle entraîne. Plus ses procédés techniques vont se perfectionnant, plus ses conséquences sont cruelles. Elle cause d'effroyables tueries, où toute l'élite physique d'une nation peut être sacrifiée. Elle amoncelle les ruines, détruit sans compensation les richesses accumulées depuis des années par l'effort patient des générations successives. Elle a comme conséquence une régression mentale et morale des peuples belligérants, chez lesquels elle fait renaître les instincts cruels, le culte de la force brutale, l'habitude de la soumission passive, bref tout ce qui caractérise la sauvagerie dans son contraste avec la civilisation. Aussi l'opinion de tous les gens éclairés est-elle unanime pour la condamner. Et partout où le régime démocratique prévaut, c'est-à-dire partout où les peuples ont la direction de leurs propres affaires, on les voit en repousser le principe. Il est bien remarquable que, depuis plus d'un tiers de siècle, il n'y ait plus eu de guerre entre nations faisant partie de l'élite humaine, sauf la courte guerre hispano-américaine, qui elle-même d'ailleurs avait comme motif ou tout au moins comme prétexte la libération de Cuba. L'expérience

(1) Notamment MM. Lester Ward, L. Gumplowicz, A.-D. Xénopol, contre lesquels s'est élevé avec vivacité M. J. Novicow. On lira avec intérêt leurs débats tout récents au 6ᵉ congrès tenu par l'Institut International de Sociologie à l'Université de Londres, en juillet 1906, dans le tome XI des *Annales* de cet Institut.

des guerres du Transvaal et de Mandchourie a suffisamment montré aux plus grandes nations leurs points faibles, pour qu'on ne les croie pas tentées de reprendre de sitôt l'offensive.

La diplomatie est, en un certain sens, le succédané de la guerre. Elle a pour but, elle aussi, le renforcement de l'Etat, mais par des moyens pacifiques. Seulement, c'est trop souvent la ruse qui remplace ici la violence. L'habileté des négociateurs s'emploie à faire illusion au co-contractant, ou bien à nouer des intrigues qui ont pour but d'isoler un pays au milieu de voisins hostiles et de l'obliger ainsi à céder. Aujourd'hui les appétits de domination universelle ne sont guère moindres qu'autrefois. Des « impérialismes » envahissants se sont constitués de tous les côtés ; une grande République semble même travaillée par ce mal. Chacun de ces « impérialismes » aspire à asseoir l'hégémonie de sa nation sur un continent et bientôt sur le monde. Chacun invoque les intérêts de la civilisation, dont il considère son peuple comme le champion le plus autorisé. Chacun déploie les finesses de la diplomatie pour endormir son adversaire et pour tisser autour de lui les mailles d'une coalition. Chacun d'ailleurs développe son armée et sa marine, pour être prêt le jour où le recours à la force sera devenu nécessaire.

Au milieu de toutes ces combinaisons auxquelles se prête le régime de la « paix armée », la voix de l'humanité, des nations libres et vraiment éclairées, finit pourtant par se faire entendre. Elle dit — par l'organe de quelques penseurs, philanthropes et même législateurs — que les peuples n'ont pas grand chose à gagner à l'extension de leurs frontières et que l'essentiel pour eux est de vivre en paix à l'intérieur de celles qu'ils ont actuellement. Car, si un souverain peut songer à élargir sa domination, un peuple, qui n'a pas de sujets, n'a aucun intérêt à augmenter son territoire. Sans doute il peut désirer voir se rattacher à lui des groupes voisins, de même langue et de même civilisation. Mais, ou bien ceux-ci ne le désirent pas, et alors il doit en toute équité y renoncer ; ou bien ceux-ci le désirent, et alors tout ce qu'il doit vouloir, c'est qu'ils soient mis en état de se prononcer eux-mêmes librement ; or ceci a comme condition le développement de la liberté générale, qui ne peut résulter que de l'affermissement de la paix.

Si ces idées prévalent, les nations ne se laisseront plus entraîner à des guerres par les conseils d'hommes aveugles ou intéressés. Elles répugneront à tout ce qui peut les y conduire ; elles généraliseront la pratique de l'arbitrage international ; elles prépareront, non plus la guerre, mais la paix. Sans doute, une seule nation ne peut désarmer sans que les autres le fassent ; car le danger qu'elle courrait ainsi serait trop grand ; mais, au moyen de conventions et de traités, celles qui sont résolument pacifiques peuvent amener les autres à désarmer parallèlement à elles-mêmes. Il y a dès maintenant un courant d'opinion très général qui se prononce en ce sens. Son succès est fortement aidé par le fait que les dépenses militaires sont ruineuses pour tous les pays à la fois et risquent de mettre bientôt tous leurs budgets en déficit. Comme, d'autre part, ceux-ci ont à faire face à des dépenses croissantes pour les services publics journaliers, on peut compter sur ces nécessités financières pour amener bientôt un commencement de réforme.

IV

Dans la politique intérieure, nous assisterons à des phénomènes analogues. Longtemps c'est sur la force que s'est presque exclusivement appuyé le gouvernement. A la place de celle-ci, il a ensuite employé la ruse. Ce n'est que plus tard qu'il a appris à reconnaître que la plus haute habileté consistait à bien servir la collectivité et que son intérêt propre était ainsi lié à l'intérêt général. — De même, les opposants, ceux qui voulaient renverser le gouvernement existant pour prendre sa place, ont usé d'abord de violence, puis de duplicité. En dernier lieu seulement, ils ont fait appel à l'opinion publique, s'efforçant de montrer que les gens au pouvoir n'étaient pas dévoués au bien général et qu'eux-mêmes l'assureraient mieux. On ne peut pas trop, d'ailleurs, leur faire un grief de n'avoir pris cette voie que fort tard, car il fallut, pour que cela leur fût possible, que bien des transformations se fussent accomplies, que l'état général du milieu social s'y prêtât, et tout d'abord qu'il existât une opinion publique et qu'elle fût devenue souveraine. Aujourd'hui même, le progrès dont nous parlons est loin d'être totalement accompli. Jusque dans les Etats les plus avancés, beaucoup de traces subsistent de l'ancien ordre de choses. Là où des Parlements élus possèdent le pouvoir législatif, l'élection est trop souvent viciée par la fraude, la corruption, la pression ; tout au moins les intrigues et le charlatanisme font-ils souvent plus que le savoir et la probité pour assurer le triomphe des candidats. Au sein des Chambres, des cabales se forment pour faire et défaire les ministères, et des intérêts particuliers y tiennent plus de place que l'intérêt national. Dans le vote même des lois, les majorités sont souvent oppressives, les minorités souvent intransigeantes et endurcies dans une opposition systématique. Eh bien! malgré tout cela, un certain progrès s'effectue. On prend de plus en plus conscience, parmi les gouvernés comme parmi les gouvernants, des vrais besoins du peuple, auquel il faut une existence matérielle moins précaire et une vie intellectuelle plus large. Et l'on tend, faiblement encore et lentement sans doute, mais enfin d'une façon continue et progressive, à satisfaire ces besoins, à assurer à tous les êtres humains un minimum de bien-être et de lumières. De plus en plus, le pouvoir va à ceux qui veulent et savent réaliser cet idéal généreux. Si d'autres parviennent quelquefois à le saisir, eux seuls d'ordinaire le conservent ou le retrouvent. La démocratie apprend peu à peu à reconnaître ses bons serviteurs et à les mettre en la place où ils peuvent lui être le plus utiles.

V

Nous devons nous poser, en terminant, une question qu'on entend assez souvent agiter, celle de savoir s'il y aura toujours des gouvernements. Plusieurs écoles, en effet, sont portées à répondre par la négative. Il y a d'abord, cela va sans dire, l'école anarchiste. Mais sur ce point elle se rencontre avec diverses autres, plus autorisées. L'école économique libérale estime qu'il y aurait lieu d'interdire au gouvernement toute ingérance dans l'ordre économique, voire même dans l'ordre intellectuel, et de ne plus lui laisser d'autre mission que celle de veiller à la sécurité. Ce ne serait donc plus, à vrai dire, un gouvernement, mais seulement, après la suppression des guerres, un service de police et de justice. Certains sociologues observent, de leur côté, que la coordination des efforts entre individus peut parfaitement être assurée par une organisation professionnelle, en confiant la garde des intérêts matériels aux syndicats ouvriers, patronaux ou mixtes, la garde des intérêts spirituels aux Universités, etc...; et ils en concluent qu'on apprendra à se passer du corps gouvernemental, à avoir une société à laquelle ne se superpose plus un Etat. Nous avouons, pour notre part, ne pouvoir nous ranger à leur avis. Sans doute, en logique, on peut concevoir la suppression de l'organe gouvernemental. Mais, en fait, il faudrait, pour qu'elle pût se faire sans danger, un progrès des mœurs et de l'esprit public, qui est fort loin d'être aujourd'hui réalisé. Il faudrait que la paix régnât partout, dans la vie internationale et dans la vie nationale. Il faudrait que tous les rouages de celle-ci allassent spontanément d'accord, qu'il n'y eût plus de rivalités entre les divers groupes sociaux fixés sur un même territoire. Or, ce sont des conditions qu'on ne peut espérer voir réunies d'ici bien longtemps. Tant qu'elles ne le seront pas, un gouvernement sera nécessaire pour présider au maintien de l'ordre public, pour établir l'équilibre et l'harmonie entre toutes les parties du corps social, pour accueillir les innovations heureuses et les imposer au besoin aux récalcitrants. Il pourra rendre d'immenses services, à condition d'être éclairé et équitable. Ce n'est pas sa disparition qu'il faut attendre ; c'est la continuation des progrès, dans sa constitution et son fonctionnement, qu'il faut espérer.

TROISIÈME PARTIE

L'ÉVOLUTION SOCIALE

CHAPITRE XV

LA FORME DE L'ÉVOLUTION SOCIALE.

I. L'évolution a-t-elle la forme d'une ligne droite? — II. A-t-elle la forme d'un cercle? — III. A-t-elle la forme d'une spirale? — IV. Points singuliers qu'elle présente.

I

Nous nous sommes attaché, en ce qui précède, aux éléments dont se composent les sociétés et aux phénomènes qui résultent de leur activité. Cet examen a été fait tout d'abord du point de vue statique. Mais celui-ci, comme nous l'avons expliqué ailleurs (1), ne saurait être que provisoire. Il nous a donc fallu nous placer aussi au point de vue dynamique, dans l'étude des fonctions sociales. Le moment est venu de chercher s'il se dégage de cette enquête des indications en ce qui concerne l'évolution des sociétés dans son ensemble.

Jetons d'abord un regard sur l'aspect extérieur de

(1) *Objet des sciences sociales*, chapitre X.

cette évolution, et cherchons quelle forme générale elle affecte.

Pour le public, cette forme semble le plus souvent être celle d'un progrès global et continu. La théorie régnante dans l'antiquité et au moyen âge admettait une dégénérescence graduelle de l'humanité, depuis « l'âge d'or » ou « le paradis perdu » jusqu'aux temps les plus récents. Aujourd'hui, c'est l'idée opposée qui prévaut. Frappés surtout des progrès considérables que la science et l'industrie accomplissent sous leurs yeux et des améliorations qui en résultent dans la vie matérielle, nos contemporains généralisent aisément ces faits — par cette induction hâtive dont le vulgaire surtout est coutumier. Ils en concluent que cette marche en avant s'opère depuis l'origine de l'humanité, qu'elle se manifeste dans toutes les branches de l'activité sociale, qu'elle est destinée à se continuer indéfiniment. Cette conception simpliste s'accorde bien avec l'optimisme qui fait le fond de la plupart des tempéraments. On pourrait la retrouver, depuis la Renaissance jusqu'à nos jours, chez de nombreux écrivains. Il suffit de la résumer dans le mot de Pascal, considérant l'humanité « comme un même homme qui subsiste toujours et qui apprend continuellement ». Si on l'adopte, et si l'on essaie de définir mathématiquement, d'après elle, la forme de l'évolution, celle-ci apparaît comme figurable par une ligne droite continue qui va en s'élevant sans cesse, à partir de son point de départ, vers un point d'arrivée situé aussi loin et aussi haut qu'il est possible de l'imaginer.

Pourtant, un peu de réflexion suffit pour détruire ce mirage. Aux yeux de l'observateur attentif, l'évolution n'est point une, et le progrès social n'est pas continu.

Il serait faux d'abord de dire que toutes les institutions humaines progressent du même pas. Chacun sait que, dans le siècle écoulé, les progrès de l'instruction ont été très rapides, tandis que les progrès de la moralité publique l'ont été sensiblement moins. La criminalité, qui est la face négative de cette moralité, ne s'est pas aussi réduite qu'on eût pu l'espérer ; elle a changé d'aspect, passant de la forme de criminalité violente à celle de criminalité astucieuse ; et sans doute par là elle s'atténuait fort, mais elle ne disparaissait pas. D'un autre côté, il y a des régressions dans l'histoire humaine, et même des régressions assez générales. La plus remarquable et la mieux connue est celle qui a marqué la seconde moitié de l'existence de l'empire romain. Economiquement, intellectuellement, politiquement, militairement, c'est une décadence très caractérisée, que ne peut guère compenser le progrès moral partiel dû à la diffusion des principes humanitaires de la philosophie grecque expirante et du christianisme naissant. Il y a là, peut-être, le germe d'une civilisation plus haute, mais surtout, à coup sûr, le déclin d'une civilisation qui avait eu ses heures éclatantes. A ce moment donc, l'évolution du monde occidental connaît un temps d'arrêt, ou plutôt de recul. La ligne qui la représente graphiquement doit comporter ici une forte inflexion, une descente accentuée et durable. Mais, de ce que nous avons dit à l'instant, il résulte qu'une ligne unique ne suffit point à figurer d'une manière adéquate l'évolution de tout l'ensemble social. Chaque groupe d'institutions, peut-être même chaque institution exigerait une ligne distincte pour donner son image propre. L'évolution totale ne saurait donc être traduite que par un faisceau de lignes très nombreuses. Celles-ci auraient chacune son aspect propre ; certaines pourraient descendre tandis que les autres monteraient, et dans le cours des temps ces positions respectives pourraient s'intervertir. Il y aurait aussi des temps d'arrêt, des tirets horizontaux séparant et reliant montées et descentes, ou, comme on dit en statistique, des plateaux rattachant les montagnes aux vallées. Tout cela serait naturellement bien plus complexe que ne le pense le vulgaire, dont la conception simpliste peut être dès maintenant écartée.

II

Au milieu de cet enchevêtrement des lignes évolutives, ne peut-on apercevoir un sens général de leur direction ? Nous venons de voir qu'il faut abandonner l'idée que cette direction serait rectiligne. Mais, si nous ne sommes en présence d'une droite, ne serions-nous pas en face d'une courbe définie ? La plus simple des courbes, celle à laquelle on pense tout d'abord, c'est le cercle. L'évolution n'aurait-elle donc pas un caractère circulaire ? Ne reviendrait-elle pas périodiquement sur elle-même ? C'est ce que pensait un écrivain célèbre, G. B. Vico, l'auteur de la *Nuova Scienza*. Sa théorie des *ricorsi* est le développement de cette idée. Déjà l'antiquité avait eu la prénotion d'une marche circulaire de l'humanité. La science astronomique, en définissant des périodes également cycliques, au bout desquelles les astres les plus importants pour nous se retrouvent dans les mêmes positions respectives, préparaît les voies à une théorie analogue en histoire sociale. Celle-ci d'ailleurs pouvait invoquer certains faits considérables, qui à première vue semblaient décisifs en sa faveur. Notamment elle citait celui-là même que nous avons rappelé il y a un instant : la destruction de la civilisation antique, l'émiettement de l'empire romain en une multitude de nations, le retour à la barbarie primitive et à l'isolement, la quasi-destruction des villes et la rétrogradation à la vie rurale, qui font du ve siècle de l'ère chrétienne quelque chose de comparable au viie siècle d'avant cette ère. N'apparaît-il pas, à ce spectacle, qu'une époque du monde humain vient de finir, qu'avec son expiration ce monde est revenu au point où il était aux premières années de cette époque, et qu'il lui faut à ce moment repartir de cet état initial pour s'élancer de nouveau en avant ? Et, dans cette marche nouvelle, ne va-t-on pas retrouver les traits caractéristiques de celle qui s'était déjà produite, dans les mêmes lieux, plusieurs siècles auparavant : un second développement des lumières, une reconstitution des villes, une reconstruction des Etats, des facilités croissantes données aux communications, la tendance à la création de l'unité humaine ?

Si même l'on admettait qu'il en est réellement ainsi, rien n'autoriserait à faire de ces prémisses la base d'une théorie générale, à en conclure que l'humanité repasse fatalement par les mêmes points à des intervalles périodiques. Car rien ne prouve que la civilisation moderne soit condamnée à s'effriter à son tour, comme la civilisation antique, et à faire place elle aussi quelque jour à la barbarie : les vraisemblances sont même actuellement en sens contraire. Mais, de plus, le fait invoqué n'est point complètement exact.

Les deux « cycles » qu'on veut établir sont loin d'être comparables de tous points l'un à l'autre. La désagrégation de l'empire romain ne rétablit pas des cités, comme la Grèce et l'Italie en avaient à l'origine de leur histoire. Elle amène la fondation des royaumes germano-latins, puis des nations modernes. Dans ces Etats nouveaux, quelque chose persiste de l'idée impériale, quelque chose aussi vient du christianisme, quelque chose des traditions germaniques, et la monarchie ainsi formée est toute différente de l'aristocratie des *civitates* antiques. A plus forte raison, la discordance deviendrait-elle éclatante, si, au lieu de comparer les termes initiaux, on comparait les termes ultérieurs des deux évolutions. Politiquement, quel Etat moderne joue le rôle de la Rome antique ? Intellectuellement, économiquement, qu'est-ce que le monde ancien peut comparer à la floraison de la science au xixe siècle, ou même à la formation de la grande industrie mécanique ? Les ébauches de celles-ci qu'on a voulu voir chez lui sont si imparfaites que le rapprochement ne peut se poursuivre. La vérité est que le monde moderne est quelque chose de nouveau par rapport au monde antique, qu'il a vu entrer en jeu et agir puissamment des forces que celui-ci soupçonnait à peine. Il n'y a donc point parallélisme exact entre les phases de leurs développements jusqu'à présent, et on ne peut logiquement supposer que cette coïncidence doive se réaliser dans l'avenir.

En réalité, le monde ne repasse jamais exactement par les mêmes points que jadis. Déjà l'expérience individuelle témoigne en faveur de cette vérité. Quand un homme, à quelques années de distance, se trouve dans une situation caractéristique qui lui rappelle une circonstance passée de sa vie, il n'a qu'à réfléchir un moment pour constater que, sous l'apparente similitude des événements, bien des différences se cachent. A plus forte raison en est-il de même pour une société. Car ici l'ensemble considéré est tellement complexe, qu'il est impossible que toutes ses parties se retrouvent précisément dans le même état où elles se trouvèrent jadis. Toujours les faits accomplis ont laissé leurs traces, et par là même différencié le présent du passé. Le retour complet au point de départ n'est donc point socialement possible.

III

Il s'est édifié, au début du XIX° siècle, deux doctrines qui ont apporté chacune une solution neuve du problème dont nous traitons ici.

Les faits considérables qui venaient de s'accomplir paraissent avoir eu une influence importante sur ces conceptions. En France, l'ancien régime s'était écroulé, le régime révolutionnaire l'avait momentanément remplacé, puis l'Empire et la Restauration avaient établi un ordre nouveau et transactionnel. Dans une grande partie de l'Europe, sous l'action de notre patrie, des faits plus ou moins analogues s'étaient produits. Ces phénomènes ne manquèrent pas de frapper l'esprit des penseurs, des précurseurs directs de la sociologie et leur inspirèrent des théories fondées sur l'opposition des temps nouveaux et des temps anciens.

Henri de Saint-Simon estima que l'humanité passe par deux sortes de périodes alternantes, les périodes organiques et les périodes critiques. Dans les premières, elle construit un type social ; dans les secondes, elle le détruit ; après quoi, elle en reconstruit un autre dans une nouvelle période organique, et ainsi de suite indéfiniment. Ainsi l'Empire romain est organique, l'invasion barbare est critique ; le moyen âge est organique, la Renaissance est critique ; le xviie siècle est organique, le xviiie est critique. Auguste Comte, qui fut dans une certaine mesure le disciple immédiat de Saint-Simon, adopta en grande partie ces vues. Il remarqua même qu'à chaque génération il se fait un travail de critique sur les organisations dues à la génération précédente, et qu'ainsi ce n'est pas seulement entre les grandes périodes, mais aussi entre les éléments inégalement âgés d'une même société, qu'il existe une sorte d'opposition. Toutefois, ce profond esprit se garda bien de méconnaître la continuité du travail mental dans l'espèce humaine. Ce fut lui qui fit observer que « l'humanité se compose de plus de morts que de vivants » et qu'à chaque moment la tradition des ancêtres va se renforçant et pesant d'un poids plus lourd sur la mentalité des survivants. L'idée d'un rythme binaire de l'évolution doit donc être considérée comme plutôt propre à Saint-Simon.

Ce ne fut plus un rythme binaire, mais un rythme ternaire, qu'Hegel imagina. Sa philosophie de l'histoire n'est d'ailleurs, sur ce point, qu'une conséquence de sa philosophie générale, tout entière construite autour de l'idée de triade. La logique abstraite, la philosophie de la nature, la philosophie de l'esprit reproduisent toutes un même schéma. Appliqué à l'histoire sociale, voici ce qu'il donne. Une organisation se construit, à un certain moment de l'histoire, autour d'un principe qui lui sert de centre, de noyau : c'est la *thèse* que la société d'alors représente. Mais il y a forcément des aspirations que sa réalisation ne satisfait pas. Elles se groupent autour d'un principe contraire, l'*antithèse*. Celle-ci triomphe à son tour dans les faits et inspire le stade suivant de la société. Alors les partisans de la thèse font un retour offensif, et on arrive à une solution mixte : c'est la *synthèse* des deux précédents principes qui règne dans l'âge postérieur. A son tour, d'ailleurs, elle servira de point de départ à un nouveau cycle, construit sur le même type. De la sorte, l'histoire sociale est un conflit de forces qui gravitent autour de deux pôles opposés et qui finissent toujours par se composer entre elles. Chaque synthèse marque un progrès sur la précédente, mais un progrès acheté au prix des luttes antérieures de la thèse et de l'antithèse.

Les théories de Saint-Simon et d'Hegel ont été trop souvent discutées pour que nous veuillions en faire la critique détaillée. Disons seulement qu'elles nous paraissent justes dans leur principe, mais exclusives dans leur forme. Nous reconnaîtrons, avec Saint-Simon, qu'il y a une sorte d'opposition entre les périodes, voire même entre les générations successives (1). Mais chacune d'elles hérite aussi de la précédente et au total lui ressemble plus qu'elle n'en diffère. Nous reconnaîtrons, avec Hegel, qu'il y a souvent succession, dans une société, de l'action en un sens, de la réaction en sens contraire, et de la transaction. Mais nous ajouterons

(1) Voir notre étude : *La lutte des âges*, insérée dans le tome IX des *Annales de l'Institut International de Sociologie*.

que ce processus n'est pas fatalement imposé, et qu'il peut y avoir des actions continues, tout au moins pendant de très longues périodes, comme celle qui depuis dix siècles pousse au perfectionnement des arts mécaniques.

En partant des théories de Saint-Simon et d'Hegel, on arrive à une nouvelle conception de la manière dont pourrait être résumée graphiquement la marche du monde social. Pour la faire saisir, nous n'avons qu'à nous appuyer sur les démonstrations données tout à l'heure.

L'évolution humaine ne peut être figurée par un cercle. Nous avions vu précédemment qu'elle ne pouvait l'être davantage par une ligne droite ascendante. Mais n'arriverait-on pas à la vérité en combinant, d'une certaine manière, ces deux figures ?

D'une part, le résultat général de cette évolution est une ascension, un progrès. Il faut bien en effet que les états ultérieurs aient quelque chose de supérieur à ceux qui les ont précédés, autrement les hommes ne les auraient pas réalisés. D'autre part, il semble que, à bien des égards, l'évolution, après avoir éloigné la société de son état primitif, la ramène vers un point voisin de celui-ci. De là, l'on peut conclure que l'avenir reproduit partiellement les formes du passé, mais avec des améliorations tenant à ce que celles-ci ont dû se combiner avec les formes contraires qui leur ont directement succédé. Par suite, il semble que l'évolution conduise périodiquement à des états analogues à ceux qu'elle a autrefois connus, mais supérieurs. Pour représenter cela graphiquement, on dira que les points représentant ces états nouveaux sont sur le même axe vertical que les premiers, mais à un niveau horizontal plus élevé. La ligne qui mène du point de départ au point d'arrivée est une spirale, et c'est une spirale indéfinie, car le mouvement qui l'engendre est continu. Ce mouvement est ascendant, comme dans la théorie courante et populaire. Il a pourtant quelque chose de circulaire, comme dans la théorie de Vico. Seulement ce n'est pas un cercle fermé qu'il produit. C'est une sorte de cercle ouvert — ouvert, comme tout ce qui est progressif.

Telle est la vue ingénieuse qu'a émise de nos jours un sociologue des plus féconds, M. Raoul de la Grasserie. Il a fait lui-même honneur à Gœthe de l'idée première de sa formule. Mais il l'a appuyée d'un ample essai de démonstration (1). Il lui a apporté le concours de nombreux exemples tirés des développements respectifs du droit, de la langue, de la religion, des arts et des sciences. N'en citons que quelques-uns, des plus topiques. Le droit originaire de la femme, détruit par l'homme, reparaît. Les engagements unilatéraux, évincés par les engagements contractuels, se font place à nouveau. Les droits réels retrouvent, comme au début, une publicité. Le statut personnel, longtemps effacé par le statut réel en droit international privé, se fait reconnaître sans cesse davantage à notre époque. La preuve testimoniale, éclipsée par la preuve littérale, redevient en honneur. Les transformations du paiement nous ramènent à une sorte de troc. Les voies d'exécution convergent de nouveau vers le dessaisissement total du débiteur insolvable. L'emprisonnement, d'abord individuel, puis collectif, tend à redevenir individuel. On voit re-

---

(1) Voir son étude : *La forme graphique de l'évolution*, parue d'abord dans la *Revue internationale de sociologie*, n° de septembre 1895.

paraître, pour les délits contre l'honneur, l'ancienne vengeance privée, réfrénée jadis par le développement de l'action publique. Le gouvernement direct a fait place au gouvernement parlementaire, mais actuellement il a son succédané dans le plébiscite et le referendum. Au régime des corporations a succédé celui de la liberté du travail ; mais celui-ci est miné par le développement des syndicats. L'idée fédéraliste, vaincue par l'idée unitaire, inspire les essais contemporains de décentralisation politique et administrative. Tous ces faits — que nous choisissons dans le domaine du droit, où l'auteur par nous cité possède une particulière compétence professionnelle — démontrent, dit-il, qu'il y a de fréquents retours à des institutions en partie abolies, mais avec d'importantes modifications permettant d'y introduire ce que la pratique avait fait reconnaître utile dans celles qui momentanément leur avaient succédé.

Nous admettons volontiers qu'il y a une très grande part de vérité dans cette conception. Elle nous paraît exacte en de fort nombreux cas, et elle a le mérite de représenter l'évolution sociale, non comme un tout unique, mais comme un ensemble de transformations indépendantes d'institutions distinctes, ce qui permet de concevoir pour certaines de ces transformations un processus différent de ceux qu'ont suivis les autres.

C'est ce que nous voudrions faire pour notre part. Nous reconnaissons bien l'existence du mode d'évolution qui vient d'être décrit, et même sa large extension. Mais nous ne croyons pas qu'il soit forcément universel. Il nous semble que, dans d'autres hypothèses, l'évolution a une forme différente. Ainsi, en matière scientifique, elle procède, dans certains cas, par simple addition de vérités nouvelles à des vérités antérieurement démontrées. Ou encore, elle se fait par l'élimination d'erreurs qui ne reparaîtront plus. Dans ces deux cas, il n'y a pas lieu à « retour » même partiel vers un stade antérieur. Et nous sommes porté à croire que la même chose peut être dite de l'industrie, vu qu'elle est faite surtout d'applications de la science. En ces hypothèses, la forme graphique qu'on pourrait proposer serait : pour la première, celle d'une ligne droite, pour la seconde, celle d'une ligne brisée, toutes deux ascendantes, et non pas celle d'une ligne courbe proprement dite. Il est bien entendu que ces lignes ne sauraient traduire que l'évolution de tel ou tel ordre particulier de phénomènes. Nous n'insistons aucunement pour faire attribuer la prééminence à tel ou tel de ces modes de représentation, mais au contraire pour faire comprendre qu'aucun ne peut prétendre à une valeur absolument générale.

IV

La théorie des retours a pris aussi, de notre temps, une forme particulière et originale, dont il nous faut dire un mot. Sans généraliser cette théorie, sans soutenir que de semblables retours se produisent partout, certains auteurs ont dit qu'on en voit apparaître tout à coup en diverses matières, et qu'ils viennent ainsi interrompre brusquement le cours d'une évolution dont la marche se déroulait jusque-là sous l'influence de tout autres facteurs. Ainsi l'évolution politique de la France monarchique se poursuivait depuis des siècles suivant une forme qu'on pourrait appeler rectiligne, car visiblement il y présidait une pensée d'unification et de centralisation persévérante et graduellement réalisée. Survient la Révolution française : brusquement elle fait retour à des formes de gouvernement depuis longtemps disparues. La République romaine devient son modèle ; on lui emprunte le principe de ses assemblées, de ses administrations collégiales, et souvent les noms de ses hauts fonctionnaires. C'est ce qu'un sociologue contemporain, Paul Weisengrün, a appelé « la rétrospection révolutionnaire (1) ». Il n'a pas manqué de généraliser ce cas, d'y voir l'expression particulière d'une loi générale. Et de fait, on pourrait encore citer à l'appui de la même formule la copie que la seconde République française a faite de la première et invoquer des exemples analogues tirés du premier et du second Empire français. On peut même admettre que toutes les révolutions, pour distinguer profondément le régime nouveau de celui qui vient d'être renversé, font appel à des modèles qu'elles cherchent dans un temps ancien — à moins que ce ne soit dans un pays étranger. Il arrive donc assez souvent qu'elles produisent des rétrospections. Et c'est encore un phénomène de ce genre que préconisent les théoriciens de la révolution collectiviste, tout en ayant soin de dire que le régime par eux demandé ne rappellera que de fort loin le communisme des premiers âges. On pourrait conclure de tout cela que les révolutions déterminent, dans la

(1) Voir Casimir de Kelles-Krauz, *La loi de la rétrospection révolutionnaire*, mémoire inséré dans le tome II des *Annales de l'Institut international de sociologie.*

courbe générale de l'évolution, quelle que soit d'ailleurs sa forme, l'apparition de « points singuliers », comme disent les géomètres, lesquels se trouvent situés sur le même axe vertical que des points fort antérieurs de cette ligne.

Seulement il serait téméraire d'affirmer qu'une révolution est toute entière une rétrospection. Au contraire, il est à croire que, si elle est bien conçue et si elle réussit, c'est qu'elle devance l'avenir au moins autant qu'elle rappelle le passé. La Révolution française, par exemple, a certainement été, au fond, tout autre chose qu'un retour aux exemples romains ; elle a mis en œuvre des forces inconnues au monde antique et créé des organisations qui n'y avaient pas de modèles ; c'est par là qu'elle a été le commencement d'une ère nouvelle. La formule de la « rétrospection révolutionnaire » est donc plus séduisante que compréhensive.

Et surtout, il faut se dire que, fût-elle entièrement exacte, elle n'éclairerait qu'un moment de l'évolution sociale, et nullement son ensemble. La forme générale de celle-ci n'y saurait être contenue. Car les révolutions ne sont et ne peuvent être que des moments exceptionnels.

A vrai dire, c'est sans doute un problème insoluble que celui de chercher pour cette forme une définition simple. Les choses sociales sont trop complexes pour se laisser enfermer dans la brièveté d'une expression mathématique. Les diverses institutions d'un même peuple ne suivent pas forcément des routes parallèles (1). Aussi

---

(1) Adolphe Coste a tenté, dans son livre sur *L'Expérience des peuples et les prévisions qu'elle autorise*, de caractériser les grandes périodes du développement des principales institutions

ne croyons-nous pas devoir insister plus longtemps sur la poursuite quelque peu décevante d'une solution de cette question. Ne nous attachant donc plus désormais à la forme extérieure de l'évolution, nous allons essayer plutôt maintenant de pénétrer jusqu'à ce qui en fait le fond. Nous chercherons quel est le moteur sous l'action duquel elle s'accomplit. Cela nous permettra de comprendre le processus effectif suivant lequel elle s'opère. Et nous serons ainsi mis à même d'en saisir, en dernier lieu, le résultat.

et de rattacher les unes aux autres les formes sociales typiques pour une même période. Nous ne croyons pas que sa tentative si estimable ait entièrement réussi.

CHAPITRE XVI

LE MOTEUR DE L'ÉVOLUTION SOCIALE

I. *Le désir.* — II. *L'accroissement de la population.* — III. *Le perfectionnement de la division du travail et de l'outillage.* — IV. *Le progrès des lumières.* — V. *La réalisation de la justice et l'établissement des supériorités sociales.* — VI. *Qualité et quantité sociales.*

I

Sous quelles influences se produit l'évolution sociale ? A coup sûr, ces influences sont diverses. On en a cité de quatre sortes. Elles dériveraient :

1° De faits mentaux : les désirs humains ;

2° De faits physiques : les actions du milieu ;

3° De faits sociaux : la constitution des structures sociales ;

4° De faits mixtes, où une matière physique reçoit sa forme d'une action sociale : la création d'un outillage.

Mais, si l'on examine ces groupes un à un, l'on reconnaît aisément que le milieu n'agit qu'en faisant naître chez les hommes de nouveaux désirs ; que les structures sociales sont les résultantes d'autres désirs ; que les outillages sont fabriqués en vue d'en satisfaire d'autres encore. Donc, en définitive, c'est au désir humain que revient le dernier mot.

Qu'est-ce donc que ce désir ? C'est l'impulsion qui naît en l'homme quand il pense que son état présent pourrait être amélioré par la possession de telle ou telle chose, impulsion qui le pousse à s'approprier cette chose. C'est la tendance au mouvement vers ce bien dont il s'est fait l'image. C'est l'aspiration active vers le mieux-être.

Bien entendu, nous n'avons à nous occuper ici des désirs qu'en tant qu'ils sont collectifs. Ceux qui sont exclusivement propres à tel ou tel individu ne nous intéressent point. Seuls nous concernent ceux qui sont communs à toute l'humanité, ou au moins à de grands groupes nationaux. Même, les formes particulières qu'ils revêtent ici ou là ne sauraient être envisagées dans ce travail. Mais nous devons rappeler d'un mot que ce n'est que pour les nécessités de l'étude que nous séparons ainsi ces impulsions générales de leurs manifestations spéciales, et que, dans la réalité concrète, c'est seulement dans des esprits individuels qu'elles se réalisent, en se teintant en chacun d'eux de nuances spéciales, propres à la personnalité de l'être considéré (1).

Ajoutons d'ailleurs immédiatement que les désirs collectifs, en se réalisant, engendrent des produits, soit sociaux (les institutions), soit sociaux-physiques (les outillages), dans lesquels on peut dire qu'ils prennent une forme concrète. Il devient alors plus facile de les

(1) Cf. *Méthode des sciences sociales*, chap. III.

étudier au travers de ceux-ci, qui les ont en quelque sorte fixés. D'autre part, ces produits eux-mêmes servent de moyens pour atteindre de nouvelles fins, et leur création fait naître de nouveaux besoins, de nouvelles aspirations, sert de point de départ pour de nouveaux progrès. Il y aura donc lieu de les considérer avec la plus grande attention. Mais le premier terme à rechercher dans toute évolution, ce sera le désir qui en est l'origine, ou, en d'autres termes, le but qu'ont voulu atteindre des êtres humains par les mouvements constituant cette évolution.

Les buts de l'activité humaine collective sont multiples. Nous allons chercher à définir les principaux. Nous ne prétendons pas mettre entre eux un enchaînement, hiérarchique ou chronologique, d'une entière rigueur. Car nous reconnaissons volontiers qu'ils peuvent coexister et exercer leur action d'une manière relativement indépendante. Nous suivrons seulement, pour les étudier tour à tour, l'ordre des phénomènes sociaux que nous avons précédemment établi.

II

Le plaisir attaché en rapprochement des sexes est probablement la cause immédiate de la reproduction. On doit ajouter cependant d'autres motifs qui ne tardent pas à compter au moins autant que lui. C'est, d'une part, le désir qu'a l'homme de se continuer ; ce désir tient lui-même à la tendance de tout être à persévérer dans son être ; il s'appuyait, dans l'antiquité, sur les croyances relatives aux morts, qu'on réputait malheureux si le culte de leurs mânes n'était pas assuré ; il s'appuie aujourd'hui sur des idées morales et religieuses; il tient, enfin, au charme qu'un être intelligent éprouve à créer, surtout à créer des êtres semblables à lui-même. C'est aussi, d'autre part, l'intérêt matériel que trouve l'homme à se reproduire : il se procure de la sorte des collaborateurs, il augmente grâce à eux sa force et sa richesse. Ces raisons réunies font comprendre pourquoi s'est produit et s'accentue journellement à la surface du globe le phénomène de l'accroissement de la population. — Or, cet accroissement est une cause de progrès. D'abord les hommes, plus nombreux, viennent plus facilement à bout des difficultés que la nature oppose à leur existence. Puis, leur nombre même entraîne de nouveaux besoins : le sol peut moins aisément nourrir une population plus forte, il faut donc s'ingénier pour lui faire rendre davantage, et l'effort ainsi nécessaire amène des perfectionnements de tous genres. Enfin, quand l'effectif de la population grandit, la loi de variation spontanée, posée par les biologistes, opère plus complètement : dans une masse plus considérable, il se trouve plus d'individus conformés à leur naissance autrement que la moyenne ; il s'introduit par là dans le groupe social un principe de différenciation, très favorable au mouvement, très apte à engendrer l'échange des vues et le développement des initiatives fécondes. Ainsi, les raisons psychiques précédemment mentionnées, en poussant directement l'individu à la reproduction, conduisent indirectement la société au progrès.

Il est des conditions qui rendent l'accroissement de

la population plus efficace encore dans le même sens. Tel est le cas de la fécondation croisée. Adolphe Coste (1) et M. Lester Ward (2) ont eu raison d'insister sur la haute importance de cette dernière. La fécondation croisée, dans le monde social, c'est le fait qu'un homme s'unit à une femme d'un groupe différent du sien. Elle donne d'ordinaire, du moins quand ces deux groupes ne sont pas trop éloignés l'un de l'autre, d'excellents résultats. Car les rejetons héritent le plus souvent des meilleures qualités de leurs deux groupes d'origine. C'est parmi eux que se trouvent habituellement les esprits plus larges et les caractères plus entreprenants. On peut se convaincre aisément de la supériorité de ce mode de reproduction, en songeant au nombre énorme de croisements qui se sont produits dans les pays les plus progressistes, tels que la France, l'Angleterre et les Etats-Unis. Il n'est pas difficile d'ailleurs de découvrir les causes psychologiques qui le font adopter et qui résident essentiellement dans l'attrait que l'individu éprouve pour un être présentant, moins des qualités semblables aux siennes, que des qualités complémentaires des siennes.

Mais le chiffre et la composition de la population ne sont pas seuls à considérer. Aussi importants à certains égards sont sa densité proprement dite et, nous l'avons vu déjà, ce qu'on a appelé sa densité morale. Le progrès, en effet, se produit beaucoup plus aisément au sein de populations concentrées qu'au sein de populations dispersées : les villes sont ses foyers habituels ; les villages s'y rangent plus malaisément ; les hameaux

(1) *Principes d'une sociologie objective.*
(2) *Sociologie pure.*

et les habitations isolées y sont les plus réfractaires. D'autre part, la facilité des communications — par routes, voitures, chemins de fer, télégraphes, téléphones, etc..., — la diffusion de l'instruction scientifique et morale, la propagation des livres et de la presse, font beaucoup, de nos jours, pour resserrer les liens de la population dans les grands pays, pour en rapprocher mentalement toutes les fractions, pour permettre à un même courant de la parcourir très vite tout entière : elles sont ainsi à leur tour des facteurs du progrès, en ce sens tout au moins qu'elles permettent à une amélioration acquise sur un point de se propager rapidement vers tous les autres. Or, il est possible encore de rattacher ces phénomènes à des causes d'ordre psychique. Le groupement des populations tient en grande partie à l'attrait qu'offre la vie plus facile et plus variée des centres où beaucoup d'hommes se coudoient. Les travaux publics, l'instruction publique et la presse sont des inventions rayonnantes, mises au service de pensées qui aspiraient elles-mêmes à rayonner : c'est avec un sentiment très vif de leur utilité que des individualités pleinement conscientes ont organisé ces facteurs du progrès.

III

Le désir du mieux-être se traduit, dans l'ordre économique, par la poursuite de la richesse, au sens très large qu'a ce dernier mot en langage technique. Mais la richesse ne se conquiert qu'au prix du travail : le plus souvent, il faut la créer. Le désir est ainsi le propulseur de la production. L'extension et le perfectionnement de celle-ci ont pour but, en dernière analyse, la satisfaction de désirs humains, de désirs de consommation.

Leur progrès à eux-mêmes suppose, comme l'on sait, l'intervention dans leur processus d'une disposition d'importance capitale, la division du travail. Adam Smith et ses successeurs directs ont montré comment celle-ci agit dans le monde de la production tout à la fois en économisant les forces et en permettant leur meilleur emploi. Cet effet a paru si merveilleux que l'école classique a vu dans la division du travail le phénomène central de toute la vie économique. De nos jours même, généralisant encore, M. Durkheim a placé cette division, étendue par lui aux divers domaines humains, au centre de toute la vie sociale (1). Nous croyons pour notre part à l'importance primordiale de ce fait et à son action généralement heureuse sur toute l'évolution. Nous dirons pourtant qu'en bien des cas elle a ses côtés funestes. Ainsi l'une des premières formes de la division du travail a été celle qui s'est opérée entre les deux sexes, et qui le plus souvent a amené l'oppression du sexe physiquement le plus faible. Peu après, sans doute, est apparue la division du travail entre maîtres et esclaves, ou plutôt l'attribution du travail proprement dit à ces derniers et du loisir aux premiers. C'est un état de choses contre lequel la conscience actuelle proteste, bien qu'un sociologue fort autorisé, M. Lester Ward, ait établi que l'esclavage

(1) *De la division du travail social.*

aussi avait eu son rôle grandement utile dans l'histoire : celui de former l'humanité au travail continu et à rendement différé (1). Enfin de nos jours la spécialisation due à la division du travail a souvent pour effet la diminution mentale et aussi le chômage intermittent forcé de l'ouvrier. Mais, à côté de toutes ces tristes conséquences, elle a, dans l'ensemble, de si utiles effets que personne ne songe à retourner au temps où elle n'existait que sous une forme rudimentaire. Non seulement la solidarité économique, mais la solidarité sociale sous toutes ses formes, ne sont plus concevables que par elle. Et ce qu'on ne saurait nier, c'est qu'elle ait grandi à chacune des périodes ascendantes de l'histoire, amenant par sa croissance une série de progrès variés.

De même, on reconnaîtra volontiers une influence importante, dans l'évolution économique et même dans toute l'évolution sociale, au perfectionnement de l'outillage, en particulier de l'outillage mécanique de la production. On sait que, pour Karl Marx et ses disciples, ce facteur est celui qui commande tous les autres. Nous nous sommes déjà expliqué sur ce point en détail (2), ce qui nous dispense d'y revenir ici. Nous avons dit ce qu'il nous paraît y avoir de juste, et aussi ce qui nous semble être fort exagéré, dans cette théorie du « matérialisme historique » ou « matérialisme économique ». Bornons-nous à indiquer que le matériel ne se conçoit que comme instrument au service d'une pensée, laquelle le crée et le dirige. Le progrès de l'outillage est commandé par le perfectionnement de la science, et aussi par l'extension des désirs. Il en est de lui, en somme,

---

(1) *Sociologie pure*, chapitre XIII.
(2) *Objet des sciences sociales*, chapitre VII.

comme du progrès de la division du travail : ils rendent tous deux possibles bien des manifestations ultérieures de l'évolution, mais ils ne s'expliquent eux-mêmes que par le développement d'une mentalité devenue plus complexe et plus riche. Ils sont des moyens très utiles qui aident l'humanité en marche vers le mieux ; ils ne sont pas, comme on l'a dit parfois improprement, les propulseurs mêmes de son mouvement.

IV

Le moteur de l'évolution sociale, ne serait-ce pas le progrès des lumières ?

Cette façon de voir est en honneur dans l'école positiviste. Son chef illustre, Auguste Comte, a caractérisé les grandes phases de cette évolution par les transformations graduelles de la mentalité collective. Il a posé à cet égard, comme nous l'avons indiqué précédemment, une loi qui est depuis lors demeurée célèbre, la loi des trois états. Dans un premier stade, dit-il, l'humanité est dominée par des chimères ; elle cherche la cause des phénomènes dans l'action d'êtres inconnus, qu'elle imagine et qu'elle divinise. C'est l'âge théologique, qui se divise lui-même en trois périodes, celle du fétichisme, celle du polythéisme, celle du monothéisme. A cet état, qui dure jusqu'au XVIIIe siècle et prolonge même le reste de son existence jusque de nos jours, l'influence dominante dans toute l'organisation sociale est celle des prêtres. Mais l'entendement se perfectionne. Il reconnaît en partie la vanité de ses premières explications. Il cesse de diviniser les causes des phénomènes. Toutefois, il croit encore à leur réalité. Il leur attribue le caractère de substances, d'une nature transcendante. C'est l'état métaphysique. Son avènement est marqué par la Révolution Française et il dure encore en partie. La prédominance sociale, à cet état, passe des prêtres aux juristes. Enfin, l'on voit de nos jours commencer un troisième état, dans lequel l'esprit collectif, désormais affranchi totalement des chimères, ne cherchera plus aucune cause extérieure aux phénomènes, et se bornera à constater leur enchaînement, à découvrir leurs lois. C'est l'état positif. La science y remplacera la métaphysique et la religion. La prépondérance sociale y appartiendra à ceux qui appliquent la science, aux industriels.

On n'attend pas de nous, ici, une discussion détaillée de cette loi. Il est bien clair que les progrès accomplis, depuis Auguste Comte, par l'histoire des idées, conduiraient à y apporter certaines retouches. Pour être jugée exactement, l'évolution mentale devrait être regardée de plus près, avec une distinction plus précise des lieux, des temps et des questions. Il n'en est pas moins vrai que la vue de Comte reste une vue profonde, qui marque une date dans l'histoire de la pensée. L'idée fondamentale de cette théorie demeure intacte : à savoir, que l'évolution mentale s'est accomplie par l'élimination graduelle des rêves originaires, par la substitution progressive de la raison à l'imagination. Et il n'est pas téméraire d'ajouter que ce processus commande, ainsi que le voulait Comte, tous les autres processus sociaux, car tous sont liés étroitement au développement de la raison et n'ont pu s'accomplir que grâce à lui.

Toutefois, il faut se garder de rien exagérer. Si le progrès de la raison domine tous les autres progrès, il n'est pourtant pas, absolument parlant, le fait premier. La raison elle-même ne s'est développée qu'au service du désir. L'homme a employé son intellect à satisfaire son aspiration au mieux être. Cet intellect n'a d'abord été capable que de jugements et raisonnements très simples, très terre à terre, très concrets, très proches des objets immédiats sur lesquels ils portaient. Quand il s'est émancipé, quand il s'est élevé aux idées abstraites, il a eu une certaine tendance à se perdre dans la fantaisie : c'est alors qu'il a demandé la satisfaction des besoins qu'il voulait contenter, à des puissances imaginaires. Mais il a appris à reconnaître que là n'était pas la vraie route, qu'il n'obtenait point par ce moyen ce qu'il cherchait ; il s'est alors rectifié, il s'est rapproché à nouveau des choses tangibles, et le savoir qu'il a ainsi élaboré, tout en restant abstrait dans sa forme, est devenu concret par son objet. Cette marche ou plutôt ce retour vers la « positivité » est dû à la pression qu'exerçait le désir, le besoin, sur l'intelligence elle-même. En somme, comme l'a si ingénieusement écrit Gabriel Tarde, il n'y a dans l'esprit humain que des croyances (qu'elles soient religieuses, métaphysiques, ou positives) et des désirs. Mais les croyances sont commandées par les désirs, et l'évolution de celles-là se fait en vue d'assurer la plus complète réalisation de ceux-ci.

V

De nos jours, la préoccupation de la justice sociale a pris une place considérable dans l'esprit public, et l'on ne peut que s'en féliciter. Le mérite en revient, d'une part, aux efforts des jurisconsultes, de l'autre, à ceux des théoriciens du socialisme et des penseurs qui leur sont apparentés. Sous l'influence de cette préoccupation, l'on a dit que l'organisation d'une exacte justice est ce qui caractérise les sociétés élevées, et que cette organisation est nécessaire pour tout véritable progrès. Pour notre part, nous reconnaîtrons volontiers la vérité partielle contenue dans cette double proposition. Nous dirons que le souci de la justice est l'une des caractéristiques d'un état social satisfaisant, et que sa réalisation facilite nombre de nouveaux pas en avant. Mais nous n'irons pas au-delà. La justice sociale peut être la condition du progrès ou plutôt une des conditions de divers progrès. Elle n'en est pas, par là même, la cause. Elle aide à créer un milieu favorable aux découvertes utiles, dans l'ordre de la science ou dans celui de la technique. Mais ce n'est pas elle qui, directement, les fait faire. D'autre part, la recherche de la justice a pu conduire à des réarrangements sociaux supérieurs aux arrangements antérieurs. Un résultat de ce genre, par exemple, sortit du mouvement de la Révolution Française. Mais ceux qui le conduisirent n'étaient pas, pour la plupart, guidés par le sentiment de la justice absolue. Ils ne poursuivaient d'ordinaire que leur intérêt individuel ou l'intérêt de leur classe. Ils cherchaient personnellement le pouvoir ou la richesse, ou bien ils voulaient que ceux-ci passassent des mains de la noblesse et du clergé en celles de la bourgeoisie. Et ceux qui prônent une révolution nouvelle ne voient aussi, trop souvent, que leur avantage propre ou que celui de la classe ouvrière. Bien fréquemment la justice n'est qu'un mot sonore, dont on décore des revendications inspirées par un motif moins noble et plus étroit. Il est bien des individus et des partis qui ne demandent la justice, ou la liberté, que pour eux-mêmes, ce qui est une façon plus habile de demander la domination.

La domination : voilà, en effet, l'un des objets habituels des désirs humains. L'individu et le groupe ne veulent pas seulement être bien, ou être mieux que par le passé. Ils veulent tout autant, souvent même ils veulent surtout, être mieux que ceux qui les entourent. Le désir de la supériorité est un des plus vifs et des plus profonds qu'il y ait. Il est la source de beaucoup d'efforts que font, pour s'élever, ceux qui en sont possédés. Il n'est pas douteux qu'il soit par là, indirectement, la source d'un certain nombre de progrès. Des découvertes, profitables à tous, ont été dues à des gens qui ne cherchaient qu'à se faire un nom. Des réformes, d'une haute portée collective, ne se sont opérées que sous la pression d'individualités qui voulaient surtout se signaler. Le moyen le plus sûr, en effet, qu'on ait trouvé de réaliser son intérêt individuel, c'est de se mettre au service d'un intérêt général. Cette liaison des deux intérêts se montre à la fois, au point de vue dynamique, comme le produit, et, au point de vue statique, comme la condition de la vie sociale. C'est grâce à elle qu'il se peut faire que le besoin de se distinguer, si foncièrement individuel et en un certain sens si antisocial dans son essence, produise pourtant souvent des résultats favorables à la collectivité tout entière. Comme tous les désirs, il est un facteur du mouvement et peut être un agent de progrès.

VI

Ainsi, en dernière analyse, c'est toujours le désir qui apparaît comme le moteur de l'évolution sociale. Mais à quoi donc tend l'être qui désire? D'abord, à persévérer dans son être, pourrait-on répondre avec Spinoza ; puis, à accroître son être. Il semble ainsi que le but des efforts de l'homme soit d'augmenter la somme des moyens dont il dispose. Accroissement de famille, accroissement de richesse, accroissement de savoir, accroissement de puissance, n'est-ce pas là ce qu'il veut?

Toutefois, cette conclusion ne peut pas être définitive. Cette notion d'accroissement ne traduit que d'une façon imparfaite le but du désir. Ce que l'homme veut, au fond, ce n'est pas « avoir beaucoup », c'est « être bien ». Son désir va à la qualité, non à la quantité.

Qu'est-ce alors que la quantité? D'abord, c'est l'aspect que la qualité prend aux yeux de l'observateur étranger, du témoin de l'effort fait par autrui. Quand le sujet observé dit : « je veux le bien-être matériel », il songe à une satisfaction intime, toute spécifique et non susceptible de mesure. Mais l'observateur traduit : « le sujet veut une grande quantité de richesses », et il ne saurait traduire autrement, parce que, ne pouvant pénétrer dans l'intimité d'une conscience étrangère, il ne peut que détailler les éléments qui agissent sur elle.

Puis, la quantité est encore, pour le sujet lui-même, un moyen de se faciliter l'appréciation des choses. Il fixe, en usant des considérations quantitatives, ce qu'il lui faudra de biens extérieurs pour atteindre à ce bien intérieur dont il est avide. Il se dit combien d'enfants, combien de richesses, combien de titres, etc..., seront nécessaires à son bonheur. Toute imparfaite qu'elle est, cette évaluation lui permet de se préciser à lui-même ses désirs, et par là sans doute lui en rend la réalisation plus aisée.

Ainsi la question du « combien » n'est pas vaine, mais elle est subordonnée à la question du « bien ». Mais n'attachons pas à ce mot « bien » un sens illusoire. Le bien n'est pas quelque chose qui réside hors de l'esprit ; c'est l'esprit lui-même qui le crée. Pour parler encore avec Spinoza, « nous ne désirons pas les choses parce qu'elles sont bonnes, mais elles sont bonnes parce que nous les désirons ». Le désir se porte où il veut, et chacun trouve bon ce qu'il désire. Ce qu'il y a d'incomplet dans cette théorie spinozienne, on peut facilement le relever et y remédier par l'introduction du point de vue social. N'est pas bon, certes, tout ce qui est désiré individuellement. L'est au contraire tout ce qui est désiré collectivement, et surtout universellement. L'humanité entière ne se trompe pas sur le sens où doit se diriger son désir. Ce que tous les hommes sont d'accord pour demander est certainement bon pour tous. Avec ce complément, la conception subjective de l'origine du bien paraît inattaquable : le bien est ce que désire, non pas l'individu isolé, mais l'ensemble des humains.

De la sorte apparaît, ce nous semble, la vérité du principe subjectif et qualitatif. L'homme veut être mieux, et pour cela il lui faut avoir plus. Lui-même et ses semblables traduisent naturellement la première de ces aspirations par la seconde de ces formules. Mais celle-là explique celle-ci. Le désir crée les buts ; la croyance indique les moyens (1). Les premiers s'apprécient ; les seconds se dénombrent. On pèse le « bien » des premiers et on suppute le « combien » des seconds. L'individu — et avec lui, la collectivité — qualifie ses fins et quantifie ses procédés.

( ) Nous parlons ici le langage de Gabriel Tarde. Au lieu de « la croyance », on pourrait aussi bien dire « l'intelligence », de même que ce que nous nommons ici « le désir » est très près d'équivaloir à « la volonté ».

CHAPITRE XVII

LE PROCESSUS DE L'ÉVOLUTION SOCIALE

I. *La lutte et ses diverses formes.* — II. *Valeur de la lutte.* — III. *La solidarité.* — IV. *La différenciation.* — V. *L'adaptation.*

I

Si le désir est, comme nous le croyons, le moteur de l'évolution sociale, il s'en suit que le processus de cette évolution n'est autre que le processus de la réalisation des désirs humains.

Or ceux-ci rencontrent, pour leur accomplissement, mille difficultés. Les unes tiennent aux choses ; les autres, les plus graves aujourd'hui, tiennent aux hommes eux-mêmes. Car les désirs de l'un se heurtent aux désirs de l'autre. De là des conflits. Le phénomène de la lutte est général dans l'humanité, comme d'ailleurs dans toute la nature. Il semble qu'aucune évolution sociale ne puisse s'accomplir qu'au prix et au moyen d'une lutte.

Les luttes sociales sont de bien des espèces. On pourrait leur rattacher les luttes de l'homme contre la nature (forces élémentaires, sol, espèces animales), ce qui permettrait de dire que toute la vie humaine n'est qu'une lutte. Mais, même en s'en tenant strictement aux luttes des hommes les uns contre les autres, on est amené à leur reconnaître une extension et une variété considérables. Distinguons-les suivant leurs causes.

Il y a d'abord les luttes d'ordre ethnique. Ce sont celles qui s'opèrent entre races différentes, soit que celles-ci forment des États distincts, soit qu'elles coexistent au sein d'un même Etat. Pour prendre des exemples contemporains, on citera, dans le premier type, la lutte des blancs et des jaunes en Asie ; dans le second, celle des diverses races qui forment la monarchie autrichienne. On rattacherait à ce second type, si elles étaient réelles, les oppositions — suivant nous fort contestables — que certains auteurs croient exister, dans les Etats européens, entre gens d'origine aryenne et gens d'origine sémitique, et aussi entre populations dolichocéphales et populations brachycéphales.

Il y a ensuite les luttes d'ordre économique. Ce sont toutes les formes de la concurrence : concurrence des individus de même profession entre eux ; concurrence des corporations ; concurrence pour le commerce international. Ce qu'on appelle aujourd'hui la lutte des classes se rattache surtout à cette catégorie. On sait que, suivant nous, les classes sont, dans les grandes nations contemporaines, des sortes de couches superposées, dont chacune est formée par l'ensemble des gens qui se trouvent sensiblement à un même niveau social, quelle que soit d'ailleurs la profession qu'ils exercent (1). Ce niveau est déterminé par des considéra-

---

(1) Voir plus haut, chapitre IV.

tions variées, tenant à la naissance, à l'éducation, à l'honorabilité, à la puissance, et surtout à la fortune de chacun ; c'est donc, en dernière analyse, un principe économique surtout qui préside à sa constitution. Par rapport à ces classes, un double mouvement est à signaler. C'est d'abord l'effort individuel d'un très grand nombre d'hommes, qui aspirent à s'élever de la classe où ils se trouvent dans une classe supérieure. C'est aussi l'effort collectif des classes subordonnées pour abolir les prééminences des classes placées au-dessus d'elles, pour leur arracher leurs avantages en matière de pouvoir et de richesse. Ce dernier phénomène est celui qui s'appelle proprement la lutte des classes. On la retrouve à toutes les époques de la civilisation. A Athènes, c'était la lutte du peuple contre l'aristocratie A Rome, ce fut celle de la plèbe contre le patriciat. Dans la France de l'ancien régime, ce fut celle du Tiers-Etat contre les ordres privilégiés. Aujourd'hui, dans toute l'Europe industrielle, et même au Nouveau-Monde et dans l'Océanie, c'est celle de la classe ouvrière contre la classe patronale.

Puis, en suivant notre classification habituelle des phénomènes sociaux, nous trouvons, dans la vie domestique, les luttes des divers éléments de la famille les uns contre les autres. C'est, d'une part, la lutte des sexes, aussi vieille que le monde et qui se traduit par la prépondérance, tantôt de l'un, tantôt de l'autre, le plus souvent du sexe masculin. C'est, d'autre part, la lutte des âges, qui a comme résultat, à certains stades sociaux, la domination des vieillards, à d'autres, celle des hommes mûrs, à d'autres enfin, celle des jeunes gens. Bien entendu ces luttes n'ont pas toujours un caractère aigu, pas plus d'ailleurs que les autres ; mais leur existence est, dans son principe, indépendante de leur caractère bénin ou sanglant et de leur résultat même.

Passant à la vie sociale de relation, nous y trouvons encore deux grandes sortes de conflits. Ce sont d'abord les luttes d'ordre intellectuel : luttes de langues, de religions, de civilisations, en comprenant sous ce dernier terme les influences en matière morale, scientifique et esthétique. Ce sont aussi, en dernier lieu, les luttes d'ordre politique : nous voulons dire les conflits pour le pouvoir, entre individus, entre partis, entre cités, entre États. La guerre en est trop souvent la conséquence, sous la forme, soit de guerre civile, soit de guerre extérieure. On arrive heureusement aujourd'hui à l'éviter dans nombre de cas où elle éclatait jadis ; mais la lutte alors prend d'autres formes : notamment celles de compétitions électorales au-dedans, celles d'intrigues diplomatiques au dehors. On ne peut espérer supprimer toute lutte et les plus résolus « pacifistes » croient à la permanence des conflits d'ordre mental, ceux des civilisations différentes aspirant chacune à conquérir l'univers (1).

II

Y a-t-il lieu, d'ailleurs, de songer à supprimer la lutte ? Son rôle est-il de ceux qu'on peut déclarer mal-

(1) En ce sens, voir J. Novicow. *Les Luttes entre les sociétés humaines et leurs stades successifs.*

faisants ? Ne rend-elle pas au contraire les plus signalés services ? N'est-elle pas l'instrument direct du progrès ? Il y a sur ce point, tant parmi les sociologues que dans le public, un débat toujours ouvert et toujours animé. Disons, aussi brièvement que possible (comme il convient dans un ouvrage qui veut être succinct), quelle position nous prenons dans ce débat.

La lutte sociale nous apparaît comme ayant deux conséquences fondamentales. D'abord, elle amène les individus et les groupes à faire le maximum d'effort que leur nature comporte. Ensuite, elle conduit à l'élimination totale ou partielle des vaincus. Le premier de ces résultats nous semble avantageux, le second, nuisible pour l'humanité dans son ensemble.

En premier lieu, la nécessité de lutter fait que l'être déploie en vue du succès toutes ses forces. Il donne ainsi son plus fort rendement. Il n'est pas douteux que, de la sorte, la production totale soit accrue : production économique, production intellectuelle, ou tout au moins production de puissance militaire ou politique. A coup sûr, l'intensité de cet effort peut avoir ses mauvais côtés. Elle risque d'épuiser l'être qui l'a fourni. De là vient que parfois il succombe au lendemain même d'un succès. Mais, au total, la lutte a des résultats utiles comme stimulant à l'effort. Le travail est une chose naturellement pénible à l'homme. Il lui faut le plus souvent l'aiguillon de la concurrence pour l'y décider. Aussi, l'émulation — car c'est sous ce nom qu'on peut désigner la lutte quand on la considère seulement sous ce premier aspect — est-elle, en principe, à encourager. Et nous n'avons pas vu sans quelque regret la pédagogie française tendre, en ces dernières années, à en affaiblir, sinon à en briser, le ressort.

Mais l'élimination du vaincu nous paraît, au contraire, une chose funeste. On allègue, il est vrai, que, dans l'animalité, elle est la condition de l'évolution qui a conduit à la formation des espèces perfectionnées d'aujourd'hui. Soit. Mais d'abord il y a de fortes raisons de penser que l'humanité ne constitue qu'une espèce unique, et les êtres d'une même espèce, dans l'animalité même, le plus ordinairement ne se détruisent pas entre eux. Puis, l'homme trouve en son cœur des sentiments de commisération envers ses semblables qui doivent être écoutés, car ils sont eux-mêmes des produits de l'évolution et par conséquent ils ont leur raison d'être et leurs avantages. Enfin, la réflexion démontre qu'on ne peut pas ici appliquer tous les critères avec lesquels on juge les faits non humains. Dans l'animalité, la lutte fait sans doute triompher « les meilleurs », c'est-à-dire les plus utiles à l'univers. Mais qui oserait affirmer qu'il en est de même dans l'humanité ? Ne sont-ce pas souvent ici les vaincus qui sont vraiment les meilleurs ? Qui donc était le plus précieux pour l'avenir du monde : Archimède ou le soldat qui l'a tué, Lavoisier ou l'accusateur qui a obtenu sa condamnation capitale ? Et si aujourd'hui encore l'humanité gémit sur le destin de ces deux grands savants, en calculant tout ce qu'elle a perdu à leur disparition prématurée, pourquoi voudrait-elle s'exposer au renouvellement de faits semblables ? Tout ce qui, dans la lutte, a pour conséquence la suppression d'un être humain, doit en thèse générale être réprouvé, car la destruction d'une force qui eût pu rendre encore des services à la collectivité, est toujours fâcheuse. Souvent, il est vrai, le résultat est moins barbare. Le vaincu n'est plus tué par le vainqueur, il est simplement assujetti ou mis à l'écart. Mais si cette solution a des avantages momentanés pour le vainqueur, il semble qu'elle offre encore bien des inconvénients au point de vue général. L'homme ou le groupe assujetti travaillera moins pour le compte d'autrui qu'il ne l'eût fait pour son propre compte. L'homme ou le groupe mis à l'écart — celui qui se voit interdit, par exemple, l'accès aux fonctions publiques ou à la propriété foncière — se trouvera dans une condition subordonnée et humiliante qui ne lui permettra pas de développer toutes ses aptitudes, et sera d'ailleurs peu porté à les mettre au service du bien de tous. Voilà pourquoi les inégalités de droit, cruelles aux inférieurs, se retournent contre les supérieurs. En somme, si, socialement parlant, la lutte est bonne en ce qu'elle exalte certaines forces, souvent aussi elle est funeste en ce qu'elle en détruit ou en comprime d'autres.

III

Pour comprendre que la lutte ne peut être le seul procédé de l'évolution sociale, il suffit de rapprocher son principe d'un autre principe, qui lui sert à la fois de complément et de limite : celui de la solidarité.

D'une part, en effet, le succès dans la lutte ne peut normalement s'obtenir que grâce à une certaine solidarité. Un groupe ne triomphe d'un autre que si ses membres sont étroitement unis entre eux et marchent d'un même élan pour la cause commune. Un individu, de même, ne l'emporte sur ses rivaux que s'il sait éveiller, chez ceux dont son succès dépend, des idées et des sentiments qui leur montrent leur propre intérêt solidaire du sien.

D'autre part, la solidarité existe, dans une certaine mesure, entre les rivaux, en dépit de la lutte elle-même. Des commerçants voisins, exerçant le même négoce, se font une âpre concurrence. Ils se sentent pourtant confrères. En plus d'une circonstance, ils agiront de concert ; ils formeront un syndicat qui aura pour but de défendre leurs intérêts professionnels communs vis-à-vis de l'autorité, vis-à-vis de leurs employés, vis-à-vis du public, vis-à-vis des négociants d'autres professions. Parfois même, si l'un d'entre eux est insuffisamment approvisionné, il fera des achats à son voisin, ou bien il lui enverra des clients. Ainsi, par la similitude des conditions d'existence, se forment entre eux certains liens de solidarité qui viennent diminuer l'acuité de la lutte. Et c'est du développement de ces liens dans l'avenir qu'on peut attendre l'adoucissement des conflits sociaux et la transformation des rivalités sanglantes en émulations pacifiques.

La sociologie s'est beaucoup exercée, ces dernières années, en France surtout, sur le principe de la solidarité (1). On a cherché : d'une part, pourquoi, en fait, elle existe entre les concitoyens, même sans qu'ils le veuillent ; d'autre part, pourquoi, en droit, elle doit

---

(1) Voir notamment : Henri Marion, *De la solidarité morale* ; Charles Gide, *L'idée de solidarité en tant que programme économique* ; Léon Bourgeois, *La solidarité* ; et les deux volumes de conférences faites à l'École des Hautes Études Sociales et publiées sous les titres de : *Essai d'une philosophie de la solidarité* et *Les applications sociales de la solidarité*.

être proposée à leur adhésion réfléchie comme un but à poursuivre. Nous avons personnellement fait connaître ce que nous pensons à ce sujet dans un ouvrage antérieur (1). La solidarité nous apparaît comme inhérente à la constitution de tout être vivant : elle se manifeste de la façon la plus évidente entre les cellules et les organes de l'individu ; or, pour nous, la société est une individualité, d'un ordre supérieur sans doute, mais soumise pourtant aux lois générales de la nature et de la vie ; étant un organisme supérieur, un supra-organisme, elle ne peut point ne pas impliquer la solidarité de ses parties. Si du point de fait nous passons au point de droit, nous dirons que l'idéal pour un être vivant est naturellement de renforcer son existence suivant les principes mêmes de la vie ; la solidarité des éléments coexistants étant un de ces principes fondamentaux, son développement assurera le progrès général, et à ce titre apparaît comme devant être poursuivi par une volonté raisonnée. Ainsi, c'est au plus profond de la nature vivante que réside le principe de la solidarité. Et c'est en elle qu'on aperçoit bien comment il concourt avec le principe de la lutte, car les éléments de l'organisme luttent aussi, en un certain sens, les uns contre les autres, et cependant ils s'harmonisent. La vie individuelle peut ainsi servir de modèle à la vie sociale, et lui montrer comment se réalise, sinon l'identité des contradictoires, telle que Hegel l'avait formulée, au moins, ce qui est plus aisément intelligible, la coexistence et la conciliation partielle des contraires.

(1) *Organisme et Société.* Voir aussi le chapitre IX du présent volume.

IV

Comment cette conciliation se peut-elle effectuer dans le monde social ? Elle se réalise déjà en partie, nous venons de le voir, par la limitation que le sentiment d'une certaine solidarité apporte aux effets les plus cruels de la concurrence. Mais il y a mieux. Elle pourrait se réaliser plus complètement encore, dans un grand nombre de cas, par la suppression de la concurrence elle-même. Celle-ci serait alors remplacée par la différenciation. Au lieu de faire la même chose que son voisin, chacun s'efforcerait de faire quelque chose de différent. Il mettrait surtout à profit, parmi les facilités que ses aptitudes propres, le milieu et les circonstances lui offrent, celles qui ne seraient identiques à aucune de celles dont autrui bénéficie. Le procédé pourrait être appliqué dans tous les ordres de faits sociaux : ordre économique, ordre intellectuel, ordre politique, etc., etc... Il réussirait également bien aux individus, aux groupes, aux nations. Il aiderait chacun à mettre en lumière son originalité, et il rendrait plus variée et plus multiforme la vie sociale. Personne n'aurait à craindre d'ailleurs de voir sans emploi son talent spécifique, puisque la diversité même de ces talents originaux rendrait nécessaire à chacun d'eux le concours de tous les autres. Avec une semblable organisation, la solidarité serait parfaitement respectée, car cette différenciation pourrait s'accomplir en vertu d'ententes expresses et gagnerait même à le faire. Et d'autre part ce qu'il y a d'utile actuellement dans l'émulation pourrait être conservé : car, sans avoir de concurrents proprement dits, chacun aurait encore des confrères, sous les yeux desquels il opèrerait, et un public, pour lequel il travaillerait ; il voudrait avoir l'estime des uns et de l'autre, il songerait même toujours à avoir cette estime plus que personne, et ce serait assez pour entretenir en lui l'ardeur à la besogne et l'effort vers le perfectionnement.

Le système, que nous préconisons ainsi, a-t-il quelque chose d'utopique et d'irréalisable ? Nous ne saurions le penser. Il n'est, en effet, que la continuation, que le développement raisonné d'un procédé qui règne dès maintenant dans la vie individuelle et dans la vie sociale. Au cours du développement de l'organisme, on voit les cellules, toutes à peu près semblables chez l'embryon, se différencier peu à peu pour constituer les tissus les plus divers : c'est cette différenciation, avec la coordination concomitante, qui fait de l'organisme cet être à la fois multiple et un, dont le fonctionnement si complexe est pourtant en son genre si parfait. De même, au cours du développement de la société, on voit les êtres humains, tous à peu près semblables à l'origine, prendre peu à peu des fonctions variées, ce qui leur fait acquérir des structures mentales et des positions sociales différentes. Il suffit de pousser plus loin ce processus, dans une voie plus rationnelle et, dirons-nous en même temps, plus égalitaire, pour aboutir à ce que nous appelons de nos vœux. — Le phénomène que nous venons de nommer la différenciation est d'ailleurs souvent désigné sous un autre vocable : la division du travail. On sait combien ont été célébrées les vertus de cette division du travail, tant organique que sociale.

Nous avons indiqué, au chapitre précédent, qu'on avait voulu voir en elle le moteur même de l'évolution sociale, et nous avons fait à ce moment nos réserves à ce sujet, tout en proclamant la haute importance de ce phénomène. On peut saisir maintenant toute notre pensée, en ce qui le concerne : nous ne le croyons pas le fait premier de l'évolution, mais nous y voyons un des arrangements les plus remarquables qu'elle ait produits, nous croyons que la réalisation de cet arrangement peut promouvoir à son tour le progrès, nous attendons de son établissement plus complet et sur des bases plus parfaites des avantages inappréciables.

V

A quoi tendent, en définitive, les divers procédés que nous venons d'indiquer ; lutte ou concurrence, association par solidarité, différenciation ? Tous nous paraissent avoir un même but : amener une coordination de plus en plus complète de l'être et de son milieu. Tous sont des procédés d'adaptation. En effet, on lutte, on s'associe, on se différencie pour atteindre un avantage qui consiste à mettre la main sur des moyens plus amples de satisfaire ses désirs. Le succès réside dans l'acquisition d'une véritable maîtrise sur les forces ambiantes, qu'elles soient d'ordre physique, d'ordre vital ou d'ordre social. On est donc, par lui, plus près d'avoir adapté à soi son milieu, de s'en être approprié les puissances de tous genres.

Notons ici une importante différence entre l'adaptation biologique et l'adaptation sociale. Dans la première, l'être, qui se sent inférieur en pouvoir à son milieu, cherche seulement à s'adapter lui-même aux conditions de celui-ci. Mais dans la seconde, l'être, qui se sent supérieur à son milieu, prétend adapter celui-ci à ses fins propres. Cette différence tient à ce que l'effort social se réalise surtout par des moyens mentaux, que l'esprit ne se croit rien impossible, pas même de subjuguer d'autres esprits et de les plier à sa loi.

Ainsi tous les efforts de l'homme visent, en dernière analyse, à augmenter son pouvoir. Quand il parvient à l'accroître sur les forces élémentaires ou les autres êtres vivants, on peut y applaudir presque sans restriction. Quand il l'accroît sur ses semblables, on ne doit s'en féliciter que si lui-même a la sagesse, assez rare, de ne se servir de l'autorité ainsi acquise qu'au profit du bien général. La question est même de savoir si ses semblables ne préféreraient pas garder leur autonomie à être bien gouvernés. C'est pourquoi un économiste de l'école libérale, M. Yves Guyot, a écrit que « le progrès est en raison directe de l'action coercitive de l'homme sur les choses, et en raison inverse de son action coercitive sur les hommes ». Il n'est pas douteux cependant qu'un despotisme éclairé ait plus d'une fois servi la cause du progrès. Des tyrans grecs, des empereurs romains, Pierre Ier et Frédéric II en fourniront la preuve. Il leur a fallu adapter leur peuple à eux-mêmes, pour pouvoir l'adapter aux conditions d'une vie meilleure pour lui. Ils ont éprouvé bien des résistances. La postérité se félicite de ce qu'ils les aient vaincues et leur pardonne d'avoir employé pour ce faire des moyens qu'on jugerait aujourd'hui trop énergiques.

En résumé, les désirs conduisent l'homme. Pour en atteindre l'objet, il lutte, il s'associe, il se différencie. Il arrive enfin à adapter son milieu à la satisfaction de ses souhaits et c'est ce qui constitue à ses yeux le progrès.

Le principe de l'adaptation a vu sa portée reconnue par tous ceux des sociologues qui ont reçu une éducation biologique. En effet, tous ceux-là savent que les sciences naturelles lui attribuent une valeur considérable dans l'explication des phénomènes dont elles traitent. Le professeur Ernest Haeckel avait même vu dans l'adaptation l'unique force novatrice en jeu dans le monde vivant, dont les formes résultaient suivant lui du conflit perpétuel de l'adaptation avec une grande force conservatrice, l'hérédité. Mais les sociologues qui ont eu surtout une culture psychologique n'ont point davantage méconnu le rôle social de l'adaptation. Nous citerons parmi eux Gabriel Tarde. Dans le premier de ses importants écrits sociologiques, *Les Lois de l'imitation*, il indiquait qu'à ses yeux le processus fondamental dans le monde humain était celui de l'invention et de l'imitation, et que le progrès résultait d'innombrables inventions indéfiniment imitées. Plus tard, dans son livre sur *L'Opposition universelle*, il reconnaissait qu'à côté de ce processus, de nature à rapprocher les hommes, il fallait faire place à un autre, de nature à les séparer, le processus d'opposition ; désireux néanmoins de les rattacher l'un à l'autre, il appelait l'opposition une contre-imitation. Un peu plus tard encore, en son ouvrage intitulé *Les Lois sociales*, il admettait trois processus sociaux : la répétition, l'opposition, l'adaptation. La répétition n'était d'ailleurs qu'un autre nom de l'imitation. Que cette théorie de Tarde, en son dernier état, ne soit pas fort éloignée de la nôtre, c'est ce qui apparaîtra aisément. L'opposition est ce que nous avons appelé la lutte. La répétition ou l'imitation dérivent de ce que nous nommons l'association et sont des manifestations, peut-être assez imparfaites, de la solidarité. Enfin l'adaptation se retrouve dans les deux systèmes. Seulement, il semble que pour Tarde elle soit en quelque sorte parallèle à la répétition et à l'opposition, tandis que pour nous elle est le but que celles-ci veulent atteindre : c'est en vue de l'adaptation que, suivant nous, ces dernières se produisent. La distance qui sépare ces deux conceptions n'est pas très considérable ; il est des expressions de Tarde qui la réduisent même à presque rien, et qui mènent à penser que lui aussi faisait sortir l'adaptation des deux autres phénomènes. Malgré la diversité des expressions employées, il y a donc accord sur les principes fondamentaux.

CHAPITRE XVIII

LE RÉSULTAT DE L'ÉVOLUTION SOCIALE

I. *Passage de l'homogène confus à l'hétérogène coordonné.* — II. *Passage de l'hétérogène à l'homogène.* — III. *Élargissement du cercle social général et multiplication des cercles sociaux partiels.* — IV. *Remplacement du militarisme par l'industrialisme.*

I

Nous avons cherché, dans les précédents chapitres, d'où naît et comment s'opère l'évolution sociale. Il nous reste à nous demander à quoi elle aboutit. Peut-on formuler une ou plusieurs lois générales qui en indiquent les résultats ?

On l'a essayé bien des fois. De toutes les tentatives faites en ce sens, une seule nous paraît avoir à peu près réussi. C'est celle d'Herbert Spencer. Nous ne nous arrêterons donc ici que sur elle. Et, bien entendu, pour cette théorie comme pour toutes celles que nous avons rencontrées jusqu'à présent, nous tâcherons d'en dégager l'esprit, sans nous astreindre aucunement à en suivre la lettre.

La formule la plus générale de l'évolution, suivant Herbert Spencer, est celle-ci : « Le monde passe progressivement de l'homogénéité confuse à l'hétérogénéité coordonnée ». C'est là, pour notre auteur, une vérité d'ordre universel, s'appliquant au monde physique et au monde vivant comme au monde social. Nous n'avons pas à chercher ce que cette formule vaut pour les deux premiers de ces domaines. Mais, pour le troisième, nous la croyons justifiée.

Il faudrait, à coup sûr, des volumes pour en donner une démonstration tant soit peu complète. Spencer l'a compris et à vrai dire ses volumineux *Principes de sociologie*, qui ne forment pas moins de cinq tomes dans leur traduction française, sont consacrés tout entiers à fournir cette démonstration. Pour cela, ils étudient successivement les divers grands groupes d'institutions humaines : institutions politiques, religieuses, cérémonielles, professionnelles, etc..., et dans chacune d'elles ils montrent cette loi s'appliquant. Il ne saurait être question de résumer ici cette œuvre magistrale, dont la lecture est, à notre sens, la meilleure préparation générale qu'on puisse recommander à un débutant en sociologie, et que plusieurs écrivains, qui s'intitulent sociologues, paraissent d'ailleurs avoir négligé d'ouvrir. Bornons-nous à donner un exemple, pour faire saisir le sens et la portée de la loi posée par Spencer.

Prenons la nation française à ses débuts, c'est-à-dire au moment où les Francs viennent de conquérir l'ensemble du sol occupé par les Gallo-Romains. De quels éléments se compose alors la population répartie sur ce sol ? On y voit plusieurs races : Francs, Wisigoths, Burgondes, Gallo-Romains, qui se juxtaposent sans se pénétrer. On y voit aussi plusieurs classes : soldats, prêtres, marchands, artisans des villes (ces deux dernières catégories peu nombreuses), cultivateurs à divers degrés de servage, et ces classes aussi sont isolées. Dans chaque groupe social — c'est-à-dire chez les hommes d'une même race et d'une même classe — c'est l'homogénéité, l'absence de différenciation : la mentalité est si réduite et la vie professionnelle si simple, que les membres de ce groupe ne se distinguent pour ainsi dire en rien les uns des autres. Mais, d'un groupe à l'autre, c'est aussi l'absence presque complète de coordination : les races sont hostiles les unes aux autres, les classes également; elles n'ont que des rapports forcés de voisinage, auxquels aucune bonne entente ne préside; de plus, les communications territoriales sont difficiles, et chaque centre, chaque *villa* même, se trouve fort loin de tout le reste du pays. Dans cette vaste contrée, en général, l'on se hait ou l'on s'ignore.

Prenons maintenant cette même nation quinze siècles plus tard, c'est-à-dire de nos jours. L'aspect en a totalement changé. On n'y trouve plus quelques grands groupes fermés, mais un nombre presque indéfini de variétés sociales. Les races se sont fondues les unes avec les autres. Les classes ne sont plus séparées par des sortes de cloisons étanches. Les hommes d'une même origine appartiennent maintenant aux professions les plus diverses. Car les métiers sont en nombre infiniment plus grand que jadis. Et de plus, il y a des façons multiples, actuellement, d'exercer un même métier. De là vient qu'aujourd'hui les individus diffèrent bien plus entre eux qu'autrefois, ou du moins que ne différaient alors les membres d'un même groupe. Mais, d'un autre côté, la pénétration réciproque des groupes et des individus est devenue singulièrement plus complète. Il n'y a plus, très ordinairement, de haine de race, et la haine de classe n'est heureusement qu'un phénomène local. Les communications étant désormais bien plus aisées, on ne s'ignore plus entre concitoyens. Les diverses parties de la nation ont appris à se connaître, à s'apprécier, à sentir leur utilité réciproque. Une même impulsion peut beaucoup plus facilement qu'autrefois se propager d'un bout du territoire à l'autre. Avec des individus plus différents, on a pourtant un peuple plus unifié.

Ainsi il est parfaitement exact de dire que, suivant la formule de Spencer, on a passé de l'homogénéité confuse à l'hétérogénéité coordonnée. Et ce spectacle n'est nullement particulier à la France. On le trouverait, à peu près semblable, pour tous les Etats de l'Europe. Naturellement, avant de trop généraliser cette constatation et de l'ériger en loi universelle, il faut prendre des précautions. D'abord, on doit se dire qu'il est prudent de n'appliquer la formule qu'au monde occidental, le seul pour lequel nous ayions une suffisante documentation ; encore que, dans les régions où de grands Etats se sont constitués en dehors de ce monde — comme dans l'Inde, la Chine, les Etats précolombiens d'Amérique — il soit fort vraisemblable que les mêmes phénomènes se soient à peu près réalisés. Puis, on ne peut oublier que l'évolution du monde occidental lui-même s'est faite, pour ainsi dire, en deux fois : la civilisation antique y est séparée, par un large fossé, de la civilisation moderne ; la loi de Spencer s'est appliquée d'abord à la formation de la première, celle-ci s'est vue détruire par des forces dont cette loi ne rend pas compte et qui sont en quelque sorte inverses de celles auxquelles elle s'applique, après quoi la même loi a présidé à la constitution de la civilisation moderne. Enfin, il faut aussi songer que les Etats formés dans les temps actuels en Amérique et en Océanie par des immigrants européens ont bénéficié, dès leur naissance, de l'évolution accomplie en Europe même, ce qui fait que chez eux la loi spencérienne a eu moins complètement lieu de s'appliquer, quoiqu'on la puisse trouver encore à l'œuvre dans leur évolution. Sous ces diverses réserves, il nous paraît que cette formule, si large et si compréhensive, est généralement exacte. Nous croyons que sa découverte est, après celle de la loi des trois états par Auguste Comte, la plus importante qu'ait accomplie la sociologie à ses débuts.

II

La loi de Spencer a pourtant été contestée. Nous ne nous arrêterons pas à certaines critiques, qui dénotent surtout chez leurs auteurs l'idée d'établir leur originalité, en se séparant d'un maître en renom. Mais il est au moins un sociologue qui a fait en ces matières une œuvre vraiment personnelle et indépendante de celle de Spencer : nous voulons dire Gabriel Tarde. Sa conception peut sembler, au premier abord, directement opposée à celle que nous venons de faire connaître. Pour lui, en effet, ce qui est primitif, c'est l'hétérogénéité : l'humanité initiale se compose de groupes complètement distincts et sans relations. Et ce qui est dérivé, c'est l'homogénéité : elle a comme principal facteur l'imitation, qui répand peu à peu dans ces divers groupes les inventions utiles nées dans chacun d'eux ; le rôle de l'imitation est d'ailleurs fort facilité par l'effet des conquêtes, qui rendent possibles les assimilations. D'après cet auteur, l'humanité irait donc de l'hétérogène à l'homogène. C'est l'inverse de la marche indiquée par Spencer, du moins en apparence.

Mais cette apparence tombe à la réflexion. En réalité, les notions d'homogène et d'hétérogène ne sont pas appliquées aux mêmes éléments par nos deux auteurs. Ce qui à l'origine est homogène, suivant Spencer, ce n'est pas tout à fait l'humanité entière, c'est le groupe social ; du moins en est-il ainsi dans l'exemple que nous avons cité, et où nous avons pris un stade social non pas primitif, mais marquant un retour vers l'état primitif. Or cette homogénéité intérieure du groupe, Tarde n'y contredit pas. Il affirme seulement l'hétérogénéité des divers groupes entre eux ; et à cela Spencer, à son tour, accèderait. Il est vrai que pour l'époque tout à fait initiale, celle des débuts effectifs de l'humanité, Spencer affirmerait encore son principe de l'homogénéité ; mais Tarde aurait déclaré ne rien savoir et ne rien vouloir dire de cette époque préhistorique. Pour ce qui est des commencements de l'âge historique, on peut constater qu'ils ne sont pas en désaccord. Et pour les stades ultérieurs, il en est encore de même. Car les progrès de la similitude, de l'imitation réciproque entre les hommes, dont parle Tarde, ne sont pas autre chose que les progrès de la coordination, dont parle Spencer. Lorsque Spencer insiste sur la formation d'une hétérogénéité croissante entre organes sociaux et individus, il se rencontre encore avec Tarde, qui n'a pas manqué de signaler les progrès faits depuis des siècles dans la voie de l'individualisation humaine. Ainsi ces deux théories ne sont point contraires au fond l'une à l'autre, et, en reconnaissant l'ingéniosité des vues de Tarde, on n'est point amené par là à méconnaître la justesse de celles de Spencer.

III

Pour saisir plus complètement l'accord des vues de Spencer avec celles de Tarde, il suffirait d'introduire dans la formule du premier une légère transposition de termes, à laquelle elle ne pourrait que gagner. Quand Spencer parle de l'homogénéité confuse et de l'hétérogénéité coordonnée, nous sommes portés, avec nos habitudes françaises, à attacher à ces deux substantifs une importance plus haute qu'aux deux adjectifs qui les déterminent. Il ne faudrait point faire ainsi, et même c'est plutôt l'inverse qu'il y aurait lieu de faire. La formule deviendrait alors : la société passe de la confusion dans l'homogénéité à la coordination dans l'hétérogénéité. De la sorte, elle serait tout à fait comparable aux formules de Tarde, et il nous semble qu'elle prendrait, absolument parlant, un aspect plus satisfaisant.

Cette vérité peut d'ailleurs s'énoncer d'une autre façon qui permet de montrer qu'elle répond à d'autres faces encore de la réalité. Le groupe social, à l'origine, est étroit. C'est évident pour les groupes humains des stades réellement initiaux ; ce ne l'est guère moins pour ceux des stades de recommencement, tels que celui de la conquête franque qui a été envisagé tout à l'heure. Mais le groupe va en grandissant avec le temps, moins encore par l'effet des naissances que par celui de l'absorption des groupes voisins. C'est ainsi que dans l'antiquité classique la famille est devenue la tribu, et qu'ensuite s'est formée la cité, puis l'empire ; que, dans le monde moderne, en notre patrie, après les phénomènes de régression qui avaient fait de la *villa* gallo-romaine l'unité sociale, on a vu se reconstituer progressivement des unités plus vastes, baronnies, grandes villes, duchés, royaume ; qu'aujourd'hui nous assistons à un mouvement qui tend à faire du monde entier, au moins économiquement et intellectuellement parlant, une seule unité. Le cercle total, dans lequel l'activité humaine entière s'exerce, s'élargit donc progressivement. Mais en même temps un autre mouvement, tout à fait distinct de celui-là, sans lui être contraire, va s'accomplissant. Ce cercle voit se former à son intérieur d'autres cercles plus étroits, qui se multiplient sans cesse. Le groupe proprement originaire réunissait ses membres par bien des liens à la fois : il comprenait tous les gens qui étaient d'une même race, occupaient un même sol, travaillaient en commun. Ces diverses notions vont se dissocier par la suite. Le lien social, en s'étendant, forcément se distend et se fragmente. A mesure qu'il apprend à se reconnaître comme frère, ou tout au moins comme concitoyen, d'un plus grand nombre d'hommes, l'individu apprend aussi à distinguer parmi eux, à différents points de vue, des catégories à chacune desquelles quelque chose l'attache plus particulièrement.

Aux uns, il tient par la race, aux autres par le voisinage, à ceux-ci par la profession, à ceux-là par la sympathie (1). Et dans chacune de ces catégories, il naît encore des divisions subordonnées : professionnellement, le travailleur se relie, d'une part, à tous ceux de son atelier, quelle que soit leur spécialité, d'autre part, à tous ceux de sa spécialité, quel que soit leur atelier ; sympathiquement (si l'on peut ainsi dire), l'homme civilisé de nos jours entre dans des associations de toute espèce, amicales, sportives, philanthropiques, artistiques, scientifiques, religieuses, politiques, etc... Le chiffre des cercles secondaires, dont il fait partie, va en augmentant tous les jours. Ainsi l'on a, d'un côté, un cercle général de plus en plus large, et de l'autre, des cercles particuliers de plus en plus nombreux. Le premier de ces phénomènes représente la coordination croissante, et le second, l'hétérogénéité grandissante en même temps, dont parlait Herbert Spencer. Leur représentation graphique traduirait, sans doute, sa formule d'une façon frappante pour les yeux.

En même temps, elle mettrait en lumière deux points importants pour la philosophie sociale. D'une part, elle montrerait que la « socialité » gagne à la fois en extension et en compréhension. Elle gagne en extension, par l'élargissement du grand cercle. Elle gagne simultanément en compréhension, par l'apparition des petits cercles, dont chacun représente un lien social nouveau. Or, on sait que la logique formelle, qui se place au point de vue statique, établit une opposition entre l'extension et la compréhension. Pour elle, ce qui est gagné en extension correspond à une perte en compréhension, et ce

(1) *Organisme et Société*, chapitre V.

qui est gagné en compréhension suppose une perte en extension. On voit que la logique sociale, qui se place au point de vue dynamique, concilie au contraire ces deux aspects du problème et réalise leur accord. C'est, encore une fois, la preuve de la supériorité qu'a la vie réelle sur la pure pensée, la première synthétisant et harmonisant ce que la seconde dissocie et oppose.

D'autre part, un second enseignement pourrait être tiré de ce schème. Il établirait que la société et l'individu croissent du même pas. L'individu, en effet, est placé à la rencontre des multiples petits cercles. Plus ceux-ci sont nombreux, plus il est riche en caractères sociaux de toute espèce. Or la multiplication de ces petits cercles se fait en même temps que l'élargissement du grand cercle, c'est-à-dire que la croissance de la société totale. Donc, l'individu gagne en même temps que la société. Cette vérité est trop souvent méconnue. L'économie politique libérale a établi un antagonisme entre l'individu et l'Etat, antagonisme auquel Herbert Spencer lui-même a cru, sans s'apercevoir que sa doctrine fondamentale le répudiait. Le socialisme s'est emparé de cette vue des économistes pour réclamer une subordination plus étroite de l'individu à l'Etat. En montrant leur liaison nécessaire et leur croissance parallèle, la sociologie fait tomber la base de ce prétendu antagonisme et supprime le principe théorique de systèmes de réorganisation sociale dont l'application serait grosse de dangers de toute nature.

IV

Il est encore, en ce qui concerne l'évolution des sociétés, une autre théorie générale d'Herbert Spencer qui doit appeler notre attention. C'est celle qui distingue deux types fondamentaux dans la constitution des sociétés humaines, le type militaire et le type industriel, et qui attend et préconise le remplacement graduel du premier par le second.

Cette théorie au reste n'est pas l'œuvre de Spencer seul. Depuis bien longtemps, les philosophes « pacifistes » des divers pays en avaient préparé les éléments. Pour n'en citer qu'un seul, Henri de Saint-Simon avait déjà exposé doctrinalement la substitution au régime féodal du régime industriel. Un compatriote de Spencer, Sir Henry Sumner Maine, l'illustre historien du droit, avait résumé l'évolution juridique en disant qu'elle présente deux phases successives : d'abord, celle du statut, où le droit est fixé par voie d'autorité, est imposé d'une manière coercitive par des puissances sociales dominatrices ; plus tard, celle du contrat, où le droit émane de la libre volonté de tous, manifestée par des ententes expresses ou par l'adhésion tacite à un ensemble de conventions préexistantes. Et il avait montré les degrés inégaux atteints dans cette évolution par les différents peuples anciens ou modernes.

Spencer, réunissant en quelque sorte les idées de Saint-Simon et celles de Sumner Maine, définit deux grandes classes de sociétés. La première comprend les sociétés militaires, qui vivent du pillage, de l'exploitation du travail d'autrui ; la discipline y est très forte et elle est imposée par un pouvoir redouté. La seconde comprend les sociétés industrielles, qui vivent de leur propre travail ; la liberté y règne, et c'est sur l'accord volontaire des citoyens que repose la loi. Aucun de ces deux types, d'ailleurs, n'existe aujourd'hui à l'état absolument pur. Toutes nos grandes nations offrent un mélange de l'un et de l'autre. Elles ont encore beaucoup d'institutions qui leur viennent du type militaire sur lequel étaient organisés leurs ancêtres, Francs, Anglo-Saxons, Varègues ou autres. Mais elles en ont aussi quantité d'autres qui se rattachent au type industriel, qui dérivent de la pratique du labeur personnel et pacifique. En chacune d'elles, la société tend de plus en plus à se modeler sur ce type, si l'État reste encore en partie construit sur le type opposé (1). Le progrès consistera à éliminer les dernières survivances de ce régime issu du militarisme.

Dans cette nouvelle théorie de Spencer, certains détails peuvent, à coup sûr, être contestés. Mais nous n'en avons exposé que les grandes lignes, auxquelles peut s'en tenir un travail qui n'entend donner que des conclusions générales. Et ces grandes lignes paraissent très satisfaisantes à l'esprit. A condition de se dire que ni l'un ni l'autre des types ci-dessus indiqués ne se rencontre complètement nulle part, on comprend exactement l'intérêt qu'il y avait à les distinguer. Tous deux sont des schèmes idéaux de ce qu'une société peut

---

(1) Pour la distinction de la société et de l'État, voir *Objet des sciences sociales*, chapitre II.

se proposer d'être ; ce sont en quelque sorte des pôles d'attraction dont les nations subissent tour à tour l'influence et entre lesquels elles oscillent. S'agit-il maintenant d'en comparer la valeur ? On ne peut certainement point, dans l'état présent du monde, demander, pour une nation isolée, la suppression de toute institution militaire. Nul ne voudrait livrer sa patrie aux périls d'une invasion étrangère qui la trouverait désarmée. Mais on peut souhaiter que, dans un avenir aussi prochain que possible, des ententes internationales viennent mettre fin aux menaces et aux chances de guerre. Alors, au régime de la paix armée, pourra se substituer le régime de la paix pure et simple, de la paix sans armes. Alors l'industrialisme rêvé par Spencer pourra se réaliser pleinement, et, dans l'organisation du travail lui-même, ainsi que de la vie sociale en général, pourront disparaître les règles du militarisme. Partout le contrat pourra se substituer au statut ; la liberté, à l'autorité ; l'accord spontané, à l'obéissance imposée. Certes, si un tel état de choses s'établit jamais, il aura coûté de longues années d'efforts. Mais ces efforts du moins ne seront pas perdus pour le bonheur du genre humain.

Notons que cette seconde loi de Spencer — passage du militarisme à l'industrialisme — est, en réalité, un corollaire de la première — passage de l'homogénéité confuse à l'hétérogénéité coordonnée. Nous avons vu, en effet, que le véritable sens de celle-ci est qu'il existe un perfectionnement continu de la coordination sociale. Or, sans doute, les institutions militaires réalisent déjà une certaine forme de coordination. Mais c'est une coordination imparfaite et inférieure. La vraie coordination est celle qui se marque par les institutions industrielles. Car seule, celle-ci dérive de l'entente libre des individus; seule, elle assure, dans la mesure du possible, le bien-être de tous, et non plus seulement celui d'une minorité dirigeante ; seule, par conséquent, elle a des chances sérieuses de durée. Seule aussi elle établit une parfaite division du travail, conforme aux goûts et aux aptitudes de chacun ; elle permet donc les progrès de la souple hétérogénéité sociale, tandis que le militarisme contribuait, par l'uniformité de sa discipline, à maintenir une homogénéité rigide. A ce titre encore, elle est un facteur de progrès. En un mot, le développement de l'industrialisme met plus d'harmonie dans la société. Et l'harmonie est la plus heureuse des coordinations. La seconde formule d'Herbert Spencer précise et caractérise ainsi le dernier terme du développement de la première. Leur ensemble définit, dans ses aspects les plus généraux, toute l'évolution des sociétés.

CONSIDÉRATIONS FINALES

L'AVENIR DES SOCIÉTÉS

Les sciences sociales, en principe, bornent leur rôle à constater ce qui a été et ce qui est. C'est aux arts sociaux seuls, qu'il peut appartenir d'organiser ce qui devra être. Les sciences sociales n'ont logiquement le droit de jeter un coup d'œil vers l'avenir que pour prévoir ce qu'il sera, si les forces actuellement en jeu y maintiennent leur action. Mais cette prévision est nécessairement bien incertaine, puisque nul ne peut savoir si des facteurs nouveaux, inconnus de nous à l'heure actuelle, n'apparaîtront pas et ne deviendront pas dominants.

Toutefois, il ne paraît pas téméraire (de conjecturer que la raison humaine fera encore des progrès et que ses conclusions inspireront de plus en plus la pratique. S'il en est ainsi, la courbe que dessine actuellement l'évolution occidentale se prolongera dans le même sens, et son caractère ascensionnel ira s'accentuant. Les principaux progrès appelés de la sorte à se voir réalisés nous paraissent devoir être les suivants.

En ce qui concerne les éléments sociaux, l'humanité acquerra une maîtrise de plus en plus complète sur la nature ; elle évitera d'en épuiser les forces productives, en réfrénant une tendance au gaspillage qu'elle manifeste trop souvent aujourd'hui ; elle aménagera ces forces en tenant compte à la fois des nécessités de leur utilisation immédiate et de l'intérêt qu'elle a à les conserver et si possible à les développer. Les races humaines supérieures apprendront de même à ménager les races inférieures, et aideront à l'éducation de celles-ci, en cultivant leur mentalité, tout en respectant dans la mesure du possible l'originalité de leur formation propre. Des principes rationnels seront observés pour l'accroissement de la population ; des règles hygiéniques assureront mieux qu'actuellement sa conservation ; les migrations se feront aussi moins au hasard qu'aujourd'hui ; sans que la loi ait souvent à intervenir d'une façon coercitive, la science plus avancée et plus répandue suffira à éclairer les intéressés. Les groupements inclus dans une même société se multiplieront et se diversifieront encore ; ils apprendront aussi à se respecter et à s'apprécier réciproquement, chaque jour davantage. Une puériculture plus parfaite aidera à la formation des individus d'élite et l'éducation les pénétrera de leurs devoirs envers la collectivité, en même temps qu'elle fera comprendre à celle-ci ce qu'elle peut attendre d'eux et quelle haute place elle doit leur réserver.

En ce qui concerne maintenant la vie sociale, des perfectionnements multiples pourraient aussi être introduits dans ses diverses manifestations. Dans l'ordre économique, la production pourrait être accrue et l'effort humain réduit par l'effet d'inventions mécaniques ; et surtout la répartition serait améliorée par l'accession des ouvriers à la propriété de l'outillage et à la direction des entreprises. Dans l'ordre domestique, l'idéal familial gagnerait à être placé, moins dans la continuation du passé que dans la préparation de l'avenir. Les mœurs pourraient se pénétrer davantage des principes de sociabilité, de fraternité et de solidarité générale. La religion devrait devenir plus tolérante, plus ouverte aux influences philosophiques, plus disposée à « marcher avec le siècle ». L'art et la science devraient se donner comme principal but le progrès social. Le droit aurait à devenir plus complètement égalitaire en même temps qu'à s'adapter davantage aux besoins multiples de la vie moderne. La politique, enfin, devrait n'être plus faite d'expédients, mais se diriger par des principes, tout d'abord par le principe du respect dû à toute personnalité et à toute collectivité, ce qui lui permettrait de concourir sciemment et prudemment à la réalisation pacifique du mieux-être général.

Si les peuples se pénétraient de cet idéal — et le progrès constant des lumières nous donne à penser qu'ils le feront — on entrevoit pour eux un avenir lumineux et illimité. Sans doute, des théoriciens affirment que les Etats sont, comme les individus, condamnés fatalement à disparaître un jour ou l'autre. Mais jusqu'à présent, on n'a apporté aucune preuve valable de cette prétendue nécessité de la mort pour les nations et pour notre part nous n'y croyons pas (1). Nous estimons au contraire que les peuples, ayant la possibilité de renouveler indéfiniment par la génération leurs éléments — faculté que n'ont pas les individus — peuvent atteindre à une véritable immortalité. Il leur faut pour cela conjurer une multitude de périls tant extérieurs

---

(1) Dans notre livre *Organisme et Société*, chapitre XV, nous en avons donné les raisons.

qu'intérieurs. Pourtant nous n'en voyons aucun, dans l'ordre social tout au moins, dont ils ne puissent venir à bout avec de la sagesse. Il est vrai que leur existence peut être à la merci d'un cataclysme physique, que des circonstances cosmiques peuvent venir un jour rendre la vie impossible dans une région considérable ou sur le globe tout entier. Mais ce n'est là qu'une éventualité heureusement fort incertaine. Et, tant que la vie humaine subsistera, la société humaine peut durer et se perfectionner. Il suffit pour cela que la raison continue ses découvertes et accroisse son empire sur les volontés. Pourquoi en serait-il autrement? N'y a-t-il pas au contraire toutes chances pour qu'il en doive être de la sorte? Au total, le sort de la société ne dépend que d'elle-même, et l'on est autorisé à penser que, comme tout être, elle voudra durer. En ce qui concerne l'avenir, on ne peut rien prédire avec certitude, on ne peut que conjecturer. Mais si l'on veut engager sur l'immortalité des nations ce redoutable « pari » que Pascal faisait sur l'immortalité individuelle, on devra répondre, croyons-nous, en faveur de leur persistance indéfinie, par le mot que Platon a mis dans la bouche de Socrate expirant : « C'est un beau risque à courir et l'espérance est grande. »

TABLE DES MATIÈRES

Conclusions des Sciences Sociales.

CONSIDÉRATIONS PRÉLIMINAIRES. 1
    I. Rôle, difficulté et limites de ce travail . . . 1
    II. Les données en seront fournies surtout par les sociétés civilisées 3
    III. On les tirera, de préférence, des sociétés aryennes occidentales 6
    IV. Dans ce noyau, l'évolution est discontinue et les divergences entre pays sont importantes. 9
    V. En se fondant sur son histoire récente, la sociologie atteint à des conclusions plus sûres et plus utilisables pour l'art social. . . . 12

PREMIÈRE PARTIE

Les Eléments Sociaux.

CHAPITRE PREMIER. — *Le Milieu* 17
    I. Nature et éléments du milieu 17
    II. Action de ces éléments sur la société . . . 20
    III. Quelques théories fondées sur cette action. . 24
    IV. Limites qu'elle comporte 28
CHAPITRE II. — *La Race* 31
    I. Du tableau des races. 31
    II. Ce qu'on nomme l'opposition, la fixité et la hiérarchie des races 34
    III. Vrais caractères des races 44

Chapitre III. — *La Population* 47
    I. Chiffre absolu de la population 47
    II. Densité et condensation de la population . . 50
    III. Principaux phénomènes démiques 54
    IV. Examen de quelques théories démographiques 56
Chapitre IV. — *Les Groupements sociaux*. 63
    I. Différents types de groupements sociaux . . 63
    II. Les professions. 65
    III. Les classes sociales 68
    IV. Les groupements sympathiques 73
Chapitre V. — *Le Moment*. 76
    I. Ce qu'est le moment 76
    II. L'apport du passé. 78
    III. Les institutions, les inventions et l'outillage . 80
    IV. Les circonstances actuelles. 84
    V. Remarque sur la nature du temps 86
Chapitre VI. — *L'Individu*. 88
    I. Il est nécessaire de considérer l'individu en sociologie. 88
    II. On ne peut déduire sa connaissance de celle des groupes sociaux 91
    III. Du principe de l'individualité 93
    IV. Comment les individus s'associent 95
    V. Actions et réactions qui s'exercent entre l'individu et la société. 97
    VI. Nature et rôle du génie 100

SECONDE PARTIE

La Vie Sociale.

Chapitre VII. — *La Vie économique*. 107
    I. Extension progressive du cercle économique 107
    II. La circulation. 110
    III. La production. Division du travail 114
    IV. Liberté du travail. 116
    V. Formes de la production et groupements des travailleurs 120
    VI. La répartition. 125
    VII. Le collectivisme et le communisme. . . . 129

TABLE DES MATIÈRES

Chapitre VIII. — *La Vie familiale*	135
I. Différents types de familles.	135
II. Organisation et transformation de la famille monogame	142
III. Rapports de la vie familiale avec les autres faits sociaux	148
Chapitre IX. — *Les Mœurs*	151
I. Le problème de la solidarité	151
II. L'intelligence, principe de la moralité	153
III. Les obstacles à vaincre	155
IV. Les résultats obtenus.	158
V. Vues sur l'avenir de la moralité	161
Chapitre X. — *La Religion*	167
I. Sociologie et religion	167
II. Effets sociaux de la religion	171
III. Forme sociale de la religion	174
IV. Origine sociale de la religion	176
V. Régression de la religion	181
Chapitre XI. — *La Science*	185
I. Science et religion. Science et savoir	185
II. Science et art	188
III. Classification des sciences	192
IV. Caractères sociaux de la science	195
Chapitre XII. — *L'Art*	198
I. Origine sociale de l'art	198
II. Caractères sociaux actuels de l'art	202
III. Caractère individuel de l'art.	206
Chapitre XIII. — *Le Droit*	210
I. Caractère formel et général du droit.	210
II. Extension progressive du droit	213
III. Nature de la justice	219
Chapitre XIV. — *La Politique*.	223
I. Nature de l'Etat. Sa tendance vers la démocratie	223
II. Comparaison de l'Etat antique et de l'Etat moderne	227
III. Politique extérieure : la guerre.	230
IV. Politique intérieure	234
V. De la nécessité d'un gouvernement	235

TROISIÈME PARTIE

L'Evolution Sociale.

CHAPITRE XV. — *La forme de l'évolution sociale*	241
I. L'évolution a-t-elle la forme d'une ligne droite ?	241
II. A-t-elle la forme d'un cercle ?	244
III. A-t-elle la forme d'une spirale ?	247
IV. Points singuliers qu'elle présente.	253
CHAPITRE XVI. — *Le moteur de l'évolution sociale*	257
I. Le désir	257
II. L'accroissement de la population	259
III. Le perfectionnement de la division du travail et de l'outillage	262
IV. Le progrès des lumières.	265
V. La réalisation de la justice et l'établissement des supériorités sociales	268
VI. Quantité et qualité sociales.	270
CHAPITRE XVII. — *Le processus de l'évolution sociale*	273
I. La lutte et ses diverses formes.	273
II. Valeur de la lutte	276
III. La solidarité	279
IV. La différenciation.	282
V. L'adaptation.	284
CHAPITRE XVIII. — *Le résultat de l'évolution sociale*.	288
I. Passage de l'homogène confus à l'hétérogène coordonné.	288
II. Passage de l'hétérogène à l'homogène	292
III. Elargissement du cercle social général et multiplication des cercles sociaux particuliers	294
IV. Remplacement du militarisme par l'industrialisme	298
CONSIDÉRATIONS FINALES.	303
L'avenir des sociétés	303

IMPRIMERIE F. DEVERDUN, BUZANÇAIS (INDRE)

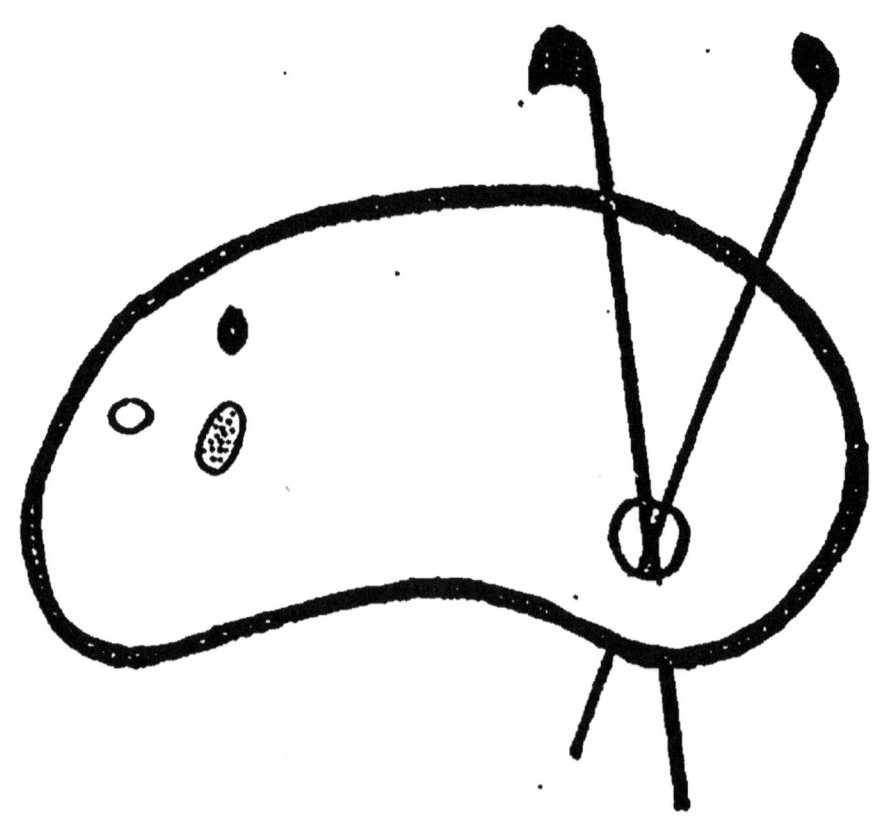

ORIGINAL EN COULEUR
NF Z 43-120-8

V. GIARD & E. BRIÈRE, ÉDITEURS, 16, rue Soufflot, PARIS

ANNALES
DE
L'INSTITUT INTERNATIONAL
DE
SOCIOLOGIE

PUBLIÉES SOUS LA DIRECTION DE

RENÉ WORMS
SECRÉTAIRE GÉNÉRAL

Tome I, contenant les travaux du premier Congrès, tenu à Paris en 1894. Un volume in-8. Prix, broché. . . . . 7 fr.

Tome II, contenant les travaux du second Congrès, tenu à Paris en 1895. Un vol. in-8. Prix, broché . . . . 7 fr.

Tome III, contenant les travaux de l'année 1896. Un vol. in-8. Prix, broché. . . . . 7 fr.

Tome IV, contenant les travaux du troisième Congrès, tenu à Paris en 1897. Un vol. in-8. Prix, broché . . . . 10 fr.

Tome V, contenant les travaux de l'année 1898. Un volume in-8. Prix, broché. . . . . 10 fr.

Tome VI, contenant les travaux de l'année 1899. Un volume in-8. Prix, broché. . . . . 7 fr.

Tome VII, contenant les travaux du quatrième congrès, tenu à Paris en 1900. Un volume in-8. Prix, broché. . . . . 7 fr.

Tome VIII, contenant les travaux des années 1900 et 1901 sur le matérialisme historique. Un volume in-8. Prix, broché . . 7 fr.

Tome IX, contenant les travaux de l'année 1902. Un volume in-8. Prix, broché. . . . . 7 fr.

Tome X, contenant les travaux du cinquième congrès, tenu à Paris en 1903, sur les rapports de la sociologie et de la psychologie. Un volume in-8. Prix, broché . . . . 8 fr.

Tome XI, contenant les travaux du sixième congrès, tenu à Londres en 1906, sur les luttes sociales. Un vol. in-8 (*sous presse*).

Ces prix sont réduits de 25 0/0 pour les membres et associés de l'Institut International de Sociologie et pour les abonnés de la *Revue Internationale de Sociologie*.

www.ingramcontent.com/pod-product-compliance
Lightning Source LLC
Chambersburg PA
CBHW070630160426
43194CB00009B/1423